帝者，生物之主，兴益之宗。

《国学经典文库》丛书编委会◎编著

国学经典

乾隆

清高宗

中国出版集团 现代出版社

图书在版编目（CIP）数据

清高宗乾隆 /《国学经典文库》丛书编委会编著
. -- 北京 : 现代出版社 , 2018.1
ISBN 978-7-5143-6750-8

Ⅰ . ①清…　Ⅱ . ①国…　Ⅲ . ①乾隆帝（1711–1799）—传记　Ⅳ . ① K827=49

中国版本图书馆 CIP 数据核字（2018）第 000646 号

清高宗乾隆

作　　者　《国学经典文库》丛书编委会
责任编辑　李　鹏
出版发行　现代出版社
通讯地址　北京市安定门外安华里 504 号
邮政编码　100011
电　　话　010-64267325　64245264（传真）
网　　址　www.1980xd.com
电子邮箱　xiandai@vip.sina.com
印　　刷　天津文林印务有限公司
开　　本　710mm × 1000mm　1/16
印　　张　20
版　　次　2018 年 8 月第 1 版　2018 年 8 月第 1 次印刷
书　　号　ISBN 978-7-5143-6750-8
定　　价　39.80 元

前言
Foreword

历史的车轮渐渐前行，中国历史已有五千多年。自公元前221年秦王嬴政称皇帝始，到1912年“末代皇帝”溥仪退位，这两千多年的封建社会，朝代更迭，沧海桑田，但封建帝制从未间断。在中国封建社会的历史长河中，总共有四百九十五位皇帝（包括驾崩后追封者），其一直是国家的最高统治者，是专制集权统治的象征和代表。

在中国漫长的历史长河中，有的皇帝就如这条河流的顺风船，趁势前行；有的皇帝就如逆流中的航船，逆势而上；有的皇帝如漫漫散沙，无稳固根基；有的皇帝如中流砥柱，坚固牢靠。历朝历代的皇帝，不管是雄才伟略的英明之君，还是草菅人命的暴君，抑或苟延残喘的傀儡，他们举手投足、指点江山，无不牵动着百姓的神经，无不以独特的方式推动着历史的发展进程。

唐太宗说：“以史为鉴，可以知兴替。”这里所谓的“史”，正是经历时间积淀的历史。翻开历史，我们会发现，每一位皇帝即是每个时期的缩影，作为今人，史海沉钩，传述他们的治国方略、逸闻趣事，于今借鉴、增知、休闲，不无裨益。

本系列丛书重点选取了历朝历代最具代表性的十位皇帝，分别是秦始皇嬴政、汉武帝刘彻、唐太宗李世民、昭仪皇后武则天、宋太祖赵匡胤、元太祖孛儿只斤·铁木真、明太祖朱元璋、康熙帝爱新觉罗·玄烨、雍正帝爱新觉罗·胤禛、乾隆帝爱新觉罗·弘历。每一位皇帝都在中国历史上留下了深深的烙印，成为历史传奇。

此刻，让我们以历史发展的先后为序，共同来一睹为快，先知梗概，然后明细节。

秦皇汉武，雄才伟略，文治武功。秦始皇是中国历史上的第一位皇帝，素有“千古一帝”之誉。六国征战，诸侯争霸，中原大地的战火熊熊燃烧。是秦始皇纵横捭阖、叱咤风云，最终在中原大地上建立起了中央集权统一的国家。他在位期间，政治、经济、文化、思想渐趋完善，却又浮华奢侈，阿房宫、骊山墓、万里长城，耗尽了无数人的血汗，一生功过是非，只留后人品评。汉武帝刘彻堪称前无古人、后无来者的一位皇帝。他开疆拓土，击溃匈奴帝国、东臣朝鲜、南服百越、西逾葱岭、征服大宛，奠定了中华疆域的版图。他的雄才伟略、文治武功使汉朝成为当时世界上最强大的国家。

盛世唐朝，唐太宗与武则天都是典型代表。唐太宗选贤任能，重用文臣武将，休养生息、励精图治，开创“贞观之治”，建设出我国乃至当时世界上最鼎盛的封建王朝。武则天是中国历史上唯一的女皇帝，她在通往权力的道路上，不仅洒满血泪，还有超凡的智慧、勇气和卓越耐力，曾经倾权一时，最后却步履维艰。对于她传奇的一生，只留无字碑，让人遐想。

宋太祖和元太祖分别作为宋朝和元朝的开创者，前者鉴于唐朝后期藩镇割据的局面，集中兵权，加强了中央统治，将宋朝治理成为安定公平的社会，文学、哲学、美术、科技、教育等也比较发达，经济和文化达到了我国历史上的又一个高峰。后者人称“成吉思汗”，在他的率领和指挥下，开展对外征服战争，一时间，蒙古骑兵横扫千军，征服地域远达中亚和东欧的黑海之滨，建立起了中国有史以来疆域最大的一个王朝。

明太祖是中国历史上身份最为特殊的一位皇帝，真正出身于贫穷布衣之家。他从小只是最底层的放牛娃、四处要饭的小和尚，经过自身的不懈奋斗，逐渐成长为元末农民起义的领袖，再到明朝开国皇帝，人生经历堪称传奇。朱元璋是一位杀戮无数的皇帝，也极为关心民间疾苦，实行休养生息政策，推动了明朝社会的发展。

清朝作为中国最后一个封建王朝，出现了康熙帝、雍正帝、乾隆帝三位最具代表的皇帝。康熙帝少年承运，力挽狂澜，智擒鳌拜、裁撤三藩、亲征噶尔丹、收复台湾，在一系列军事行动中或御驾亲征，或决胜千里。他兢兢业业，辛苦经营六十一年，奠定了清朝几百年基业。雍正帝敢于革除旧弊，办事雷厉风行，是康乾盛世的有力推进者，是促进清朝历史发展的政治家，是可以肯定的历史人物。乾隆帝统治下的清朝，没有大刀阔斧进行改革，但是他平衡政权、平叛安邦、锐意进取也不容忽视。当然，他重用奸臣和珅、包容腐败、大兴文字狱，也为他的一生留下了污点。

每一位帝王都是一部信息资源庞大的史书，供今人探究；每一位皇帝都是一面能发人深省的明镜，供今人领悟。我们秉承“读正史，学真知”的宗旨，编写了这一系列丛书。以通俗化的语言、纪实的手法，真实地再现了每一位皇帝的生平事迹。

总而言之,本系列丛书史实性和趣味性兼具,相信广大读者在阅读之后，会领略诸多知识，也会用新的价值观去评判历史人物的是非功过，并通过历史去感悟自己的人生。

由于时间和水平原因，本书仍存在不足或欠妥之处，望广大读者朋友批评、指正。

目录 CONTENTS

第三章 / 善加利用，清除党祸

第四章 / 排除困扰，冀为成康

第五章 / 乾隆盛世的辉煌

第十一章 / 闻风丧胆的文字狱

第十二章 / 乾隆皇帝多次出巡

人物档案

清高宗爱新觉罗·弘曆（1711 年 9 月 25 日—1799 年 2 月 7 日），清朝第六位皇帝，入关之后的第四位皇帝。年号“乾隆”，主要寓意“天道昌隆”。二十五岁登基，在位时间六十年，禅位后又任三年零四个月太上皇，实际上行使国家最高权力长达六十三年零四个月，是中国历史上实际执掌国家最高权力时间最长的皇帝，也是中国历史上最长寿的皇帝。乾隆帝卒于嘉庆四年（1799），享年八十九岁。庙号高宗，谥号法天隆运至诚先觉体元立极敷文奋武钦明孝慈神圣纯皇帝。葬于清东陵中的裕陵。

CHAPTER

第一章 少年弘曆的成长之路 1

康熙朝的皇太子迟迟不能确定，两立两废也让年事已高的康熙爷很是困扰。然而，胤禛四子弘曆的出现，改变了这一格局。聪明伶俐的弘曆，深明大理，似无心计实有心计，才华横溢，深受老年康熙的喜爱，其出生最终奠定了父亲以及自己的帝王之路。

弘曆在雍亲王府中诞生

康熙五十年（1711）八月十三日子夜，雍亲王胤禛忐忑不安的心顿时兴奋起来。他得知格格钮祜禄氏生下了一个男孩儿，后因排行第四，取名弘曆，也就是后来在中国历史上执政长达六十三年的乾隆皇帝。

在此之前，胤禛已得四子。长子弘晖，是皇后乌喇那拉氏所生，但不幸八岁夭折。齐妃李氏为胤禛生有三子，即弘昐、弘昀、弘时。弘昐未满二周岁殇逝，还不曾叙齿排行；弘昀排行第二，十一岁也死去了；眼前就只有八岁的三子弘时。胤禛与几个兄弟一样觊觎皇位，口上说："储贰之事，避之不能，尚有希图之举乎！"却暗中以四川巡抚年羹尧与十三弟胤祥等为核心秘密谋划。在诸王争夺王储斗争白热化期间，胤禛又给康熙老皇帝增添了一个孙子，这肯定会为他在康熙内心的天平上增加一个砝码。

格格钮祜禄氏画像

清朝的前几位皇帝，对于他们历来都有些奇怪的传说。比如，顺治因失去董鄂妃而出家当了和尚；雍正为了夺取皇位，害死其父康熙，篡改遗诏。而对于乾隆皇帝的身份也是颇具纷争，清季陈某，署名"有妫血胤"，所撰《清秘史》中《弘曆非满种与易服色之不成》篇写道：

"康熙间，雍正与陈氏尤相善，会两家各生子，其岁月日时皆同。雍正闻乃大喜，命抱以来，久之始送归，则竟非己子，且易男为女矣。陈氏殊震怖，顾不敢削辨，遂力秘之。”其中陈氏是指浙江海宁陈元龙，有一男二女。儿子陈邦直，生于康熙三十四年（1695），比弘曆大十七岁；徐德秩生于康熙二十六年（1687），于雍正十一年（1733）任梧州知府，其妻是海宁陈元龙次女，与徐德秩同龄。也就是说，陈元龙次女比弘曆大二十四岁，可见《清秘史》所云“会两家各生子”，雍正以女易陈元龙之子云云，纯属无稽之谈。《清秘史》序用的黄帝纪年，不用清朝年号，显示了作者浓厚的排满思想，因此杜撰弘曆非满血统属于天方夜谭。

被八字决定的命运

在康雍乾三帝皇位的继承上，迷雾重重，其中之一便是乾隆的生辰八字对康熙胸中帝位传承决策的最终形成有不可估量的重要影响。

乾隆出生于康熙五十年（1711）八月十三日子时，其生辰八字是“辛卯（康熙五十年）、丁酉（八月）、庚午（十三日）、丙子（子时）”。

批语是：庚金生于仲秋，阳刃之格，金遇旺乡，重重带劫，用火为奇最美。时干透煞，乃为火焰秋金，铸作剑锋之器。格局清奇，生成富贵，福禄天然。地支子、午、卯、酉，身居沐浴，最喜逢冲，又美伤官，驾煞反成大格。

书云：子午酉卯成大格。文武经邦，为人聪秀，作事能为。连运行乙未，甲午，癸巳。身旺，泄制为奇，俱以为美。“乾隆八字”深藏于宫中，清亡之后开始整理内阁大库档案，首批向社会公开的珍贵档案之一便是“乾隆八字”。

“乾隆八字”有一段批语云：“此命富贵天然，这是不用说。占得性情异常，聪明秀气出众，为人仁孝，学必文武精微。幼岁，总见浮灾，并不妨碍。运交十六岁为之得运，该当身健，诸事遂心，志向更佳。命中看得妻星最贤最难，子息极多，寿元高厚。柱中四方成格祯祥，别的不用问。”

“柱中四方成格”，指柱中全见“子午卯酉”，按命理说，称为“四位纯全格”，是天赋甚厚的强势命造。上述这个“乾隆八字”的批示是算命先生于康熙六十一年（1722）所写的，这上面有“今岁壬寅（康熙六十一年岁次壬寅），流年天喜星坐命，天福星守照，四季祯祥，喜福安宁”这段话可以为证。

这一年，弘曆虚岁十二，身份是雍亲王第四子、康熙百数十个皇孙之一，奉命批八字的星相术士只能据命理而论，几乎都是夸赞之词。中国古代的命相之理，有一套固定的推算方法。按命相理论，乾隆的八字，天干庚辛丙丁，火焰秋金，是天赋甚厚的强势命造，术语称为“身旺”；地支子午卯酉，局全四正，男命得之，为驷马乘风，主大富贵。

这与众不同的八字，也许正是让康熙决定将弘曆在宫中养育的原因。

正是这年春天，乾隆以皇孙身份首次谒见康熙，乾隆的生辰八字也在这次由康熙携回。现存“乾隆八字”的批语即当在三月十二日至二十五日所批。据说有人曾在故宫档案“乾隆八字”批语上见过康熙的批语“此命富贵天然”一段，但《掌故丛编》“乾隆八字”时并未以按语或加注的形式说明康熙曾亲自批语，因此“乾隆八字”批语极可能是康熙命精于相术者所批。批语中说“此命富贵天然”“为人仁孝”“寿元高厚”云云，已囊括了古代所谓“五福”：寿、富、康宁、攸好德、考终命。从命相看，这个皇孙的命已好得不能再好，又有“子息极多”这样的占语，自然康熙对其另眼看待。而“幼岁总见浮灾”难免令康熙放心不下，因此有三月二十五日再幸圆明园之行。乾隆被养育宫中，应该是从此开始。乾隆入宫后，在皇祖身边度过了不到八个月的短暂时光，这中间康熙一再说乾隆“福祉深厚”“福过于予”“伊命贵重”云云，其根据只能是“乾隆八字”。

康熙六十一年春天，康熙本想将雍邸庶出阿哥弘曆（后来的乾隆皇帝）留在身边作长期考验，但天不容人，当年十一月大限将至，康熙仓促之间对胤禛（皇四子，即后来的雍正帝）、胤禵，或者包括三阿哥胤祉在内的其他阿哥做一权衡时，福命最长，才学最优，且文武兼资的皇孙弘曆理所当然地加重了胤禛的分量。康熙综合考虑了这父子俩的条件后，才说了“皇四子雍亲王胤禛最贤，我死后立为嗣皇”这句惊天动地的遗嘱。

“养育宫中”对于康熙时代的皇孙来说是一种极大的恩惠。在康熙近百个皇孙中，弘曆之前只有太子的长子弘皙享受到这种待遇；弘皙皇孙也是深受康熙帝所喜爱的，所以康熙晚年才会两立两废太子，其主要原因就是对弘皙的不舍。可见，康熙对这个皇孙的看重，以至于在太子的问题上迟迟做不了最后决定。然而弘曆的出现改变了这种现状。

等到康熙驾崩，临终嘱托四皇子雍正“必封”弘曆为皇太子，雍正恪遵康熙遗嘱，于即位周年，即雍正元年八月亲御乾清宫，郑重地举行了密立皇储的仪式，他亲书立弘曆为皇太子的密旨，封固于铁匣之中，敬藏“正大光明”匾额之上（按：按规定乾隆为雍正庶出的儿子，根本没有资格立为皇储）。

从情理推断，雍正当年将“乾隆八字”呈康熙参阅时，早已算准“此命富贵天然”。雍王府蓄有星相术士，而雍正本人也精于此道。

康熙、雍正父子在乾隆“养育宫中”前后必然议论过他的命运，康熙正是出于对雍正的深切了解,所以才有乾隆“必封为太子”这样的预断,也可作进一步推论，康熙正是基于乾隆“必封为太子”的信心，才在最后一刻决定皇位由雍正继承。

从这个角度上来说，康熙喜欢弘曆，所以传位给雍正；但是从另一个角度上来看，雍正将聪明伶俐的弘曆介绍给康熙，也可谓是他在暗地里争夺皇位的一种高超手段。对于四皇子胤禛，他安排弘曆与康熙的见面，首先就是试探老皇帝态度的一个机会：如果有意传位给自己，那么对弘曆的关心必然非比寻常；假若没有这个意向，祖孙之间有个良好的关系，对于自己以后的政治安全，也是一种极大的保障。

而聪颖异常的弘曆，少年老成、懂事有礼，果然没有令胤禛失望，深得老皇帝康熙的喜爱，甚至超过了胤禛最初的预期。

清朝皇帝虽笃信命运风水之类，而且以此作为政治参考，却决不对外大肆渲染，也决不可能把此类事堂而皇之地记入官书，而仅仅在极小的范围，以极机密的方式进行，外人则无法与闻，因为此事关系到国家形象和皇帝颜面。“乾隆八字”深藏宫中，乾隆本人也深悉自己生辰八字预示一生的命运，并力图以人力战胜或回避命中的厄运，但他从不自诩命势健旺，对皇祖康熙在决定皇位传承时，参考了自己生辰八字一事，始终讳莫如深，到他认为应向后世子孙有所交代时，也仅仅是闪烁其词地说什么“伊命贵重”之类的话。

雍正第四子弘曆被康熙默定为第三代皇帝，与其生辰八字极佳有着很大关系。这也算是清宫最深的隐秘之一。

少年弘曆深得康熙喜爱

康熙六十一年（1722）春天，弘曆随康熙来到承德避暑山庄。避暑山庄的南部，有一组据岗临湖的宫殿。沿阶而下，可直达湖岸。开窗眺望，湖光山色尽收眼底。殿南则有数百株古松，清风吹过，松涛阵阵，四周愈加显得清幽宁静。康熙将此处命名为“万壑松风”，并在这里处理日常政务。弘曆就住在“万壑松风”旁边的“鉴始斋”，康熙批阅奏章时，弘曆就在一旁研墨写字，老皇帝时常站起身来，走到孙子身边，手把手地教他。康熙接见官员时，弘曆也侍立在一旁，静静地听着，这让弘曆初步了解到何谓中枢机要与军国大事。进膳时祖孙俩同坐一桌，康熙总不忘多夹给孙子一点儿他最爱吃的东西。康熙常带着弘曆去钓鱼，祖孙俩钓鱼归来，康熙也总想着让弘曆带几条鲜鱼给雍亲王送去。在这不到半年的时间

承德避暑山庄

中，原先从未见过面的祖孙俩相依相伴，建立起深厚的亲情。

夏天的一个正午，弘曆正在书斋中专心读书，忽然听到祖父在喊他的名字；凭窗一望，康熙的御舟已经停在临湖的晴碧亭畔。弘曆急忙出去，沿着陡峭的山路跑向湖边，一小会儿工夫就跑到了晴碧亭，喘着粗气跪在康熙面前，吃力地喊了声："爷爷！"康熙迎过来，一把将气喘吁吁的弘曆搂进怀里，嘴里苛责道："这孩子，怎么不知道轻重？有点儿闪失可怎么得了？有点儿闪失可怎么得了？"弘曆回答："急着见爷爷，下次不敢了。"这样出自天性的孝心，让老皇帝不忍责备孙子的莽撞。

"万壑松风"以北，散布着大大小小十个湖泊。每当夏日，荷花盛开，碧波之上，红白相映，煞是好看。这天康熙带着弘曆来到湖边的"观莲所"，看着窗外的荷花，康熙问弘曆："会背《爱莲说》吗？"弘曆不但会背，而且会讲，让康熙听得津津有味。听完《爱莲说》，康熙问弘曆："你知道'莲'字是平声还是仄声？"

弘曆想了想回答："是下平声。"

"在哪一韵？"

"一先。"

康熙又问："莲与荷，是不是一个字？"

题目一下子深了。弘曆考虑了一会儿，才答道："是一个字，也不是一个字。"

康熙笑着说："你倒是说出道理来给朕听听！"

弘曆回答："原是北方人，以莲为荷，后来就不是了。莲花就是荷花，荷花就是莲花。《尔雅》上说，'荷，芙蕖。其茎茄，其叶蕸，其本蔤，其华菡萏，其实莲，其根藕，其中菂，菂中薏'。照此来说，荷是总称。荷的每一部分都有专称，莲不过是其中一部分而已。"

康熙满意道："好！那么莲是哪一部分呢？"

弘曆回答："莲蓬。剥去花瓣就看到了莲子。"

康熙又问："莲与荷既可通用，又不可通用，你说说哪些是可通用的？"

弘曆想了一会儿说："比如'蓬房'，决不能叫'负莲'。"

这样的解释并非圆满，但对于一个只有十二岁的孩子，真是难能可贵。康熙非常高兴，对小弘曆赞不绝口。

弘曆随胤禧学骑射，随胤禄学火器，同样成绩不凡。弘曆首次习射就连中五矢，让康熙喜出望外，当场赐给他一件黄马褂，弘曆初次练习使用火枪，侍卫将一只羊捆在百步之外。小弘曆瞄准射击，居然一枪就将羊打死，康熙高兴得连连鼓掌。

弘曆勤学骑射火器，技艺日增，经常能屡发屡中，旁观者莫不称赞这个英武少年。八月初，秋高马肥，康熙率领大队人马进入永安莽喀围场，开始行围打猎，十二岁的弘曆骑着一匹经过特殊训练的驯良小马，一身戎装，紧跟在康熙身后。合围之后，前方发现一头大熊。康熙举起火枪射击，大熊应声仆地。过了好半天，大熊毫无动静。康熙命令身边侍卫保护弘曆上前，补射几箭，老皇帝想让爱孙得个初次入猎即能击毙猛兽的美名。

弘曆刚跨上马，那头大熊突然起身，朝弘曆扑了过来。所有人都惊出一身冷汗，只有弘曆面对这一庞然大物神情自若，不慌不忙，最后击毙了大熊。康熙对此事感到后怕不已，回到营帐后对负责照顾弘曆的德妃说："这孩子命贵重，这孩子命贵重，要是到跟前熊扑过来，那成何事体，成何事体，这孩子的福气，将来一定比朕还大啊！"

这种祖孙相悦的亲情，在清代皇室中实属罕见。康熙的宠爱，使弘曆在皇室和朝廷中有了特殊地位。这成了雍亲王日后得以成功继位的又一个砝码，聪慧过人的弘曆在这个问题上表现得更是明智，每当受到康熙的赏赐，总是要跑去送给父亲，让其珍藏。

雍亲王的两个儿子弘曆和弘昼本是同岁，但他只是将弘曆引荐给康熙，弘昼并没有得到这种优遇。弘昼自幼对哥哥佩服不已，他曾写道："吾兄随皇父，朝夕共处，寝食相同。及皇祖见爱，养育宫中，恪慎温恭，皇祖见之未尝不喜，皇父闻之亦未尝不乐。"

康熙六十一年（1722）十一月十三，康熙从避暑山庄回京后两个月，猝然崩逝于畅春园，终年六十九岁。

细节泄露天机，内定太子要低调

雍正元年（1722），发生了一件看似微不足道的小事。清代祖制，春耕之前，皇帝要亲自前往天坛举行隆重的祈谷大典。正月十一“上辛日”这天，首次参加祈谷大典的雍正帝回宫后，将弘曆召到养心殿，赐给他一块肉吃。弘曆吃了，觉得味道好鲜美，却不知是什么肉。退出养心殿后，细心的弘曆开始怀疑起来——父皇为什么不将三哥弘时、五弟弘昼一同叫来吃肉？弘曆深知，父皇做任何事都要经过深思熟虑，反复斟酌，哪怕一点儿小事也每每寓有深意。

聪慧的弘曆很快想清楚了，那肉是献给上天的小牛肉。这意味着，弘曆正是祖父、父亲两代选中的聪明绝顶的皇位继承人。父皇向上苍的求告，除了年谷顺成之外，恐怕还愿自己百年之后，以皇四子弘曆平安克承大宝。弘曆领悟了父皇的深意。与雍正一样，他只能将这件事藏在胸中，彼此心照不宣。

雍正元年八月，雍正皇帝在乾清宫召集诸王大臣，下诏宣布：嗣后一概不预立太子，由皇帝在诸皇子中选择人品出众、才华过人者为皇位继承人，亲自书写诏书密封，放置于乾清宫最高处“正大光明”匾额之后，待皇帝驾崩后由诸大臣共同拆封宣布。接着雍正亲自

乾清宫正大光明牌匾

密书嗣君姓名于纸上，放在匣内封固，命侍卫缘梯而上，放进“正大光明”匾额后面。这个预定的嗣君，正是刚满十三岁的皇四子弘曆。

此后不久，雍正又命弘曆代替自己去礼祭皇祖康熙。这是要弘曆经受历练，为日后临政打下基础。也就是在这一年，雍正特旨朱轼、徐元梦、张廷玉、嵇曾筠四位当世名儒和文臣为弘曆的师傅，并举行了正式的拜师礼。这四位师傅都是康熙年间进士，在朝中皆任过高职，学问颇为广博。他们每个人的独特之处，都对弘曆产生了深远影响。

朱轼号可亭，主要讲授儒家经训，尤其称道贾董宋五子之学。弘曆尊称他为“可亭朱先生”，自称从朱轼所学，收获最多。徐元梦是满人，精通满汉文字，弘曆是他教过的第二代皇子，弘曆对他极为敬重。张廷玉是最得雍正宠信的大学士。嵇曾筠精通水利，闻名天下。从这些人身上，弘曆既学到了先贤的大道，也初步学到了书上学不来的治国之道。这些都深深影响了弘曆日后的作为。

弘曆还有一位师傅名叫蔡世远，字闻之，康熙四十八年进士，同样是雍正元年入上书房教弘曆读书的。他是弘曆的古文先生，治学以韩昌黎为宗，自雍正二年到雍正九年，一直是“讲诵无少辍”。闻之先生常常操着浓重的闽音对弘曆说：“古人云，为人一世有三不朽，此乃立德、立功与立言。立言虽列立德、立功之次，又谈何容易？司马迁、韩愈以立言而不朽，他们堪称深得为文之道。学古文当以昌黎为宗，只有理足才可以载道，只有气盛才可以达词。”弘曆受教，他将这些教导奉为毕生的作文圭臬。

多年后乾隆回忆说，从福敏处“得学之基”，从朱轼处“得学之体”，从蔡世远处“得学之用”。如此三得，受用一世。乾隆也将这三位老师并称为“三先生”。

雍正五年（1728），弘曆虚岁已满十七，正是皇子结婚的最佳年纪，雍正挑选了察哈尔总兵李荣保的女儿作为自己的儿媳。新娘比弘曆小一岁，满洲镶黄旗人，属女真人最古老姓氏之一的富察氏，也是大清未来的皇后。富察氏是个出众的女子，算不上国色天香，却神态永远温婉平和，显示出良好的风度和教养。她既大气温柔，又聪慧过人，既善解人意，又坚持原则。她是弘曆最理想的贤内助，弘曆得之，堪称一生之幸。

弘曆学习场景图

婚后的弘曆居住在紫禁城内的西二所。此时的弘曆以“书生”自命，热烈赞扬“书气”。他说：“书气二字尤为可贵，果能读书，沉浸酝酿而有书气，而集义以充之，便是浩然之气。人无书气，即为粗俗气、市井气，而不可列为士大夫之林。”弘曆天分甚高，用功又勤，在名师们的指导之下，他熟读经史子集，悉知治国之理，得到师傅与同窗们的交口赞誉。

朱轼说：“（弘曆）精研《易》《春秋》、戴氏《礼》、宋儒性理诸书，旁及《通鉴纲目》《史》《汉》，八家之文，莫不穷其旨趣，探其精蕴。”弘昼对四哥弘曆佩服得五体投地：“吾兄于问寝视膳之暇；每有所得，发为文辞。日课文一首，虽退居私室，亦不敢自懈，手披心释，欲力追古作者。”最高的评价来自弘曆的一位最要好的同窗，平郡王福彭（此人是曹雪芹的表哥，据信为《红楼梦》中北静王水溶的原型）：“皇四子问安视膳之余，耳目心思一用于学，考合古今，微论同异，虽单词支义必条分缕析，铢黍弗差，每为文，笔不停辍，千言立就，而文思泉涌，采翰云生。”

弘曆的师傅与同窗都明白弘曆早已被内定为皇太子，未免有过誉之词；且朝中王公贵族在为《乐善堂全集》写序时，溢美之词充斥，实际上所有人都已将他作为皇太子看待。倒是弘曆自己心中明白得很，只有“君德修明”，躬行实践，不尚虚文，方为治国大道。他服膺孔子，推崇宋儒，常在诗文中阐发“内圣外王”的大志。年轻的弘曆坚信“仁政”与“德治”，认为“治天下者，以德不以力”。他告诫自己要虚己纳谏，对孔子的“宽则得众”尤为心折。

弘曆遍览史书，在他眼中，千古帝王，值得推崇者有三位：汉文帝、唐太宗和宋仁宗。汉文帝主贤，宋仁宗主仁，真正令弘曆钦服者，唯有唐太宗一人而已。弘曆推崇《贞观政要》，常常在捧读这部书时遥想起贞观之治的辉煌盛大，三而复叹。在他心中，将唐太宗列为自己打算要超越的楷模。

但这些想法依然只能深深藏在心里。自己伯父的前车之鉴犹在，这让弘曆深知世无定事，一切谨慎小心皆不为过。弘曆深明大理，似无心计实有心计，他的心计手段、学识才华让他知道哪些事该做，哪些事不该做。他不能让自己的下场落得跟二伯父那样。

尽管已经被内定为太子，清代祖制太子不得封王，但雍正依然在封弘昼为和硕和亲王的同时，封弘曆为和硕宝亲王。其用意便是要弘曆在举止端方与行事谨慎的基础上，进一步参与政事，增长才干。他希望弘曆在登基之前，能够具备作为一个帝王足够的资格。

获封宝亲王之后的弘曆，参加的各种礼仪活动大量增加，还参与一系列的军政大事。朝廷的种种运作内情，一切都了然于弘曆胸中。如此历练，效果极佳，而且弘曆在朝政事务中的地位已是极为重要，几近不可或缺。一向不愿外露感情的雍正都忍不住如此当众表示："皇四子素为皇考钟爱，今年岁已二十开外，学识增长，朕心嘉悦。"

弘曆皇子时代的十三年，是他活得最潇洒、最率意的一段宝贵时光。弘曆十三岁即被密定为皇储，随着年龄的增长，雍正逐步扩大他参与外臣和政事的空间。雍正竭力维护着弘曆的皇储地位，且贯注精神对其教育，使其拥有了成为一个优秀帝王的全部潜质。

CHAPTER

第二章 即位初扫除前任不利影响 2

如同当初策划好的一样，宝亲王弘曆如愿登上了皇位，虽然比他预期的早了很多。但是新帝王执政就需要靠手段，因此他明确地知道自己在第一时间要做什么，不能活在父皇的影子下，要在最短的时间内利用父皇以及大清朝所留下的一切，确立自己的执政基调，立威于天下。

《乐善堂文钞》的舆论准备

康熙六十一年（1722）十一月十三日，康熙去世，胤禛继位。第二年改元雍正，十三岁的弘曆成了皇子。

雍正八年（1730）秋，年仅二十岁的弘曆，将他从十四岁以来读的诗文，挑选出一部分，编辑成册命为《乐善堂文钞》，分为论、说、序、记、跋、书、杂著、表、颂、赞、箴、铭、制义、赋、古体诗、今体诗等卷。乐善堂是弘曆的书斋，他在《乐善堂记》一文中写道，乐善堂取义舜帝学习别人长处。今存于《四库全书》集部的《乐善堂集定本》共三十卷，是乾隆二十三年（1758）命户部尚书蒋溥等重辑的，并不是雍正八年《乐善堂文钞》的原本。《乐善堂文钞》刊行后，乾隆曾多次重订，增加自己在雍正十三年（1735）前的作品，所以《乐善堂集》无论文钞还是定本，都是弘曆青年时期所作。

关于编辑刊刻《乐善堂文钞》的目的，弘曆在序言中写道：

“余生九年始读书，十有四岁学属文。今年二十矣。其间朝夕从事者，四书五经，性理纲目、大学衍义、古文渊鉴等书，讲论至再至三。顾质鲁识昧，日取先圣贤所言者以内治其身心，又以身心所得者措之于文，均之有未逮也。日课论一篇，间以诗歌杂文，虽不敢为奇辞诡论，以自外于经传儒先之宗旨，然古人所云文以载道者。内返窃深惭恧，每自念受皇父深恩，时聆训诲，至谆且详，又为之择贤师傅以受业解惑，切磋琢磨，从容于藏修息游之中，得以厌饫诗书之味，而穷理之未至，克己之未力，性情涵养之未醇，中夜以思，惕然而惧。用是择取庚戌（雍正八年）九月以前七年所作者十之三四，略次其先后，序、论、书、记、杂文、诗赋，分为十有四卷，置在案头，便于改正。且孔子不云乎，‘言顾行，行顾言’。《书》曰‘非知之艰，行之维艰’。常取余所言者，以自检所行。

行倘有不能自省克，以至于言行不相顾，能知而不能行，余愧不滋甚乎哉。”

《乐善堂文钞》

弘曆说他刊刻《乐善堂文钞》，是为了常常能以自己所言自省，但根据记载并不是这样。

《乐善堂文钞》刊行时，弘曆请十四个人为他作序。其中有庄亲王允禄、康熙第十七子果亲王允礼、贝勒允禧、平郡王福彭、大学士鄂尔泰、张廷玉、朱轼以及当时在士林颇有名气的蔡世远、邵基、胡熙等人，还包括他的弟弟弘昼。

张廷玉说“自经史百家以及性理之阃奥，诸赋之源流，靡不情览”，以赞扬他博览群书、精通史诗。也有赞扬他才思敏捷的，比如福彭作序：“每为文笔不停辍，千言立就，而文思泉涌，采翰云生。”邵基序说《乐善堂文钞》是稀世之作，“其气象之崇宏，则川淳岳峙也，其心胸之开浚，则风发泉涌也，其词采之高华，则云蒸霞蔚也，其音韵之调谐，则金和玉节也”。

此外，察觉内情的人，也会说弘曆是怀有治国平天下道德和才能的储君。比如张廷玉说：“皇子以天授之才，博古通今之学，循循乎祗通圣训，敬勤无斁。”鄂尔泰说：“皇子乐善之诚，充积于中，而英华外发，有不知其然而然者……则精一危微之训，上接列圣之心传者，莫不此会而极。”

既是“天授之才”，又“上接列圣之心传”，暗示其为未来的九五之尊。

聪明的弘曆，不用担心夺权的明争暗斗，他只需要在皇族和朝臣之中树立起自己未来英明君主的形象即可。而刊印《乐善堂文钞》就是机会，表示自己不仅精通书史，擅长诗赋，而且有经世之才。果然，他的弟弟弘昼在序言中公开表示自愧弗如：

“弟之视兄，虽所处则同，而会心有浅深，气力有厚薄，属辞有工拙，未敢同年而语也。吾兄随皇父在藩邸时，朝夕共寝食相同。及皇祖见爱，养育宫中，恪慎温恭。皇父见之，未尝不喜。皇父闻之，未尝不乐。……兄之乐善无穷而文思因以无尽。凡古圣贤之微言大义，修身体道之要，经世宰物之方，靡不发挥衍绎娓娓畅焉。”

在《乐善堂文钞》中，弘曆多次提到康熙对自己的疼爱，说皇祖曾赐他横幅等，包含着孙子对祖父的怀念，也是对自己荣耀政治资本的彰示。可见，弘曆刊刻《乐善堂文钞》的目的并不单纯，还有为日后当皇帝做舆论准备；而且根据乐善堂取义，也有自诩大舜之意。

继任皇位，确立执政基调

不知道是体质特殊，还是因为有所遗传，清朝帝王的死亡大多都干脆利落，没有拖泥带水、缠绵病榻之人。康熙、雍正、乾隆、嘉庆这四位皇帝，死亡之前都没有什么征兆。从身体微有不适到撒手人寰，不过就几天的事情，所以即位皇帝的诏书中往往会有“忽遭大故”“闻之惊恸”的词汇。

相比其他人来说，我们都知道雍正是一位非常勤政的帝王，而他的死也更为突然。

雍正十三年（1735）八月二十日，正在圆明园处理政务的雍正突然感到身体不适，以为只是小病，没有多加重视；然而在二十二日，病情突然加重；二十二日夜，两目紧闭，呼吸微弱，识人不清，大臣张廷玉回想当时自己的表情是“惊骇欲绝”；二十三日子时，执政十三年的雍正帝，在众人的惶惶不安中去世了，从此弘曆就要肩负起大清王朝的发展了。

雍正驾崩后，张廷玉与鄂尔泰便向在场的亲王大臣表示：“大行皇帝因传位大事亲书密旨，曾示我二人，外此无有知者。此旨收藏宫中，应急请出以正大统。”庄亲王允禄、果亲王允礼、大学士鄂尔泰、张廷玉四人率领群臣一起到乾清宫，取出“正大光明”牌匾后面的一个锦匣，宣读雍正生前留下的密诏：

“宝亲王、皇四子弘曆秉性仁慈，居心孝友，圣祖仁皇帝于诸孙之中，最为钟爱，抚养宫中，恩逾常格。雍正元年八月间，朕于乾清宫召诸王、满汉大臣入见，面谕以建储一事，亲书谕旨，即立弘曆为皇太子之旨也。其后仍封亲王者，盖令备位藩封，谙习政事，以增广识见，今既遭大事，著继朕登极，即皇帝位。”

雍正十三年，宝亲王弘曆登基，做了皇帝。即位后，他知道自己不能活在父皇的影子之下，最重要的是要确定执政局面，在大清朝留下自己的政绩。

乾隆思考着自己如今的局面，没有皇子争位的纷扰，也没有太过于棘手的问题，仅此而已？乾隆想到了自己当皇子时的一篇课业，题目是“宽则得众论”，写于雍正晚期，推崇儒学的弘曆如此写道：“诚能宽以待物，包荒纳垢，宥人细故，成己大德，则人亦感其恩而心悦诚服矣！苟为不然，以褊急为念，以刻薄为务，则虽勤于为治，如始皇之程石观书，隋文之躬亲吏职，亦何益哉！”

雍正临朝十三年，以铁腕治国。他诛戮宗室大臣，打击异己分子，惩治贪官污吏，政令峻急，刑法严苛，令天下人胆寒。也有不少人罪轻罚重，家破人亡，甚至受株连含冤而终。雍正朝的天下官员整日惴惴不安，不知何时就会祸从天降。

弘曆将这些看在眼里，虽然钦佩父皇的才干与魄力，但是不认同这种严苛的手段。这些当然不能说出口，于是在《宽则得众论》中有意无意地流露出自己的想法。想到这里，宝座上的乾隆，甚至都要以为自己未卜先知了。

想通一切的乾隆，打定主意：主宽容，戒繁苛。

雍正十三年十月初九，即位三十多天的新君乾隆，下谕给庄亲王允禄、果亲王允礼、大学士鄂尔泰与张廷玉等总理事务大臣，宣布了自己的国策纲领：

“治天下之道，贵得其中，故宽则纠之以猛，猛则济之以宽。……皇祖圣祖仁皇帝，深仁厚泽，垂六十年，休养生息，民物恬熙，循是以往，恐有过宽之弊。我皇考绍承大统，振饬纪纲，俾吏治澄清，庶事厘正……此皇考之因时更化，所以导之于至中，而整肃官方，无非惠爱斯民之至意也。……兹当朕御极之初，时时以皇考之心为心，即以皇考之政为政，唯思刚柔相济……以臻致平康正直之治……故朕主于宽。”

乾隆高度推崇皇祖父康熙“以宽治国”的方针，解释说父皇雍正是出于形势的需要，严格振饬朝纲，澄清吏治，与康熙的宽大方针并不矛盾。自即日起，乾隆实行“宽严相济”的国策。

清朝祖制强调“敬天法祖”，皇帝要以尽孝为律己治国的首要任务，新君一定要赞颂先帝神纵英武，标榜自己是循皇考旧制、颂扬先祖的业绩。因此乾隆指责和纠正父皇雍正的弊政，是有很大风险的，不小心谨慎的话，甚至有可能被扣上忤逆不孝、擅改祖制的罪名。

事实上，乾隆不但是慎重地完成了这项工作，而且还用上了自己想出的一条妙法。五个月后，乾隆元年（1736）三月十一，乾隆再度下谕，论以宽代严之道。这次乾隆将雍正年的严苛之弊全归成臣僚所为，他说父皇即位时，众人玩忽职守，百废待兴，官吏不知奉公办事，小人不畏法度，故不得不加以整顿，以革除积弊。不料群臣从此以为皇帝主严苛，因而奉行不善。为改变现状，朕一定要留心经理，宽容执政。

乾隆用心巧妙，既改变了父皇严酷的弊端，又不授人以冒犯先帝的把柄，为自己以后宽严相济的政策施行做好铺垫。

要立威，要杀人

巧妙为自己实行“宽严相济”政策找到了台阶，这只是乾隆立威执政的第一步。

新君初政，威望甚低，所用大学士、军机大臣、部院尚书和督抚将军，均是前朝重臣，许多政策都是由他们经办的。想来，他们不知道从中谋取了多少利益，也不知道有多少官员借此上位，也就是说有绝大多数的人是跟不上新皇帝革弊兴利的，那么对于乾隆来说，最好就是“杀人立威”。

王士俊，贵州平越人，出身于书香门第，康熙六十年（1721）入翰林院任检讨。正赶上雍正即位，号召天下百官士子向朝廷进言，雍正采纳了王士俊提交的几条意见，随即任河南许州知州，自此开始了其官场生涯。

王士俊是个好官。当时许州濒临黄河，黄河经常决口，地方年年缺乏河防物资，时有发生灾荒。王士俊到任后施以仁政，以市价买卖防河材料，又严惩盗贼，平反冤狱错案，减免赋税，鼓励农耕，许州的百姓生活得以缓解。因为官声颇佳，经推荐调任号称“河南第一县”的祥符，离开时百姓不舍相送。

祥符虽为河南首县，但河灾更严重，百姓负担更甚。该县在每次黄河决口后，田地都被泥沙压埋，不能耕作，但百姓仍要缴纳赋税银二万余两。王士俊同情百姓，以“民命不可不恤”上报要求豁免此项款银，经朝廷复查后，免去祥符这两万余两的正额银赋，百姓又得以复苏生息。

爱民如子、政绩斐然的王士俊一路升迁，雍正六年晋广东布政使，九年擢湖北巡抚，十年升任河东总督兼河南巡抚。然而，河南巡抚王士俊也是自此改变的。

清朝向来有垦荒的传统。清朝初年，地广人稀，奖励垦荒本是促进生产的

乾隆时期，新开田亩，人口增多

善政，官员也能以此升迁。雍正朝时，人口增加，荒地已少，官员们为了奖励而谎报。王士俊的前任田文镜是雍正朝的名臣，为迎合雍正劝垦之意，也是严查督促州县开垦、以少报多。王士俊继任后，督促更甚，多报就奖励，少报则上疏弹劾。心生畏惧、希冀得到宠信的地方官员，一县有报数十顷的，全省多达数千顷。其实，所谓垦田只是虚名，不过是将新垦地的升科钱粮，飞撒于现有田亩之中，名为开荒，实则加赋而已。可想河南百姓的重赋压迫。

乾隆即位后不久，户部尚书直言河南垦荒的弊端，说王士俊已经是个奸顽刻薄、苦累小民的酷吏。为了从百姓手里榨出“新开田亩”的赋税，王士俊不惜逼得老百姓卖儿卖女。

面对河南如此境况，正是实践“以宽代严”的好机会。乾隆立刻诏谕，先是斥责前任河南巡抚田文镜的苛刻，然后申斥王士俊借垦地的虚名来祸害百姓，令王士俊解任来京候旨。宽仁为政的乾隆，只是把王士俊当面一番教育，然后任兵部侍郎，乾隆元年四月，外放任职四川巡抚。

然而王士俊认为雍正的严政才是善政，并且不满于乾隆的更改祖制、“政尚宽大”。乾隆元年七月二十八，王士俊密奏乾隆，直言反驳雍正时案件的群臣实属狂妄和愚昧，说他们没有主见，只知道揣测迎合圣意。乾隆一看，这是影射朕是专翻父皇所定之案的不肖之子啊！不行！如果不加以制止，多几个王士俊这样的人，混淆视听，扰乱人心，“以宽代严”的新政就要成为泡影，皇位恐怕也不保了。

看来，是时候立威了，即使是杀人也在所不惜。

下定决心的乾隆，立即在奏折上严批申斥，将原折发与总理事务王大臣和九卿传阅。第二天在养心殿召见群臣，严斥王士俊欺君，乾隆开门见山，不给大臣们留任何思考的时间，直接言明王士俊指责朕翻案！这是侮骂皇上，是大悖天理的大罪！

在大臣们愣神时，乾隆话题一转，开始大谈康雍乾三朝国策的一致——说朕以宽代严是翻案，其实完全是无稽之谈。父皇雍正针对皇祖父康熙末年的法纲渐弛之弊，着力因势整饬，是继承皇祖父之政的善政，哪里能说是翻圣祖的案？到雍正九年左右，经大力整顿，父皇见人心已知法度，吏治已渐澄清，便已开始注重宽容简政，匡正对臣僚苛刻者，并留下遗诏，要朕对今后的政务，都应从宽办理。因此，朕即位以后，用人行政，皆遵遗训，哪里是翻案？皇祖父、父皇与朕之心，根本没有丝毫区别。最后，乾隆谴责王士俊乃奸邪小人，巧诈弄权，妄行陈奏，令大臣九卿议处，严惩！

被新君雷霆之怒吓倒的大臣们，听到“议处严惩”时，连忙叩头遵旨，最终商议“将王士俊从四川押解来京，斩监候，秋后处决”，乾隆当即同意。

王士俊被押解到京城，打入刑部死牢。此时，雍正旧臣才意识到，乾隆虽为新君，但也是被尊奉的、至高无上的、掌握生杀大权的皇帝。从此，再无人敢对乾隆的“政尚宽大”置喙多嘴。

其实聪明的人都能明白，乾隆非要说康雍乾三朝国策一致，实属强词夺理。雍正的严苛与康熙、乾隆的宽仁怎么会是一回事？立储遗诏是当初读给大臣听的，这怎么证明有说宽仁执政？而且也不可能再拿出来看了。但是乾隆的用意，只有一点就是为自己的“以宽代严”找点根据，不能让自己背上“违背祖制”的罪名。

乾隆心里也知道王士俊尽管为官“苛酷”，但本质上还是个好人。任职期间，王士俊都极力提倡奖掖人才、提拔人才，甚至到王士俊以兵部侍郎衔署理四川巡抚，到达成都后，他曾先后捐银六百五十两，分赈成都火灾的灾民和给参加乡试的穷苦考生买肉买米食用。乾隆可是实行宽仁的，于是王士俊在刑部死牢里被关了一年之后，乾隆下旨从宽发落，王士俊被削职为民回原籍。乾隆二十一年，王士俊病逝于家中，一生为官清廉，又数遭家难，死后已无家产留给后人。最终还是当年他举荐的刘藻，派人前来祭拜，赠金三百，才解决了其子孙的贫困。

推行新国策要快更要有效

乾隆初政，国策已定。乾隆认为在王士俊案件中，天下人只是看到了自己的国策。然而让天下人切身感受到，革弊兴利，还需要励精图治，这就要从民生入手。

早在雍正十三年九月二十五日，刚即帝位二十二天的乾隆就下过一道论民生的谕旨：

“从来帝王抚育区夏之道，唯在教养两端。盖天生民而立之君，原以代天地左右斯民，广其怀保，人君一身，实亿兆群生所托命也。书称正德利用，厚生唯和，又云唯土物爱厥心臧。盖恒产恒心，相为维系，仓廪实而知礼义，理所固然，则夫教民之道，必先之以养民，唯期顺天因地，养欲给求，俾黎民饱食煖衣，太平有象，民气和乐，民心自顺，民生优裕，民质自驯，返朴还淳之俗可致，庠序孝悌之教可兴，礼义廉耻之行可敦也。……皇祖圣祖仁皇帝，六十余年，久道化成，重熙累洽，所以惠养元元，礼陶乐淑者，至周至备：唯是国家承平日久，生齿日繁，在京八旗及各省人民，滋生繁衍，而地不加广，此民用所以难充，民产所以难制也。……今朕缵承大统，身为人主，衣租食税……安忍己垂裳而听天下之民之有寒不得衣，己玉食而听天下之民有饥不得食者乎。……朕日夜兢兢，时廑本固邦宁之至虑。……

“爰赖中外诸臣，共体朕心，以成朕志，于民生日用所由阜成，民生乐利所由丰豫之处，在在求其实际，事事谋其久远……勿腹民生以厚己生……”

总结来说，就是脚踏实地，提高生产，让人们安居乐业，保证国家兴盛与太平。因此乾隆把唐太宗李世民的名言时常挂在嘴边："舟所以比人君，水所以比黎庶，水能载舟，亦能覆舟。"同时认同轻徭薄赋、减免钱粮是让"民有恒产"最有利的办法。

雍正十三年（1735）九月初三，登基大典的当天，即特颁恩诏大赦天下，其中专有一条，规定免除各省民间所欠官府十年以上的钱粮。过了二十天，乾隆再度下谕，一律免除全国各州县拖欠的钱粮。

据统计，这是一笔庞大的赋税。比如，山东省积欠一百二十余万两，全部免除；江苏、安徽两省，所属州县积欠钱粮高达一千零一十一余万两，相当于全国一年田赋总数的三分之一，全部免除；第二年，乾隆还免除甘肃全省田赋和陕西田赋的一半，约赋银一百三十万两。

此外，乾隆还实行奖劝农桑，赈灾治河，劝减佃租，保护佃农（同时也取各打五十大板之法，惩治"刁佃"，禁止抗租），革除积弊，抚恤旗人，等等。宽仁政策效果明显，乾隆已经能想象，天下万民欢悦，歌颂新君的场景了。

官员百姓是安顿好了，可是军国大计还未平定；如果不及时解决，国泰民安又如何保障。

扫除遗留的苗疆问题

雍正十三年（1735）八月二十六，雍正帝去世后的第三天，新君乾隆谕告总理政务的庄亲王允禄、果亲王允礼、大学士鄂尔泰与张廷玉、办理苗疆事务王大臣："朕思目前紧要之事，无过于西北两路及苗疆用兵者。"

沉着冷静的乾隆，将平定苗疆视为第一要务。

所谓"苗疆"，指的是因改土归流而新归属朝廷直接管辖的地区。苗疆地

如今贵州境内的苗寨

域广阔，几乎占贵州全省的一半。放弃苗疆，就意味着改土归流政策的全面失败。而苗疆问题，是雍正晚年宝亲王弘曆具体参与处理过的一件军国机要大事，这是由“改土归流”处理不当引起的。所谓“改土归流”，即在西南少数民族地区实行流官制，解决土司割据的积弊。然而实施不力，不久后导致苗民起兵反抗，最终征剿也无果，气愤的雍正还没有做出决定，就驾崩了。

新君乾隆知道，如今天下人都看着自己如何处理苗疆问题、安定军国大计，决不能有任何差池。

早在雍正十三年（1735）五月，宝亲王弘曆就是参与苗疆事务的大臣之一。他对苗疆的军机、政论和父皇意图，乃至张照的性格、想法，都极为了解。从江山社稷国家大局出发，苗疆决不可废弃。昔年雍正即位之初能坐稳天下，靠的正是抚远大将军年羹尧一战定青海。如今乾隆刚刚即位，改土归流必须进行到底。所以，乾隆御笔写道：苗疆用兵，乃目前第一要务。

刚举行完登基大典的乾隆马上降谕，严厉斥责张照，谕令其回京，夺职下狱。乾隆给张照连定三条大罪：第一，张照奏请抛弃苗疆，于江山社稷所不容；第二，张照假传圣旨，说先皇雍正提出抛弃苗疆，而且大肆宣扬；第三，张照到贵州以后，挟诈怀私，扰乱军务。有此三条罪状，谕令总理事务王大臣会同刑部将张照严审定罪。

乾隆将责任推给张照，将父皇雍正对苗疆模糊之意定为“毫无弃绝苗疆之意”。这样朝野上下主张抛弃苗疆之人纷纷住嘴，改土归流政策继续实施，朝廷将对苗疆坚持用兵。

用兵要有统帅之人，而湖广总督张广泗就是乾隆中意的人选。

张广泗，汉军镶红旗人，由监生捐纳入官。康熙六十一年任职贵州思州府知府，雍正五年调任云南楚雄府知府，后改任贵州黎平府知府、贵州按察使。因剿苗有功，擢升贵州巡抚。雍正十年，大清朝的老对手、蒙古准噶尔部进扰新疆哈密等地，张广泗被任命为副将军，随宁远大将军岳钟琪出兵征讨。此次征讨，清军遭遇了七十年未有的惨败，阵亡逾万，只有张广泗在惨败之下保有全军，被授以正红旗汉军都统。雍正十三年，准噶尔求和，清军班师，张广泗得授湖广总督。乾隆敏锐地察觉到，这是个不可多得的将才。

乾隆亲自召见张广泗，语重心长地对他说，苗疆用兵事关重大，时间这么久了还没有解决，但朕对你寄以厚望，决定授予你大权。乾隆顿了顿，继续认真地说，朕命你为经略，总统西南军务，自扬威将军哈元生、副将军董芳以下，俱令你节制调遣。进剿苗疆，一切就全指望爱卿你了。

张广泗心中此刻直感叹自己深蒙圣恩，这时乾隆说，为了一体统筹军民两政，你兼领贵州巡抚吧！

西南军政大权集于自己一身，张广泗已经激动了，却见乾隆不慌不忙地再道，朕给你增拨兵饷一百万两，你拿去犒赏军队，让将士们效命吧！

张广泗终于控制不住自己，顿时感激得涕泪横流，连忙跪伏于地，向皇上发誓，舍性命不要，尽全力平定苗疆，以报君恩！

乾隆脸上终于露出了满意的笑容，他深谙激励下属，不能将底牌一次全拿出来，要循序渐进，终能事半功倍。而“增拨兵饷一百万两”是让张广泗死心塌地卖命的最后一根稻草，乾隆现在相信，张广泗一定能完成任务。

张广泗拥有军政大权，统一号令，率领六省官兵，放手征剿。他先分兵两路，攻上九股、下九股和清江下流各寨，顺利拿下。乾隆元年春，张广泗又分兵八路，进剿抗拒苗寨，将苗寨统统焚毁荡平，苗兵主力溃败。张广泗又乘胜搜剿从乱苗人，分首、次、胁从三等，又许苗人自相斩捕除罪，苗人的散兵游勇渐渐被荡平。

到乾隆元年秋天，张广泗先后毁一千二百余苗寨，斩杀一万七千余人，俘获二万五千余人，尽平苗变。原本黄平等州县逃居邻近省份的汉民，也陆续回

乾隆平定苗疆征战图

到旧地。兵荒马乱的日子，连续折腾了一年多的苗疆，终于平定下来。论功行赏，乾隆下旨升任张广泗为贵州总督兼领贵州巡抚，授三等阿达哈哈番（轻车都尉）世职，每年赏给养廉银一万五千两。

平定之后就是稳定，乾隆也知道真正稳定苗疆才是更为艰巨的任务。并于乾隆元年七月初九，颁发“永除新疆苗赋”的圣旨。乾隆决定，今后永远免除苗赋。同时，乾隆下旨要求尊重苗民风俗，并在苗疆安设屯军，实施屯田。这些有关安抚苗疆的谕旨，让贵州自此只剩小争执，将贵州苗疆基本安定了下来。

西南苗疆已定，那么西北准噶尔也是时候议定了。

与准噶尔部息兵议和

我国北部边疆，东起黑龙江呼伦贝尔，南至瀚海，西界阿尔泰山，北到俄罗斯，是喀尔喀蒙古长期居住和游牧的地区。喀尔喀蒙古的土谢图汗、扎萨克图汗和车臣汗三部，都归附于清朝。在喀尔喀蒙古以西，是厄鲁特蒙古游牧的地方，明末时厄鲁特蒙古分作准噶尔、和硕特、杜尔伯特和土尔扈特四部。康熙年间，准噶尔部首领多次发动叛乱，甚至进攻哈密、拉萨等地，但均被清军击退。

雍正五年，噶尔丹策零继任准噶尔部浑台吉；雍正七年，噶尔丹策零曾对俄国使者说：“看！你们的城市造在额尔齐斯河和鄂毕河上是为什么呢？那可是我的领土啊！”此时，野心勃勃的噶尔丹策零，力图向东扩张，屡次骚扰喀尔喀蒙古的游牧地区。

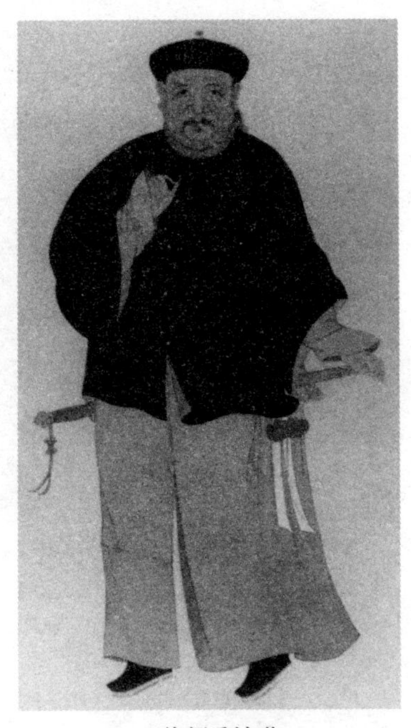

将领岳钟琪

为维护喀尔喀蒙古的利益与边境的安宁，雍正七年，清朝从西、北两路用兵征讨准噶尔部；之后，噶尔丹北路军于雍正九年六月、岳钟琪西路军于雍正十年正月先后战败；而噶尔丹策零也被喀尔喀蒙古击败。十年七月，噶尔丹策零倾全部进犯喀尔喀蒙古，偷袭塔密尔河喀尔喀亲王额附策凌牧地，掠其子女牲畜。策凌闻讯回师救援，追击准噶尔军。双方交战十余次后，在鄂尔浑河边的额尔德尼昭，即光显寺决战。准噶尔部三万余众被歼万余人，噶尔丹策零率余部逃奔。

此时，清朝和准噶尔部双方都有息兵议和的意向。雍正十二年八月，清朝遣侍郎傅鼐、学士阿克敦前往准噶尔部，提议划分准噶尔和喀尔喀两部的游牧分界线，清军主张双方以阿尔泰山为界，准噶尔部坚持以杭爱山为界，谈判失败。

准噶尔部以畜牧业为主，因而迫切需要与内地贸易换取农副产品等。上次牧区分界谈判失败后，噶尔丹策零于雍正十三年春，派宰桑吹纳木克，随同傅鼐等到北京纳贡，同时携带近万张各色毛皮，到肃州（今甘肃省酒泉市）出售，得价银约一万四千二百两，用其中一部分购买了所需的缎匹、绫䌷、茶、布等。肃州贸易的成功，使噶尔丹策零动心。当年十月，再派哈木克到京师进表。

此时，乾隆已经登基，他对准噶尔部的方针也是议和。十月十日，颁谕说驻兵在喀尔喀，时间长久不利于游牧，而且劳民伤财，不利于国家的长久发展。这时乾隆又接到噶尔丹策零的书信，并遣回两名被掳清军。这显然是准噶尔部做出议和的姿态。乾隆审时度势，也做出以防守对进攻，以断绝贸易逼对方和谈的对策。

对于前线的数万清军，乾隆有些犹豫不决，他给大将军庆复谕旨中说，准

噶尔丹策零征战图

噶尔部虽二三年内不至于起事，但“唯数年之后，我兵尽撤，伊若潜过阿勒台山梁（阿尔泰山梁），扰动喀尔喀等游牧地方，唯时归化（今内蒙古呼和浩特）城兵不能速到，必致喀尔喀等寒心，一味守成，又该如何筹备军粮？”

同年十二月，乾隆要求总理事务王大臣，就撤兵和防守问题进行商议，并征询喀尔喀蒙古首领们的意见。总理事务王大臣经讨论建议，鄂尔坤贮米甚多，可留驻五千兵丁，而归化城也应留驻六千人。乾隆元年正月，署宁远大将军查郎阿也建议，于哈密城留驻五千兵丁，在布隆吉、赤靖等处，留驻五千兵丁。

此时，噶尔丹策零又派遣吹纳木克携表到京，乾隆接见他时指出噶尔丹策零只是想互通贸易的企图，并言明如果噶尔丹策零能够谨遵皇考原旨定界，可再遣使来，否则就不用再遣。

吹纳木克在京期间，乾隆宣布从西北撤兵，仅在鄂尔坤留驻五千兵丁，另派一千防守鄂尔坤城仓库。此外，以喀尔喀兵一千名留守乌里雅苏台。这无疑是表达议和的诚意，同时乾隆还让吹纳木克留住数日，进行贸易。但是划界谈判依旧失败了。

乾隆二年（1737）闰九月，噶尔丹策零再次遣使来京，并献貂皮三十一张请求议和，而且希望清政府将卡伦（哨所）“稍向内移”。乾隆阅后，认为奏疏“甚属恭顺，其事有易竟之机”，于是决定派侍郎阿克敦为正使，御前三等侍卫旺扎尔、乾清门头等台吉额默根为副使，随达什等一同赴准噶尔部议和；而对于准噶尔部使者说，噶尔丹策零没有指明牧界的划定，而以“卡伦之设，由来已久，于今岂得议移”！断然拒绝了准噶尔部的要求。

三月，侍郎阿克敦等衔命赴准噶尔部，双方几经磋商，最后达成以阿尔泰为界的牧区划分协定。十二月，噶尔丹策零派哈柳等随阿克敦到京进表。在表中，噶尔丹策零提出：

第一，今议定界，请循布延图河，南以博尔济昂吉勒图，乌克克岭、噶克察等处为界，北以逊多尔库奎、多尔多辉库奎至哈尔奇喇博木、喀喇巴尔楚克等处为界。我边界人等，仍在山后游牧，不得越阿尔泰岭。其山前居住蒙古部人，只在扎卜堪等处游牧，彼此相距辽远，庶可两无牵掣。

第二，准噶尔部对于清政府在科布多筑城驻兵心存戒虑，希望在准噶尔部境内距科布多甚近的布延图、托尔和二卡伦稍稍内移。

第三，班禅额尔德尼五世是厄鲁特蒙古掌教大喇嘛，其时圆寂，请求派人“赴藏诵经布施”。

乾隆表示同意牧界的划分，但不想移动卡伦，为了消除准噶尔部的疑虑，乾隆答应不在布延图、托尔和二处筑城驻兵，止于每年应略地时，只各遣二十人至三十人前往巡视。至于进藏诵经布施，乾隆表示可以遣官弁护送，但诵经人数限定一百名。

乾隆四年二月，哈柳带着乾隆答应的条件返回准噶尔部。十二月，哈柳带噶尔丹策零表回到京都，表说：“托尔和、布延图二卡伦不妨仍旧，但赴藏人数要求增至三百名。”哈柳还口头要求允许准噶尔部人到北京和肃州贸易，其中四年一次赴京交易，人数不超过二百名，四年一次赴肃州贸易，人数不超过一百名。乾隆批准了准噶尔部的这些要求。

经过长达四年的谈判，喀尔喀蒙古与准噶尔蒙古牧界终于划定，准噶尔部人民额手称庆，噶尔丹策零摆宴庆贺，他说：“如今和天朝和好了，准做买卖。今年买卖很好，我如今要打发哈柳去请安谢恩。”乾隆也解决了雍正未竟之事。

乾隆贯彻雍正对准噶尔部息兵议和的方针，让清朝迅速摆脱了西南与西北两面作战的窘境。乾隆五年（1740）之后，准噶尔部不仅多次遣使到京进贡，而且携货到肃州贸易，这无疑促进和加强了国内的民族团结。

坚持改土归流政策，用兵平定西南；对西北息兵，与准噶尔部议和，划定蒙古两部的牧界。一战一和圆满地解决了前朝遗留的边疆问题，初显乾隆治理大清王朝的杰出才能。

CHAPTER 第三章 3

善加利用，清除党祸

使两党相互牵制、维持平衡，这是乾隆初期需要对两大臣子党派所协调的；同样地，张廷玉、鄂尔泰两人，也是乾隆一视同仁、不偏不倚对待的前朝老臣。对付他们，只能靠等，等到他们犯错，乾隆才能趁机敲打，甚至是击溃他们及其政党，从而确立属于自己的朝堂局面。

抑制宗室皇亲

乾隆名正言顺地登上了皇帝的宝座，并以他的才干和胆略推行新政、治理国家。当统治走向正轨时，他的皇权和皇位又遭到了挑战。

乾隆四年（1739）十月十六日，乾隆对庄亲王允禄与弘皙、弘昇、弘昌、弘晈等结党之人进行削职免爵，对宗室势力进行了严厉的打击。

先是宗人府议奏，然后，皇帝比照宗人府的议案，量刑从轻发落。这一次议案涉及的人员全是宗室子弟。这些人大多受到新皇帝的恩惠，如弘昇，其父允祺在康熙年间被封为恒亲王后，长子被封为世子。但因生性好事被卷入了父辈们的皇位争夺，雍正初年获罪并被囚禁，世子身份不保。乾隆即位后，因其忠厚而升为都统，掌管火器营，隶八旗禁军的要职。还有弘昌，在雍正年间不但没有借父亲是皇帝的宠弟而加官晋爵，反而因鲁莽狂妄，被怕事的父亲奏请圈禁在家。乾隆即位后将他加封为贝勒。然而，这些人都辜负了皇恩，迫使乾隆不得不以严厉的态度对待他们。

这是继雍正帝杀戮宗室以来最大的一次皇家祸变。为什么一向宽仁的乾隆也痛恨起他的同宗同族呢？为什么曾经显赫一时、承先皇顾命、又任新帝总理事务大臣的庄亲王允禄成了祸首？为什么又出现了同室操戈的悲剧？乾隆列举了他们的罪行：

庄亲王允禄之罪有两条：一是没有一点儿为国家分忧解难的心思，只擅长取悦于人，遇事模棱两可，不肯承担责任；二是与弘皙、弘昇、弘昌、弘晈、弘普等诸侄私自结交，往来诡秘。

弘皙之罪有三条：一是行止不端，浮躁乖张，在皇帝面前毫无敬谨之意，只是奉承庄亲王；二是自以为曾是东宫嫡子，居心叵测；三是事情败露之后，在宗人府听审时，拒不交代。

弘昇、弘昌、弘普、弘晈等人，则被指为群相趋奉、结党营私，是一群作威作福、不学无术之徒。

尽管乾隆没有详细列出各人所犯罪行，但此次皇室祸变并非一日而成，而是与清朝入关以来宗室干政的祖制有关。大清在马上取得天下，宗室子弟都立下了汗马功劳；立国后，便将宗室参与国政立为祖制家法。这种制度，必然导致宗室与皇权之间的矛盾。

自太祖努尔哈赤创业以来，皇室以血缘关系分配权力，导致矛盾争端激烈，酿成了几代皇子皇孙同室操戈的悲剧。乾隆不愿这种历史悲剧重演，更不愿他人威胁到自己手中的权力，所以对宗室联结加以重处。

庄亲王允禄身受三代皇帝的宠爱，在乾隆登基后可谓位高权重。

庄亲王允禄是康熙帝诸子中颇得宠眷的一个。康熙晚年，亲自教授儿子们的功课，允禄得益最多，他的天文、算学、火器（枪炮）等知识，都是康熙皇帝亲手教授的，因而幼年即精数学、通音律，以才气闻名。

雍正帝统治期间，相传十三弟允祥曾为雍正争夺储位出过力，所以对怡亲王允祥特别恩宠，除此之外就数允禄蒙恩最多。允禄在康熙年间没有封爵，雍正特地将他过继给无子的庄亲王博果铎，庄亲王死后，允禄不但承袭了庄亲王的爵位，而且还继承了巨额遗产。

右为爱新觉罗·允禄

雍正八年（1730），允祥死去，允禄的地位开始逐渐提高，雍正帝于弥留之际，命他与果亲王允礼以宗室王爷的身份与大学士鄂尔泰、张廷玉同时顾承遗命。而后新帝登基，允禄又因拥戴之功，奉命担任总理事务大臣，位列诸人之首，并以他总理事务有功，给予额外世袭公爵，隆宠至极。

乾隆善待允禄，除了遵从父亲遗命外，似乎因为他与允禄之间还有着一层特殊的关系。在康熙末年，年幼的弘曆（乾隆）天赋异禀，被祖父康熙帝养育宫中，除了与允禄同时受教于祖父外，更多的则是由允禄做“师傅”，将所学转授给他。两人之间的感情，自然不能与其他的叔侄相比。然而，当允禄的地位达到顶点，仅次于皇帝时，他的厄运也随之而来。因为，乾隆虽然年轻，却是个极端专制主义且身体力行者，一上台就着眼于解决大臣朋党和宗室干政，杜绝了宗室干政的弊端，加强了皇权，并形成了亲王宗室不入军机处的惯例。

允禄自知不为皇帝所信，所以处处瞻前顾后，生怕惹来祸患。以致乾隆说他只知道专心取悦于别人，遇事模棱两可，不肯承担责任。允禄的处境，在那些贵胄看来，宗室参与国政，乃祖制家法，允禄于皇帝有拥戴、辅佐之功。他们认为，乾隆坐稳了皇位后，更加薄待宗室。于是，感到受伤的皇家子弟，很自然地远离了皇帝而向允禄靠拢，弘晳、弘昇、弘昌、弘晈等人也成了庄亲王府的常客。

皇帝才是专制政治的中心。允禄在宗室中威望的增高，他们之间相互援引、彼此攀附，就形成了一种集团势力，虽然没有掀起大风波，但也对乾隆巩固皇权是一种隐患。于是，乾隆在观察了一年之后，决定对他们进行惩戒，除了允禄之外，几乎所有获罪的宗室都被贬被革，或被圈禁高墙。

此次宗室事件所涉及的人员当中，乾隆最忌恨的不是允禄，而是弘晳。

弘晳并不是这场“宗室结党案”的主犯，但他所受的处罚最重，不但被革去亲王的爵位，而且被软禁在家，不得出城。原因就在于乾隆觉得弘晳对自己地位的威胁远超过允禄和其他人。

一个多月后，案件有了新的发展。一个名叫福宁的宗室告发弘晳，说他利用安泰搞邪术，行大逆不道之事。逮捕归案后安泰供认：他曾经自称为祖师显灵，能预先得知将来之事。弘晳对安泰的占卜深信不疑，常常请他占卜，不久前曾问过："准噶尔能否到京""天下太平与否""皇上能活多久""将来我是否还能再向上升"。这一连串问题将弘皙窥伺皇位、图谋不轨的险恶用心暴露无遗。乾隆以往所有的怀疑和猜测都得到了证实，弘皙不仅性情狂妄浮躁，对自己不恭不谨、傲慢无礼，而且内心时刻酝酿着篡夺皇位的阴谋。他期待着准噶尔打到北京，趁乱实现自己的帝梦，或是希望皇帝短命，好以旧日东宫嫡子的身份夺得皇位。

弘皙的帝梦不是突发奇想的。自弘皙记事起，他的父亲就是皇太子。幼年的弘皙聪慧过人，被父亲喜爱的同时，也得到祖父康熙的钟爱，与乾隆一样，被养育宫中，而且时间更早、更长。如果没有什么意外，弘皙应该顺理成章地继承皇位。

然而，随着皇太子被废，弘皙也与皇位无缘了。弘皙表面上对雍正皇帝竭诚拥戴，心里却感叹命运不公。弘皙原是"罪人"，雍正即位后，恢复他宗室身份，得赐王爵，甚至允许弘皙在王府内设立会计司、掌仪司等比同国制的机构。但弘皙的欲望没有止境，不但没有感恩雍正父子，反而时常想着有朝一日能从他们手中夺回那本来属于他的皇位。

窥伺皇位的时候，弘皙发现庄亲王允禄，不仅身居朝廷要职，且待人宽厚、遇事拿不准主意。这样容易接近和便于驾驭的人，弘皙认为一旦发生国家动荡等意外，免不了要依靠允禄帮忙夺回皇权，因为清代的祖制给予了宗室权贵以议立新君的特权，于是弘皙便与允禄展开了频繁的交往。然而，一枕黄粱的帝梦，随着乾隆将他的"大逆"之罪昭示天下，弘皙只能在高墙之内度过余生了。

乾隆四年（1739）十二月初六，乾隆下令判决弘皙免其死罪，永久圈禁石景山东果园；附和弘皙传播邪说的安泰，着从宽改为斩监候，秋后处决；将弘皙的子孙革去宗室，比照允禩和允禟的子孙，给予红带子（即代表成了皇家的远支）。

为巩固和加强皇权，加上弘皙的谋逆，让乾隆更加注意从各方面加强对宗室的控制。乾隆七年（1742）六月、十一年九月、十八年六月，先后颁布谕令禁止担任御前侍卫的宗室与大臣及闲散宗室交往、禁止宗室命名使用内廷所拟之字、禁止宗室诸王与臣下往来，并令各部院及八旗衙门各录此旨，写在各自的墙壁上。

为了抑制宗室的势力，乾隆把宗室排斥在权要机构之外，哪怕才德兼优的同窗好友，他也不予重用。乾隆即位以后，宗室中除了重用庄亲王允禄、果亲王允礼之外，第三位重要人物，当属平郡王福彭。

福彭，是努尔哈赤的八世孙，虽是宗室远支，却受到康雍乾三朝皇帝的赏识。福彭年长乾隆三岁，早在乾隆为皇子时，两人就结为同窗挚友。福彭在康熙时就养育在皇宫中，雍正六年（1728）又奉旨读书内廷。早年弘曆认为福彭器量宽宏、德才兼备，把他视为自己的生死兄弟。

雍正十三年（1735）八月，乾隆即位，召回边疆的福彭，命他协办总理政务。于是，福彭成了宗室王公中仅次于庄亲王允禄、果亲王允礼的第三号人物，即使为总理事务大臣的鄂尔泰、张廷玉，也要对福彭礼遇有加。一方面因为他是王爷，更因为福彭曾是乾隆的旧日同窗，可谓政治前程无可限量。

然而，鉴于皇家祸变的惨痛教训，乾隆决心把所有的亲王、郡王，统统排斥在权要机构之外，其中就包括福彭。因此即使乾隆需要这样年轻有为的人才，福彭的政治生命也注定要从属于专制政治的需要，只在乾隆初政时昙花一现，随后便成了乾隆废弃亲贵政治的殉葬品。乾隆十三年（1748）十一月，年仅四十岁的福彭病逝。为表达对这位同窗的歉意，乾隆命皇长子携茶酒前往祭奠，又命辍朝两日以示哀悼。

乾隆对皇室之祸心有余悸，不但限制宗室加入权要机构，对自己的弟弟也多加提防。

乾隆排行第四，大哥二哥早亡，雍正五年（1727），三哥弘时削爵身死后，他便成了雍正帝最大的儿子，到他即位时，只剩下五弟弘昼和幼弟弘曕。

弘昼小乾隆三个月，在乾隆的诸兄弟中，与这位五弟最为亲密，两人从小同吃同住，同师读书。长大后，两人同尊同荣，享受同等的政治和生活待遇，比如同时受封亲王和参与政务。所以，两兄弟实际上是皇位继承的潜在竞争对手。

但从现有的史籍中，甚至找不到在乾隆即位前二人有过嫌隙的记载。只是从雍正的言语行动中，身为皇子的弘昼也猜测到皇位的继承人是弘曆。但他没有口出妄言，如往常孝敬父皇，友爱兄长。然而，乾隆即位，兄弟之间就多了一层君臣关系，也预示着冲突的发生。

弘昼性格内向，为人孤傲，不把满朝文武放在眼中。一次议政时，他和军机大臣讷亲发生冲突，竟当众举拳相向。乾隆虽然未作申饬，但很反感。又有一次，朝廷举行八旗科目考试，弘昼奉命殿试八旗子弟。时至中午，弘昼请乾隆退朝歇息用膳，由他继续监考。乾隆是个事必躬亲的人，他担心旗人士子挟私作弊，迟迟没有退朝。弘昼竟因此十分不快，对乾隆说："你难道连我也不信，怕我被士子买通了吗？"乾隆大为不满，当即退了朝。第二天，弘昼如梦初醒向乾隆请罪，乾隆毫不客气地告诫他："昨天，如果我答复一句，双方顶撞起来，你该粉身碎骨。你的话虽然不好听，但我知道你内心友爱，故而原谅了你。今后要谨慎，不要再说这种话了。"自此，弘昼开始收敛，谨言慎行，时时检点，不再像从前那样盛气凌人。但是，仍然不时受到乾隆借题发挥的敲打。

强权之下，弘昼不得不低头，为了排解心中的郁闷，他醉心于戏曲，却因水平太低而终；另外，他还装成死人，由家人演习丧礼，而他自己则吃着供用，以此为娱。精神失常的弘昼死于乾隆三十五年（1770），终年六十岁。

乾隆对威胁到自己地位的臣子、阿哥等都会进行无情、彻底的打击，直到击溃。弘瞻是乾隆的幼弟，生于雍正十一年（1733），比乾隆和弘昼小二十三岁，自小受乾隆的宠爱。弘瞻长大后，善作诗词，又富藏书，而且乾隆还将弘瞻过继给果亲王允礼，弘瞻即得嗣封为果亲王，每年的盈余可以累积达到数万。

圆明园遗址

然而皇家子弟如弘瞻，纨绔成习，他倚仗御弟的身份，有恃无恐，放荡不羁。比如一次，皇帝令他前往盛京，恭送玉牒。他却上奏要求先去打猎，然后再去盛京。还有一次，圆明园“九州清宴”失火，诸王都赶到园中救火，住处最近的弘瞻不但来得最晚，且和皇子们嘻嘻哈哈，好像此事与他无关。另有弘瞻的母亲做寿，乾隆没有称祝加赐；弘瞻以皇帝薄待自己的生母，微词讥讽，怨愤之情，形之于色。乾隆对弘瞻如此放纵、失检多次斥责，弘瞻却不知收敛。

乾隆二十八年（1763）五月，两淮盐政高恒代京师王公大臣贩卖人参牟取暴利一事被告发，弘瞻是被指控的王公之一。乾隆认为，弘瞻“一向不安分守己，往往向人请托，习气最陋”，就下命将弘瞻收捕，交军机大臣审讯。弘瞻供出，他因欠了商人江起滔的钱，派王府护卫带江起滔到高恒处托售人参，牟利以偿还欠债。乾隆借此有伤体面之事，对弘瞻的不知悔改加以惩治，另外查出弘瞻违犯朝规，干预朝廷选拔官员，于是厉声责备说：“弘瞻想要干预朝政，毫无顾忌，已经到了很厉害的程度。此风一长，内务府旗员也将会效法，这样的话，外面满汉职官，里面部院司寺，都将纷纷步其后尘，无法阻挡了。想到这里，我实在是寒心啊！”于是，乾隆将其新旧诸罪并罚，革去弘瞻亲王的一切差事，永远停俸。

在如此严厉的态度下，弘瞻此时只有大势已去的伤感。从此居家不出，以至于郁郁之下一病不起。病危时，乾隆探望他，他在被褥间叩首谢罪。乾隆似乎被弘瞻的软弱和屈从所感动，呜咽失声，泪流满面，拉着弘瞻的手说：“我因你年少，故而稍加处分，以改变你的脾气，想不到你会因此得这样重的病。”之后乾隆恢复了弘瞻的爵位，但两年之后，弘瞻还是去世了，年仅三十二岁。乾隆失去了幼弟，却使皇权更加独尊。

作为君王，乾隆深深懂得欲治天下，先治宗室、内宫的道理。为了政治安定，乾隆继位后采取了宽仁的一面，昭雪、平反、安顿了不少皇亲国戚、亲王宗室，但对皇权斗争乾隆断然采取了“整顿机制，施政有纲”这一策略，防止宗室、宦官、外戚干政专权。

为了不使太后干预政务，即位后的第三天，乾隆就发谕旨，告诫宫内太监女官："凡国家政事，关系重大，不许闻风妄行传说。恐太后闻之，宫禁之中，凡有外言，不过太监等得之市井传闻，多有舛误，设或妄传至皇太后前，向朕说知其事，如合皇考之心，朕自然遵行。若少有违，关系甚他，重劳皇太后圣心，于事无益。尔等严行传谕，嗣后凡外间闲话无故向内廷传说者，即为背法之人，终难逃朕之觉察，或查出，或犯出，定行正法。陈福、张保系派出侍奉皇太后之人，乃其之责，并令知之。"这个命令表面是乾隆爱护母亲倍加，深养宫中，感情笃深，实际是为了使皇权独尊，避免历史上母后乱政之嫌。

乾隆对母后的亲戚非常优待，常常赏赐他们，但是不允许他们依权欺人，以权干政。在此严厉的监督和规章制度之下，外戚根本没有参政的机会。乾隆对整个后宫的管束也比较严格，规定皇后只能管理六宫之事，不得干预外廷政事。他还用历史上著名的有德行的后妃为例，作"宫训图"十二帧，每到年节就在后宫张挂，作为嫔妃们的榜样。其中有"徐妃直谏""曹后重农""樊姬谏猎""马后练衣""西陵教蚕"等。在宫中举行宴会时，乾隆还让后妃们以"宫训图"中的人物为内容，联句赋诗。

鉴于宦官之祸，乾隆更是防微杜渐。历史上宦官弄权的教训不少，尤其是明代宦官多数都精通文墨，弄权干政使明代败落。乾隆废除了原来教习宦官读书习字的内书堂。他说，内监的职责就是听命行事，只要略识几个字就行了，何必派词臣给他们讲文义呢？

马后练衣图

乾隆另外一个禁止宦官纵权的措施，就是将当差奏事的宦官姓氏统一为王姓。这样一来，外廷官员就难以分辨仔细，避免了相互勾结乱政；乾隆还发谕旨说：凡内监在外边滋扰生事者，外廷官员可以随时处置行罚。宫中有个叫郑爱桂的太监，经常在乾隆耳边赞扬刑部尚书张照，贬斥户部尚书梁诗正。乾隆查明真伪，原来张照舍得花银两破费钱财结交太监，而梁诗正却廉洁自持，不善于笼络太监，所以郑爱桂“喜张而恶梁”。乾隆因此写诗称赞梁诗正说：“持身恪且勤，居家俭而省。内廷行星久，交接一以屏。不似张挥霍，故率称其冷。翻以是嘉之，吾岂蔽近幸。”之后严惩郑爱桂，并降旨要宦官们引以为戒。还有一个在御前听差的太监，被乾隆直呼为“秦赵高”。实际上乾隆之所以这样称呼他，只是为了向他示警，要安分守己，不要向赵高学习。

正是由于乾隆对太监管束严格，清朝再也没有出现像明朝那样太监乱政的事了。

作为一位年轻的皇帝，乾隆在变幻莫测的官僚政治旋涡中总揽王权，在位六十年，没有谁可以威胁皇位，没有皇子争位，没有宗室内讧，没有后宫作祟，没有朋党聚结乱政，这其中的奥秘就在于乾隆改革和完善了各种制度，使母后、太后、兄弟、叔父、外戚、太监等均受到约束和牵制，把皇权巩固到无以复加的地步。

前朝遗老

乾隆继位之初，年轻势弱，实行“宽严相济”的新政，在潜移默化中削弱前朝老臣的权势，平息宫内的朋党争斗，组建起自己的势力。雍正弥留之际，遗诏庄亲王允禄、果亲王允礼和大学士鄂尔泰、张廷玉四人辅佐弘曆，既为乾隆初期留下了可用之臣，也造成了乾隆开创大业的掣肘之患。

自恢复军机处、宗室王公被排斥在权要机构之外后，鄂尔泰为首席军机大臣，张廷玉居其次，均是位居宰相的重臣，在朝廷内外久负盛名。因而在乾隆初政时，对他们不时告诫和包容倚仗。

清人袁枚为鄂尔泰所撰的行略中记载："乾隆元年，每推行一个新措施，下达一个新诏令，全国都会为之欢呼，载歌载舞，认为像尧舜这样贤明的君主又出来了。"乾隆二年（1737），在朝鲜使臣回国后的奏报中，也称誉说："新皇帝政令没有大的失误。阁老张廷玉负天下众望，要求告老回乡，乾隆不答应，人们都认为只要有张阁老在，天下就不会发生大事。"可见，在乾隆推行新政的过程中，鄂尔泰和张廷玉起了举足轻重的作用。

鄂尔泰（1677—1745），西林觉罗氏，字毅庵，满洲镶蓝旗人。康熙朝举人，任内务府员外郎，与田文镜、李卫并为雍正帝心腹。

乾隆同样痛恨党争，但朝廷还是出现了鄂尔泰与张廷玉两党的分立，且形成已久。鄂、张二人皆为前朝遗老，又均有拥戴之功；两人分门立户，相互攻讦。因此影响了朝政的稳定和统一，也为乾隆初政尽快地熟悉政务、巩固和加强皇权，制造了无形的障碍。乾隆煞费苦心，周旋于两党之间，打击两派的势力，同时在没有亲信的情况下倚仗二人处理国政，保证国家的稳定运行。

鄂尔泰在出任云贵总督时，对待属下持有长者风度，对周围有特长的臣僚部将，能过目不忘、及时提拔奖励，做到"知人善任，赏罚分明"。因此，在他节制西南的七年中，文武官员张广泗、张允禄等人均乐为其用，并皆在平定贵州苗民的叛乱中立功。他们折服于鄂尔泰的才干，感恩于他的赏识。这种特殊的上下级关系，使他们固结一体。

雍正为嘉奖鄂尔泰的忠诚，曾颁旨说："我有时自信不如鄂尔泰专一。"而且，委派鄂尔泰督办大小事情。所以，鄂尔泰所到之处，巡抚以下官员都出城前来拜见他，时间久了，他的周围便聚集起一帮趋炎附势之人。等到乾隆即位，朝廷内外已形成以鄂尔泰为首的党派。

同时，鄂尔泰的家族入关后多人得以封侯拜将。而鄂尔泰的发迹，使这个家族更为显赫。鄂尔泰的弟弟鄂尔奇，官居户部尚书、步军统领。长子与次子都身居要职，但均不幸死于西征准噶尔的战场上。五子鄂忻是庄亲王允禄的女婿，鄂尔泰的女儿则嫁给了宁郡王弘晈。他的侄儿鄂昌担任过湖北、甘肃巡抚。这样满门贵胄的家族，本身就带有一种咄咄逼人的气势，更何况鄂尔泰还位居臣首。

相比之下，张廷玉略逊一筹，但张廷玉要比鄂尔泰发迹和所获雍正帝的宠爱早得多。他是安徽桐城人，字衡臣，康熙年间中进士，任内阁学士、吏部侍郎。雍正时期累迁至保和殿大学士、军机大臣，兼管吏、户二部，并任翰林院掌院学士。

与鄂尔泰不同，张廷玉出身于书香世宦之家。张廷玉家族富贵，他的父亲张英以文学之才得到康熙皇帝的赏识，最早入职南书房，成为康熙身边的宠臣，累官至大学士，死后赐谥“文端”。张廷玉是张英的次子，他的长兄张廷瓒官拜詹事府少詹事，弟弟张廷璐官拜礼部侍郎。

张廷玉的长子张若霭、次子张若澄均值南书房，为内阁学士；少子张若渟也自内阁学士起家，历任军机章京、侍郎、尚书等职，同样堪称满门贵胄。因此，乾隆六年（1741），左都御史刘统勋上疏指责说：“官场舆论都掌握在桐城张姚二姓手上，朝廷官僚半数出自他们的门下。现在张氏做高官者有张廷璐等十九人，姚氏与张氏一直都是亲家，姚家做官的人也有姚孔鈜等十人。”可见张廷玉的党羽、势力之大。

乾隆曾指出：“满人则都想着依附鄂尔泰，汉人则都想着依附张廷玉。”所以鄂、张两党在一定程度上反映了满汉官僚之间的矛盾。鄂尔泰和张廷玉各自形成的党派，水火不容，争权夺势，而两家子弟宾客，更是钩心斗角。自雍正十年（1732），鄂尔泰内召还京，委任首席军机大臣，班次在张廷玉之前，这让张廷玉大为不快。之后，鄂尔泰偶有过失，张廷玉必冷嘲热讽。实际上，张廷玉常常以口角获胜于鄂尔泰，但由于清政府的大权操纵在满族上层的手中，乾隆的重满轻汉、袒护满族官员的倾向较为明显，所以多数情况下，还是鄂党占上风。

张广泗，汉军镶红旗人，清朝名将

雍正四年（1726）至雍正九年（1731），朝廷收复了黔省苗族四万户。在云贵总督鄂尔泰的多次奏请后，实行“改土归流”。该政策就是取消土司世袭制度，设立府、厅、州、县，派遣有一定任期的流官进行管理，改善苗族地区“无君上，不相统属”的状况。

雍正十二年（1734）七月，黎平人包利到苗疆腹地古州，以“苗王出世”号召苗民，大造反清舆论。随着苗民的起义和府城的失守，雍正下诏令允礼、鄂尔泰、张廷玉等筹划用兵事宜，并调兵围剿。苗众见到清军云集，当即弃城回寨。雍正十三年（1735）五月，苗民再次反叛，爆发了大规模的反清斗争。雍正大怒，颇有怪罪鄂尔泰“改土归流”不当之意。

事实上，苗民反叛的原因是多方面的。首先这一带“改土归流”最晚，而且由于鄂尔泰、张广泗等得力大员相继调离，施行政策的工作又很草率，除了添设流官派驻军队之外，未对原有土司势力做应有的触动。之后，随着新派流官横征暴敛、擅作威福，原有的土司势力便利用苗民的不满，鼓动反清。

鄂尔泰曾经夸下海口，表明西南“改土归流”后，可保百年无事。然而，不过几年工夫，苗事再起，鄂尔泰自觉心中有愧，便以管理苗疆筹划布置不周上疏请求罢免官职。雍正便以有病需要调养为由，解去他大学士之职，并削去伯爵爵位。

鄂尔泰被革职夺爵，意味着鄂党的势力受到严重的打击；此时张党正在得势，且雍正任命属于张党的刑部尚书张照为抚定苗疆大臣，前往贵州主持平叛。张照见鄂尔泰失宠，以为时机已到，可趁机报复。这也是鄂、张两派在苗族事件上的第一次较量。

张照一心想给鄂尔泰以致命的一击，张照认为，如果能否定鄂尔泰的“改土归流”的方针，雍正就会放弃苗疆，免去这场战争，而且还能一泄私愤。因此，张照刚到贵州，便罗织鄂尔泰的罪状，其用心在于推翻“改土归流”，敦促皇帝赶快废弃此政策。

然而，他不懂军事，调兵分两头进剿，不仅耽误了时间，还让士兵苦于奔波，造成损耗。用兵上，张照沿路分兵把守，以致数万军队用以攻剿的人数不过一两千人，更导致将帅不和。另外，张照出于对苗民屡抚屡叛的憎恨，抓住苗民，无论降拒，一律剿杀。这种野蛮的屠戮，把苗民逼到了绝路上，反抗的决心变得更加坚定，甚至杀掉自己的妻女从军抗清。

种种原因导致了自张照出任苗疆大臣后，整个苗疆地区局势极其糟糕。

雍正死后，乾隆即位的第二天，便召回张照，命湖广总督张广泗为经略，代张照督理苗疆；因为乾隆早在为皇子时就开始参与机务，对国事有自己的看法。而且他曾以宝亲王的身份奉命督理苗疆，对苗疆之事的始末一清二楚。他并不赞成父皇对苗疆一事的处理，而是从心里肯定鄂尔泰“改土归流”的政策。因此，批阅张照奏折时，就感到了问题的严重性。

雍正十三年（1735）九月，乾隆颁旨指责张照的奏折是巧词猜度，有意迎合。接着痛斥张照：“你说新开辟的苗疆地区因为叛乱不断而要求我下旨放弃，实在是错误至极。”另外，乾隆从奏折中还洞悉了张照的门户之见，严厉斥责说：“鄂尔泰解任的理由，主要在疾病而不在有过错。况且是鄂尔泰自请解职，并不是被革职的，鄂尔泰的功过，待将来事情完成之后，自有定论，你们就不要再妄自议论了。”十一月，乾隆便借口“挟诈怀私，扰乱军机，罪过多端”的罪名，下令将张照革职下狱。于是，鄂、张两派的第一回合之争因为乾隆洞悉张照的私心，以张党的失势而告终。

雍正临终前原谅了鄂尔泰在苗疆的失误，让他恢复大学士身份，辅佐新皇帝。此时，鄂派的势力有所抬头，且乾隆在惩治张照的同时，将鄂尔泰的得力心腹张广泗派往贵州。鄂党趁机全面反击，想着以牙还牙将张照置于死地，以达到彻底铲除张党的目的。这就是鄂、张两党较量的第二个回合。

张广泗是鄂尔泰的部下，与鄂尔泰共事长达七年之久。后来，鄂尔泰内召还京，张广泗也调任湖广。如果说鄂尔泰运筹和设计了“改土归流”，那么张广泗就是规划的执行者。所以，这次奉命到贵州接替张照，他是决不肯轻易放过对方的。

张广泗于十一月到贵州，以他对苗疆军务的熟谙和干练，对战事也重新做了部署，仅用半年时间，便将各地起义镇压下去。

张广泗在繁忙的军务中并没有忘记对张照的还击，而乾隆的称许和嘉奖更使他有些得意忘形。乾隆元年（1736）正月，张广泗借乾隆的倚重，开始落井下石，奏称“贵州省的军需银两，张照任意浪费，现在马上就要用完了”。

这是一件大事。张照督理苗疆时，户部拨解军费一百万两。张照将这笔军费收藏在贵东道库，一直不让贵州藩司经手，因此地方官十分不满。当巡抚因军需请张照协济时，张照却说：“此事与汝毫不相干。”这种妄自尊大、傲慢无礼，又不负责任的态度，成了张广泗攻击的把柄。因此，乾隆下令让张照赔偿十分之八，并命户部查明严追，最终却查出了张广泗的不纯动机。

乾隆知道，张照作为国家经略大臣，非但没有军功，反而挟私败事，即使处以死刑也不为过。但却不能如此，因为他深知，这场事端的背后，是鄂、张两大党派之间的较量。所以，当廷议处张照死刑时，乾隆下令将张照宽免释放。在皇帝的关照下，张照奉命在武英殿修书，之后累迁至刑部尚书。可见，在鄂、张两派的第二次较量中，鄂派的张广泗诬陷张照失败，以鄂派失势而告终。

通过苗族反叛事件，鄂、张两派在较量中各有胜负，就是乾隆在其中平衡两派势力。在张照得势时给张派以适当的压制，提高鄂派的势力；在张广泗打击张照时，又为张照翻案，提升张派的势力。在两派相争时，乾隆始终掌握着左右平衡协调，不让任何一派独占鳌头，让皇权在两派之间起着决定性的权威作用，从而相互牵制、为己所用。

等待合适时机清结党

在朝廷中，官员们因为利益、见解不同而分成不同的团体，形成朋党。朋党一旦产生，官员们的政治行为，无论是举荐人才还是推行政策，都会从小集团的利益出发，处处掺杂进党同伐异的动机。朋党之间因利益而争斗不休，就会威胁到皇帝的政治管理。

雍正驾崩之前，曾命庄亲王允禄、果亲王允礼和大学士鄂尔泰、张廷玉四人辅政。果亲王允礼于乾隆三年病逝，庄亲王允禄于次年以“谋反”罪名被削爵，失去了权势。四位辅政的“王大臣”就只剩下鄂尔泰和张廷玉二人，权倾朝野。

鄂尔泰，姓西林觉罗，满洲镶蓝旗人。六岁入学，攻读四书五经，八岁作文，练习书法；二十岁中举，即进入仕途，二十一岁充任侍卫。此后官场不顺，三十七岁时，才出任内务府员外郎，可又停滞不进。康熙六十年（1721）元旦，正值四十二岁的他作诗自叹：“揽镜人将老，开门草未生。”不久，鄂尔泰又在《咏怀》诗中吟道：“看来四十犹如此，便到百年已可知。”由此表现出他对自己的前途很悲观，更不会想到后来能出将入相。

据说，雍正还未即位时，曾向鄂尔泰索取财物，却遭到拒绝。因此，雍正格外器重这位敢对四阿哥说“不”的臣子。无论真假，雍正继位却是鄂尔泰官运的转机。雍正元年先后被任命为云南乡试副主考和江苏布政使；后来雍正觉得他仍可大用，改任为云南巡抚，管理云贵总督事，而名义上的云贵总督杨名时却只管理云南巡抚事。雍正四年（1724）十月，鄂尔泰获得总督实职，加兵部尚书衔；雍正六年改任云贵广西三省总督，次年得少保加衔。雍正十年内召至京，任保和殿大学士，居内阁首辅地位，后又以“改土归流”之功晋封伯爵。同年，因清廷在西北两路用兵，他出任三边经略，赴陕甘前线督师。雍正死后，出任总理事务王大臣。乾隆元年为钦点会试大总裁，除大学士职务以外，他又兼任多职，赐号“襄勤伯”。

文渊阁

鄂尔泰的原配夫人不幸早逝，续娶的是大学士兼吏部尚书迈柱的女儿，没有娶妾。两人感情很好，生有六子二女，皆效力朝廷或嫁给名门望族。可见鄂尔泰一门的显贵。

张廷玉，字衡臣，大学士张英之子，是雍正最信任的汉人重臣，康熙三十九年中进士。雍正即位后对他十分赏识，升礼部尚书，教授皇子；不久兼翰林院掌院学士并调户部任职，此后张廷玉又任文渊阁大学士、文华殿大学士、保和殿大学士。雍正八年，朝廷设立军机房于隆宗门内，由张廷玉负责制定军机房的规章，他还与怡亲王允祥、大学士蒋廷锡一起主持其事。雍正临终，命其与鄂尔泰并为辅政王大臣。

张廷玉在雍正朝备受重用。据说有一次雍正得知张廷玉生病，十分焦急，对近侍说：“朕连日臂痛，你们知不知道？”旁人不明就里，雍正解释道：“大学士张廷玉是朕的股肱之臣。现在他患病，难道这不就是朕的臂痛吗？”还有一年春节，雍正得知张廷玉家里没有春联，当即亲笔书写了一副春联：天恩春浩荡，文治日光华。张家门前一直贴有此联，并以此为荣。

雍正和乾隆两代皇帝的恩宠，使张廷玉一门高官厚禄。张廷玉自称：“近日桐人之受国恩登仕籍者，甲于天下。”乾隆前期，仅张氏一门登仕者就有十九人。自张廷玉的父亲张英往下数，三代中入翰林者有九人，大学士二人；就连与张氏世代联姻的桐城另一望族姚氏，同样也是仕宦众多。当时人们都称“天下缙绅，张姚二家占尽其二”。

在前朝，雍正八年（1728）颁布谕旨，赐鄂尔泰和张廷玉死后配享太庙。

在古代，这是皇帝赐给大臣的最高荣誉和奖赏，尤其是张廷玉，纵观清朝，汉大臣死后配享太庙者，只有张廷玉一人。乾隆即位后，于第二年同封二人为三等伯，又在张廷玉七十大寿时御书“调元锡祉”的匾额，还亲自撰写对联和诗赠送给张廷玉。

乾隆二十四岁即位，年富力强。所谓一朝天子一朝臣，任何一位新皇帝，对前朝老臣都不会太欢迎。鄂尔泰和张廷玉均年长乾隆三十多岁，对这两位等于父辈的前朝老臣，能不能驾驭得住是乾隆所思考的问题。历史告诉他，皇祖父康熙登上大位后，费心费力铲除碍手脚的前朝鳌拜；父皇雍正登基后，同样惩办前朝臣子年羹尧；但现在他主政，一时无可奈何。

所谓一山不容二虎，从雍正到乾隆，两朝交替，依旧是针锋相对，而且朝中官员也是分立两派。执掌内阁的鄂尔泰，得雍正恩泽，担任首席军机大臣，权倾朝野。于是，“鄂党”是一个以满臣为中坚，包括一部分汉臣在内的政治集团。张廷玉则经过长期经营，关系网四通八达，拥护者多为府院大员、六部长官、文化名流、门生子弟。鄂尔泰具有居高临下的满族豪贵背景；张廷玉又精通汉文化，身边是炙手可热的汉人精英分子。就这样，鄂、张两党之间壁垒分明，天下皆知。以《啸亭杂录》传世的清代文人昭梿就曾写道：“上（指乾隆）之初年，鄂、张二相国秉政，嗜好不齐，门下互相推举，渐至分朋引类，阴为角斗。”

乾隆对两派的纷争也是了然于心，因此决不会对势力庞大的鄂、张两党听之任之。自登基以来，乾隆就发誓“用人之权从不旁落”，且经常以历史教训告诫臣下：“明季科目，官官相护，甚至分门植党，偾事误公，恶习牢不可破，乃朕所深恶而痛斥者。”然而，乾隆对鄂、张两党并不是立即采取措施，而是采取了利用和限制的权衡手段，进而步步铲除。实际上这是无奈之举，因为乾隆即位时并没有自己的亲信，只能倚仗前朝重臣，权衡鄂、张两党，避免因失衡而朝局失控、天下动荡，保证国家的正常运转。

对两党，乾隆煞费苦心，采取“既不使一成一败，亦不使两败俱伤”的平衡政策；对待鄂尔泰、张廷玉二人，也是一视同仁，不偏不倚。当等到两位重臣出现闪失时，如之前提到“改土归流”的事件，乾隆就可以借机削弱两党势力，从而巩固自己的地位。

鄂尔泰虽死，鄂党仍存在

乾隆六年（1741）三月，发生仲永檀弹劾案，彻底公开了鄂、张两党之争。

仲永檀算得上乾隆朝早期的一位奇人，是两千年前孔子大弟子仲子路的后裔。乾隆元年进京科考时得了个“窝窝进士”的雅号。他在官场上号称“敢于言事”，且与鄂尔泰长子鄂容安私交很深，虽为汉人，却属鄂党。

这次仲永檀上疏讲述了一个“奇案”：京城有个做石匠的富户死后，其女婿许秉义与其过继孙子俞长庚产生了家产纠纷。许秉义通过本家亲戚邀请朝中九卿大员前往吊唁，前往吊唁的官员以“张党”居多，连张廷玉也差人送去帖子；而凡前来吊唁的官员都送给一个红包，其中则以九门提督鄂善为最。仲永檀就揭发说鄂善收受红包恐怕在一万两白银之上。

鄂善其实不是“张党”成员，但他卷入其中，必将成为党争的牺牲品。乾隆心知肚明，在“坦白从宽”的诱惑下，鄂善承认曾收受贿银一千两。结果所谓“从轻”却赐令自尽。

仲永檀是将矛头直指张党的，曾指名道姓提出，“张党”成员、大学士赵国麟往俞家送帖，吊丧，收红包，而鄂善只不过是无辜的局外人。乾隆令人联合调查后发现是诬告。然而，心灰意懒的赵国麟要辞官，乾隆却不许。赵国麟一再请辞，反倒激怒了乾隆，下旨把他革职，命他仍在咸安宫效力。从结果上来说，他等于是被仲永檀参倒了。

揭发有功的仲永檀升官佥都御史，受到乾隆嘉奖：“自今以后，居言官之职者，

杂剧《月令应承》

皆当以仲永檀为法，不必畏首畏尾。”

受到“鼓舞”的仲永檀再接再厉，揭露的第二个问题是御史吴士功弹劾工部尚书史贻直的折子被泄密。吴士功是张廷玉的门生，曾在密奏中弹劾“鄂党”成员史贻直。仲永檀表示“是权要有耳目”，就是暗指有人泄密给张廷玉。乾隆不想破坏两党间的微妙平衡，只是心中有数，所以折子直接存放，没有批奏。按理说这类折子应该是保密的，但没几天外面就传开了。而现在仲永檀揭发出来，直指张廷玉一派。乾隆对咄咄逼人的“鄂党”开始有些反感，当即批复：“鄂尔泰缜密之处，不如张廷玉。”暗指“鄂党”泄密更严重。

不肯罢手的仲永檀，将目标转移到张照身上。乾隆七年，张照出狱，复任刑部尚书，同时主持为昇平署编纂宫廷大戏，先后编出了杂剧《月令应承》《九九大庆》和传奇《劝善金科》《昇平宝筏》。仲永檀抓住这一点，弹劾张照“以九卿之尊亲操戏鼓”。这样牵强的弹劾理由，导致了张照对“鄂党”的反击。

张照上疏揭发，仲永檀曾将留中密奏的疏稿内容泄露给鄂尔泰之子鄂容安。乾隆看到后，让张廷玉协同其他大臣及三位亲王审理此案，结果查到仲永檀、鄂容安二人来往密切，且确实有严重泄密之事。对此，张照想趁机加大范围，将“鄂党”一网打尽。

张照的意图与乾隆维持平衡的政策相悖，所以乾隆从宽发落：将仲永檀下狱，鄂容安也令其退出南书房，不再让其侍奉自己左右，只是下旨严斥鄂尔泰：“以仲永檀如此不端之人，而鄂尔泰于朕前屡奏其端正直率，则其党庇之处，已属显然……其不能择门生之贤否而奏荐不实，不能训伊子以谨饬而葛藤未断之处，朕亦不能为之屡宽也。鄂尔泰自思之，朕从前能用汝，今日能宽汝，将来独不能重治之罪乎？”

虽然对鄂尔泰从轻发落，只是斥责没有让其入狱，且仍留原任。但这振聋发聩的最后一句，让鄂尔泰惶惶不可终日，终成心病，三年后身殒，终年六十六岁。

鄂尔泰死后，乾隆对他依然很是敬重，亲临丧所致祭，谥“文端”，配享太庙，入祀京师贤良祠。鄂尔泰虽死，“鄂党”的势力并没有解散。更重要的是，鄂尔泰去世，导致平衡失调，“张党”隐隐然有独占上风之势。

此时，乾隆开始思考盘算，也到了打击张廷玉的时候了。

对张廷玉势力的打击

乾隆十一年（1746），以张廷玉年逾古稀为由，准他不必早朝，遇天热或刮风下雨，可以在家办公。此时的张廷玉发现，自己的内阁首辅位置已经悄然被乾隆的亲信讷亲取而代之。

就在这时，乾隆朝的另一位名臣刘统勋，以都察院左都御史立身朝堂。前面说道，张氏家族入朝者多达十九人，连带姚氏也有十人为官。刘统勋认为，张氏家族有“满招损”的可能，应该自我抑制，同时保全三朝老臣的清誉。于是上疏建议：“敕下大学士张廷玉，会同吏部衙门，将张、姚二姓部册有名者，详悉查明。其同姓不同宗，与远房亲谊不在此列。若系亲房近友，累世密戚，现任之员开列奏闻，自命下之日为始，三年之内，停其升转。”

张廷玉墓园内一景。张廷玉墓，位于今安徽省桐城市西北龙眠山腹

对于这一建议，乾隆深表赞同，很快批准了对张廷玉一门的

裁抑。对于张廷玉，乾隆评价他在雍正时得到重用，不过“以缮写谕旨为职”，在本朝的十几年“毫无建白，毫无襄赞”，还不如鄂尔泰有开拓苗疆之功。之所以对其“姑容”多年，“不过因其历任有年，如鼎彝古器，陈设座右而已”，这样说就有些讽刺和侮辱的味道了。

乾隆在谕旨上轻描淡写地说：“我朝旧制，内阁系满大学士领班。”刻意让毫无经验的年轻人超越了“老古董”张廷玉，同样军机处也不例外。张廷玉根据多年为官的经验，立即上疏请辞。偏偏乾隆不准，还一力“挽留”；此后张廷玉又多次以年老乞退。直到乾隆十四年，才同意张廷玉以原官并带伯爵致仕。世人以为皇上敬重老臣，是张廷玉自己“屡次乞退”，而不是乾隆罢了他的官，殊不知，这是乾隆所使的手段。

此后，乾隆制造了“张廷玉的屡次乞退使皇上深感不悦”的舆论，因为在皇上看来，人臣侍奉帝王，应该鞠躬尽瘁，死而后已，而张廷玉却为此反复不休，不顾皇恩宠爱，有失朝廷重臣的风度。“鄂党”干将史贻直借机进言：张廷玉根本配不上“配享太庙”；得到消息的张廷玉唯恐皇上失信，急忙进宫觐见，声泪俱下，请求皇帝赐一券以为凭证。乾隆虽然不悦，但还是答应颁诏重申先皇成命，又写了首诗赐给张廷玉，表明不会更改先皇遗诏。

然而第二天，张廷玉只是让儿子代他谢恩。这让乾隆大怒，当即下旨严斥他：“伊近在京邸，即使衰病不堪，亦应匍匐申谢。乃陈情则能奏请面见，而谢恩竟不能亲赴阙庭！视此莫大之恩，一若伊分所应得，有此理乎？”令大学士汪由敦拟旨责问张廷玉：“其愿归老乎？愿承受配享恩典乎？令其明白回奏。”

眼看乾隆动怒，这位张廷玉的门生汪由敦免冠求情，结果圣旨还没出，张廷玉就进宫了。乾隆顿时明了一定是汪由敦通风报信。当初张廷玉退休，推荐汪由敦接任大学士，现在看来这显然是结党营私。乾隆当场拟旨：“朕为天下主，而令在廷大臣因师生而成门户，在朝则倚恃眷注，事事要被典，及去位而又有得意门生留星替月，此可姑容乎！”对于张廷玉的“负恩植党”，乾隆削去张廷玉的伯爵，同时罢免汪由敦。

至此，老臣张廷玉完全失宠，然而乾隆仍然不时寻找各种借口打击他以及“张党”。没有抱负的张廷玉，本想退避回原籍养老，却不想又惹恼乾隆，下令说他是“营营思退”，一走了之。同时，乾隆把过去配享太庙的功臣名单给他看，让对照自审；还没等张廷玉“审”出结果，乾隆就罢了张廷玉配享太庙的荣耀。

乾隆十五年（1750），乾隆又以张廷玉的儿女亲家四川学政朱荃匿丧赴考、贿卖生员，再次问罪张廷玉，同时没收往年赏赐的御笔、书籍等物件，并罚银一万五千两，终生剥夺张廷玉觐见皇上的资格。绝望的张廷玉只能是堪堪保住性命，他的门生故吏，也各寻去处。

“张党”在乾隆新兴势力的严厉打击下逐渐凋零了，乾隆也渐渐收了手。此时就该对“鄂党”进行最后一击了，而导火线就是一个叫胡中藻的人。

给“鄂党”最后致命的一击

胡中藻是江西新建县人，自号“坚磨生”，乾隆元年中进士，任职内阁学士，兼侍郎衔。鄂尔泰为了与张廷玉争夺权势，对自己主考的人员多加重用，以充实“鄂党”的力量，而胡中藻早期参加会试时，恰逢鄂尔泰主考，因此无形中依附了“鄂党”。

平时胡中藻也是以鄂尔泰的门生、高徒自居，又与鄂尔泰的侄子鄂昌交往密切。鄂尔泰死后，胡中藻出任陕西学政、广西学政，好像并没有受到“鄂党”的牵连。然而，当他自以为可以告老还乡、安度晚年时，却因自己的《坚磨生诗钞》遭罪，同时“胡中藻案”也是乾隆朝早期牵连最大的一桩“文字狱”。

胡中藻是一个文人，但他政治敏感不强，不顾忌讳依附“鄂党”、与鄂昌相唱和、攻讦“张党”。因此，在鄂尔泰尚未失势前，乾隆就注意到了他，对他的《坚磨生诗钞》里的若干词句颇有不满。乾隆二十年（1755）初，乾隆在

查嗣庭（？—1727），清朝大臣，字润木，号横浦，浙江海宁袁花人。

四十五岁大寿时说："徇情曲庇向为党援门户之肇端，过去皇考洞悉此等陋习，曾大力振刷，如查嗣庭、吕留良各案。近竟有人胆敢故态复萌，朕非不能执国法以警奸顽，大笑臣工应引以为戒。"这话，明显意指胡中藻等。

乾隆二十年（1755）二月，乾隆决心惩办胡中藻，命人逮捕他，并由军机处发出密谕，将胡中藻任广西学政时所出试题，以及与人唱和的二十六首诗密封送进京城。同时，查抄甘肃巡抚鄂昌的寓所和他与胡中藻往来的书信、应酬诗文等，迅速解京。

几天之后，乾隆召谕大学士以及九卿，痛斥胡中藻"诋讪怨妄""非人类中所应有"。胡中藻的"悖逆之词"，比前朝的查嗣庭、曾静、吕留良等人还要多。乾隆极有耐心，一首一首地细读胡中藻的诗作，不放过一切"疑点"。他指斥胡中藻诗句"一世无日月"为影射清朝统治的黑暗；"又降一世夏秋冬"为诅咒清朝将为新朝所取代；"一把心肠论浊清"，是把"浊"字有意加在"清"的国号之上，对朝廷进行攻击；"亦天子亦莱衣"，在"天子"句中用两个"亦"字，是对天子本人的大不敬，悖慢至极。

在胡中藻任学政期间所出的试题中，乾隆也无端揣测出了一些端倪。如以"乾三爻不象龙说"为题，是对乾隆的讥讽和诋毁。乾卦六爻皆取象于龙，故象传言时乘六龙以御天。如胡中藻所言，岂三爻不在六龙之内？乾隆乃朕年号，"龙"与"隆"同音，可见其诋毁之意。

其实，胡中藻的诗不乏颂圣之作，而乾隆自己的却是索然无味，所以他不能容忍胡中藻的"文辞险怪"，且借此机会完全摧毁"鄂党"。因此，乾隆"锲而不舍"，继续细读胡中藻的诗文。

“胡中藻其所刻诗，题曰《坚磨生诗钞》。坚磨出自鲁论，孔子所称磨涅，乃指佛肸而言。胡中藻以此自号，是诚何心？”

乾隆认定胡中藻的言辞有叛逆之嫌，令有关官员共同审定和承奏。审定的结果，是以胡中藻“大逆罪”判凌迟处死，嫡属男十六岁以上者皆斩立决。乾隆自知是在搞文字狱，于是下旨说：“朕御极以来，从未尝以语言文字罪人，奈胡中藻所刻《坚磨生诗钞》连篇累牍皆为谤讪诋毁之词，而不得不申明宪典，以儆效尤。”乾隆免了胡中藻凌迟处死，改为“著即行处斩，以为天下后世炯戒”。

至于鄂昌，乾隆将他定为满洲败类，下谕说：“今后如有与汉人互相唱和，较论同年行辈往来者，一律照鄂昌，严惩不贷。”

“胡中藻案”实际上是乾隆处理朋党问题的一着狠棋。胡中藻作为当时较有影响的文人，乾隆杀他，一来可以钳制汉人的华夷之论，二来可以警戒结党营私者，彻底摧毁“鄂党”，可谓一石二鸟之策。

之后，鄂尔泰的灵位被撤出贤良祠，不准人祀。乾隆说，这是要“以为大臣植党者戒”。鄂昌自尽后，鄂尔泰虽死也遭清算，“鄂党”所受沉重打击前所未有。时隔不久，鄂尔泰的两个儿子又相继在平定准噶尔的战争中阵亡。“鄂党”从此终于销声匿迹，成为历史。

“胡中藻案”的同一年，乾隆二十年（1755），胆战心惊了好久的张廷玉终于去世，终年八十三岁。他卒于里第，葬于龙眠山，可算得上寿终正寝。得到张廷玉病逝的消息，乾隆做出眷念老臣的姿态，宽恕了张廷玉的罪过，仍令其配享太庙，除了是在遵照父皇雍正的遗诏，也是乾隆心里知道剥夺张廷玉配享太庙的理由并不充分。不过，乾隆二十三年（1758），在修订《乐山堂全集定本》时，乾隆又把当年颂扬张廷玉的一篇文章《送张先生暂假归里序》删去，可见乾隆对张廷玉仍然耿耿于怀。

由于朋党挑战到了高高在上的皇帝权威，所以一直以来，都是历朝历代深感头痛的棘手问题，清代也不例外。鄂尔泰、张廷玉两大集团的争斗，从雍正朝一直延续到乾隆朝，而且愈演愈烈。最终，在乾隆的精心运作下，“张党”“鄂党”先后被消除，朝中势力得到平衡。自此之后，乾隆朝再也没有形成较大的朋党势力，乾隆差不多真正做到了“乾纲独断”。

为了对付两党，乾隆在二十年间极尽手段，终于将鄂尔泰、张廷玉两人以及其党派打击至身殒和溃散。显然，两位老人家没料到，这位年轻对手，竟是“鹬蚌相争”的得利渔夫。

多年以后，乾隆笑谈这两位老臣的不识时务、不知进退时，以调侃的口吻在谕旨中写道：“朕初年，鄂尔泰、张廷玉亦未免故智未忘耳！”这种戏耍、鞭挞的主宰语气，这种完全在其掌控之中，跳不出掌心的从容口吻，可窥见乾隆绝非善类的封建君主本性。

一朝天子一朝臣

历史上，封建王朝的更替、帝王的父死子继，都会影响文武百官的政治命运，在官海之中一朝显贵或是一落千丈，即人们常说的“一朝天子一朝臣”。

乾隆十三年(1748)，乾隆破格起用傅恒，这是乾隆摆脱前朝老臣的掣肘之后，培植御用大臣的开始。

乾隆即位后，历尽艰辛平衡老臣势力，周旋期间不忘培养拥护自己的臣僚。俗话说：“铁打的衙门，流水的官。”自鄂、张两党的势力物故星移，朝廷中年富力强的大臣将帅相继而起，满洲中有傅恒、舒赫德、兆惠、策楞、富德、阿里衮等，汉人中有刘统勋、刘纶、蒋溥、于敏中等，连原来张党中的汪由敦、梁诗正也因洗心革面，为乾隆重用。

鄂、张朋党势力被清除后，最能成为乾隆亲信的是傅恒。

傅恒，满族镶黄旗人，出身于显赫世族富察氏家族，是孝贤皇后的弟弟，乾隆的小舅子。他比乾隆小十余岁，同满洲大多数官员一样，没有科甲的头衔，以侍卫登上仕途，于乾隆五年（1740）被升为蓝翎侍卫，两年后为内务府大臣，乾隆十年（1745）任职军机处。乾隆十三年（1748）讷亲被杀，傅恒代替他为首席军机大臣，时年不过二十五六岁，可谓历史上最年轻的宰辅。

当时的文武官员皆年长于皇帝，已有主少国疑的危机。乾隆对朝政尚未熟练时，理应选拔一个辈分高、威望重的大臣掌权，却异乎寻常地起用了资历尚浅、一名不闻的傅恒。这种越格的提拔和任用，在当时确实引来一些非议，因为傅恒太年轻，为官资历短浅，不足以服众。然而，乾隆看中傅恒的恰恰就是这一点，傅恒没有老臣的奸猾和世故，更使乾隆不必为群臣的趋炎附势、朋比为奸而烦恼。

乾隆十三年（1748），是傅恒时来运转、飞黄腾达的一年，是他一生中命运转折的契机，而他紧紧抓住了这个幸运的机会，造就了他的成功。

在傅恒之前，最得乾隆宠信的是讷亲。乾隆曾不止一次地说："我自从登基以来，最亲近的人莫过于讷亲了。讷亲受到我特殊的恩宠，朝廷中的大臣没有谁能够超过他的，这是大家都知道的事情。"但是出身于钮祜禄氏的讷亲，仕途的顺利让他性情孤傲、遇事傲慢倔强，这是皇帝所忌讳的；而他待人严苛无情，又被同僚嫉恨。久而久之，讷亲在朝廷中的地位开始动摇。

在金川战争失利后，乾隆派讷亲作为股肱大臣上前线。然而，讷亲不懂兵事，又恃宠而骄和贪生怕死等，最终致使金川之役一败再败。在乾隆看来，大臣与君主休戚相关，君主对大臣的衡量标准也是"唯于重大紧要之关键，方足以见报国之实心"。讷亲恰恰在关键时刻表现出自己的无用和不忠，注定他政治生命的完结。乾隆以不测之威使跟从多年的大臣毙命致死，自然也可用逾格之

金川战争

恩令亲信平步青云。

当讷亲以一人之身，兼理数职，操纵军政大权之时，傅恒只不过是个蓝翎侍卫，在讷亲成了军机首辅之后，傅恒才刚进入军机处。然而，在傅恒进入军机处之后的三年中，讷亲与乾隆的关系发生了微妙的变化，傅恒预感到仕宦生涯将发生巨大的变化。乾隆十三年（1748），在乾隆因金川失利的消息而忧心如焚时，傅恒首先请命前往疆场。乾隆也因他的为国分忧、为君解难的“挚情”所感动，只是乾隆权衡再三，还是以讷亲久任枢要、位高望重，授以金川经略。

乾隆十三年（1748）九月，傅恒前往金川。在乾隆的大力扶助和将士的辅助下，傅恒捷报频传。乾隆十四年（1749）一月，金川土司莎罗奔等因久战乏力，畏死乞降。捷报奏至，乾隆喜出望外，连连称赞傅恒，下令按照开国元勋超勇公的待遇加赐他豹尾枪两杆，亲军两名。并公开宣称：“我这次奖赏，实在是出于公心，而且具有深意。”至此，傅恒既为乾隆解除了金川战争两年来的沉重压力，又为乾隆争回了张广泗和讷亲战败失去的面子，一举成为功臣。

乾隆十四年（1749）三月，傅恒凯旋，乾隆又为他举行了最隆重的迎接典礼，命皇长子率诸王大臣等在黄新庄迎接和慰劳将士，还朝后让傅恒上御殿受贺。不久，又下旨按照勋臣额亦都、佟国维的先例，建立傅家宗祠，春秋两季用官礼祭祀，并在东安门内赐傅恒一栋新宅。

从此，傅恒便以本朝第一功臣的形象在朝中出现，以保和殿大学士太保一等忠勇公的头衔，担任军机处领班大臣，取代了讷亲的地位；且备受宠眷，是一个名副其实的乾隆朝宰辅大臣。一直到乾隆三十五年（1770）七月，傅恒病死，他在朝中执掌权柄达二十余年。

傅恒为人谦和，秉性宽厚谨慎，临事有道，尤能揣摩皇帝的意旨，很得皇帝的欢心。傅恒作为椒房贵戚，早年入侍禁庭，但是凭借能力和见识的天资让他高人一等。傅恒非科举出身，却能在文学文字中找出漏洞，以至于连以文学才子自负的赵翼也心服于他。一次，他为两江总督尹继善在乾隆南巡时增华扬丽之事，命司属代作诗文相嘲，其属员诗中有“名胜前番已绝伦，闻公搜访更争新”之句，傅恒看后，将“公”字改作“今”字，使人更觉严谨。

乾隆对大臣很挑剔，但对于高天分的傅恒很是赞扬。乾隆十三年（1748）十二月，傅恒自金川奏报前线军情，乾隆看后，内心激动，对傅恒赞不绝口。他说：“今日接到经略大学士傅恒所奏料敌情一折，筹划详细，思虑周到，见识高远。经略大学士随朕办事数年，平日深知其明敏练达，初不意竟能至此。即朕自为筹划，亦恐尚有未周，朕心深为喜悦，经略大学士为有福之大臣。”傅恒确实有福，当别人担心飞来横祸时，他却开始飞黄腾达，成为第一功臣和太平宰相。

傅恒是继讷亲之后，乾隆所倚重的第二个名相，世人总是不自觉地比较两人：同为干练的能臣，相比讷亲的骄横，傅恒却以谦和有礼，深得人心。

乾隆十九年（1754），兵部尚书舒赫德因准噶尔之役办理军务不当，被革职查办，没收家产。此时，众人纷纷远避舒赫德，傅恒却暗中为他赎回了府第，待他官复原职返京之日，回赠于他。

乾隆二十三年（1758），吏部尚书汪由敦病故，傅恒眷念故人，于是为其子代奏请恩惠。知情的赵翼，十分细致地记下了当时的情景。

赵翼出自汪由敦之门，师生相称，情谊甚厚。所以，当讣告寄来时，赵翼在悲痛中竟然想到以大臣身份邀赐恤典，为老师争些余宠。因为赵翼清楚地知道，汪由敦共有三子，唯长子蒙恩荫官职，却早早病死，其余二子只是监生，所以汪由敦去世，其子嗣中便再也没有登仕籍之人。

于是赵翼回复汪承儒，让他以皇帝有御赐祭葬的恩典赴京谢恩，希望此举能感动皇帝，以眷念老臣为由加封官职。汪承儒看后欣然奔赴京师。然而，官场是世态炎凉之地，不讲友情。汪由敦已故，权势不复，因此汪承儒突然来京，非但无人周济，反而成为势利之人纳凉闲谈的笑柄。事实上，这种以旧情乞讨残恩的行径是有失体面的。

在傅恒得知汪承儒来京的实情后，对赵翼所出的主意大为赞同。第二天上朝时，奏请恩荫。但是乾隆没有傅恒那么热心，尤其是在感到他们的学问平常，就更无意赐官了，只是说让他们于明年参加地方会考，若试而未中再来。傅恒知道这是乾隆的托词，便奏称明年为省级会试，而二人皆为监生，没资格考试。乾隆见此不便拒绝，只好对汪由敦二子各赏一个举人。但傅恒原想给汪由敦之子争个内阁中书，于是又奏称，汪家二子中，大儿子书法似其父。乾隆嗜好诗词字画，也珍爱书法，因此打动乾隆，乾隆命将从前赏给汪由敦长子的荫官赐给汪承儒。于是汪家二子，一个得了户部主事的头衔，一个捐了举人的功名。一时之间，满朝无不将傅恒垂悯故人子弟传为佳话。

傅恒类似的事例不胜枚举。赵翼虽是军机司员中最贫寒的，却以才学出众、办事敏捷，为傅恒所爱。一天黎明，在隆宗门外值班的傅恒将赵翼召到近前，从怀中掏出五十两银子给他，是给他买新帽子过年的。原来赵翼头上戴的一顶貂帽已经三年有余，像是刺猬毛，傅恒并不计宰相之尊，慷慨解囊。正值岁末，赵翼一家资金告罄，五十两银子正好派上用场。所以第二天入值，赵翼仍旧破帽照戴，而傅恒只是一笑而已。

傅恒性格谦和，开创了乾隆时期新的政治风格。赵翼曾讲述过这样一件事：军机大臣一同觐见乾隆,从傅恒开始。乾隆初年,只有讷亲一人承旨。讷亲记忆力强，但不太了解奏疏的文字意思，每次传旨都令汪由敦撰拟，且反复撰拟。苦恼的汪由敦又不敢跟他争辩,当时傅恒在一边暗自鸣不平。当傅恒扫平金川回来时,以“记的东西太多,担心会有遗忘”为由,要求各位军机大臣一同觐见,后来以此作为常例。

傅恒为首辅之后，立即改弦更张，使军机诸大臣一同面承圣旨，无形之中提高了群臣的地位；而且改革旧制，命令军机章京具稿以进，既减轻了一些老臣的手笔之劳，又使微末之员因参与机密而担任了重要的角色。这些举措无疑让同僚及下属对傅恒刮目相看。傅恒礼贤下士、恭敬事上的作风，不仅使同朝的大臣们有亲切之感，同样因诸事谦退、唯命是从而被乾隆信任有加。乾隆每天在晚膳后单独召见傅恒，与其商榷批阅过程中的问题，称作“晚面”，晚面独对让傅恒权要显赫。傅恒虽居权要之位，却非专权之人，且对皇帝忠心耿耿。

傅恒为官多年，举荐官员不计其数。但最能说明他为人的，是起用了“废员”孙嘉淦和岳钟琪。

孙嘉淦是当时有名的骨鲠之士，连对清王朝不满的人也用他的名字对朝政进行攻击，制造了轰动一时的伪奏稿。傅恒因钦佩孙嘉淦的直性和耿介，对这位前辈颇多关照。

乾隆八年（1743），孙嘉淦因审理湖南巡抚许容参奏粮道谢济世一案失实，被革职回家，乾隆说他“瞻询”“唯事虚文”。这让孙嘉淦心灰意懒，不久之后致仕；在乾隆十四年（1749），孙嘉淦又突然被召，而后官职累进，由侍郎、尚书、翰林院学士，直到进入内阁为协办大学士。乾隆也开始夸赞他“老成端庄，学问渊博”。这一明显的变化就是傅恒从中周旋的结果。

岳钟琪是四川成都人，在康熙与雍正两朝为官。雍正九年（1731），清廷发兵准噶尔，岳钟琪为大将军奉命督师。次年兵败被大学士鄂尔泰、总督张广泗先后弹劾，交兵部拘禁，两年之后定罪斩监候，直至乾隆二年（1737），新皇大赦天下，岳钟琪才回到家中。

逃过一劫的岳钟琪，过了十年的田园生活。在金川之役失利后，他被召回以总兵衔随师西征。到前线又授四川提督，赐孔雀翎。但当时，金川前线主帅讷亲刚愎自用、张广泗专横，不采纳岳钟琪的用兵之策。直到傅恒出任经略，岳钟琪才得以一展军事才能，以久经沙场的经验迫使金川土司俯首就范，立下赫赫战功，为自己找回了曾经失去的高官厚禄。乾隆为嘉奖他，加衔太子太保，复封三等公，赐号“威信”，并荫及其子。乾隆在御制诗中，将岳钟琪列入了五功臣中，称他为“三朝武臣之臣”。可以说是傅恒的举荐和任用，成就了岳钟琪晚年的辉煌仕途。

傅恒身居相位二十余年，毕沅、孙士毅、阿尔泰、阿桂等位至封疆、官拜宰辅的大吏皆其一手提拔。随着他久执枢垣，拜相年久，在他身边也聚集起奔赴往来的势力，阿附之人比比皆是。早在乾隆十二年（1747），傅恒还是户部尚书的时候，某侍郎就在皇帝瀛台侍宴上向傅恒屈膝请安。这种奴颜之态，是对皇帝重用傅恒的一个直接的反映。数年之后，傅恒身居首席宰辅、权倾朝野，更让他举手投足都成了众人关注的目标。与傅恒同时的赵翼记载了这样一件事：

傅恒跟从皇帝在承德避暑时，其兄傅成去世，傅恒乞假返京治丧。这期间，傅成家的讣告已遍及京城。但在傅家受吊的三天中，前两天竟无一人来吊；第三天，傅恒到京，大小官员无不争先恐后趋势赴吊，以至于傅家周围方圆数里之内挤得水泄不通。

登仕途者俯首于傅恒的权势，而傅恒的家婢奴仆也倚势横行、狐假虎威。傅恒虽以忠谨传家，却无法抵御官僚政治中惯有的个人势力膨胀；且傅恒出身豪门，难免性喜奢侈。据传，傅恒的这些作为遭到了以严直闻名的孙嘉淦的指责。当时，孙嘉淦应邀入府，还没入座就匆匆走了。傅恒疑惑地追问，孙嘉淦直言不讳，说傅恒不宜居此，并要上疏弹劾。傅恒主动请罪，立改其制，孙嘉淦乃入席，欢饮而归。

傅恒二十余年如一日，始终得到乾隆的宠信，其中的奥秘除了他待人平和、不树政敌外，最重要的是把握住了皇权独尊的信条和原则，如同在后期被乾隆宠信和重用的阿桂与和珅。

阿桂，字广庭，初为满洲正蓝旗人，因驻伊犁期间治事有功，改隶正白旗。阿桂出身满族世家，以武功受知于乾隆；通文学，以科举出仕，为乾隆三年（1738）举人。

阿桂性情沉稳、端重，却不失为机敏。于乾隆八年（1743）升任郎中，命在军机处行走。年仅二十五岁的阿桂，可谓早年得志。但不幸的是之后因失察库项银物被降调，接着乾隆十三年（1748）的政治风暴，又被波及入狱。次年，突发风暴结束时，阿桂才因父亲年老，只有自己这一个独生儿子，获释回家。

阿桂的一生，主要的辉煌体现在他作为战争统帅的业绩。乾隆二十年（1755），阿桂卷入了当时准噶尔战争的戎伍行列。先是奉命赴乌里雅苏台督理台站，后以参赞大臣、镶黄旗蒙古副都统驻守科布多。这两处皆为清朝的重要驻防之地，可见乾隆对他的重视。在乾隆二十五年（1760），阿桂因镇守回疆、屯田有功得到了乾隆的称许，在平定回部的功劳中排名第十七位。

此后，阿桂似乎与战争结下了缘分。自乾隆二十九年（1764），阿桂奉命署伊犁将军，到乾隆三十二年（1767）实授，中间又一度署理四川总督，阿桂皆以封疆大吏的身份镇守边疆、弹压叛乱。在缅甸之役开始后，阿桂很快又作为扭转败局的能将，与阿里衮同为副将军随大学士傅恒征缅。最终虽取得胜利，但死亡的官兵数以万计，包括阿里衮和染疾身亡的傅恒，可谓代价沉重、得不偿失。

作为唯一的幸存者，阿桂也是“后福”不断。缅甸之役后，乾隆三十六年（1771），阿桂作为云贵总督留驻云南；同年，金川之役再起，阿桂奉命随副将军温福进讨，官阶由提督、副将军、尚书，升到指挥这场战争的前线统帅定西将军。乾隆四十一年（1776），金川之役告捷，清廷第二次于紫光阁图功臣像，阿桂居五十人之首。从此，阿桂的地位一跃而上。同年，阿桂因功记封一等诚谋英勇公，晋封协办大学士；次年五月，又官拜武英殿大学士，管理吏部，行走班次居为首位。

之后，阿桂因平定台湾林爽文起义、指示方略领兵、平定廓尔喀入侵西藏等功勋，又三次在紫光阁中图像。乾隆称赞他“从不言功”。实际上，在乾隆的十大武功之役中，阿桂几乎是唯一一个每役都参与的功臣。

阿桂为相不失国体，对待属下宽仁大度。阿桂得势后，最不安的是岳钟琪。岳钟琪在第一次金川之役时，以一张奏疏让阿桂身陷囹圄。数年后，阿桂出任云贵总督，岳钟琪降补云南提督，恰好受阿桂节制。但阿桂的心无芥蒂，解除了岳钟琪心中的疑惧。

阿桂用兵神奇，史书多有记载，尤以金川之役为多。每役的故事中，都展现了阿桂的英勇形象，这也反映出乾隆的知人善任。

据说征金川时，一日大军安营已定，但阿桂突然传令迁营。诸将皆以天晚、人困马乏力阻。阿桂见众不从，便以令箭为示，声称“违者立斩”。诸将被迫从命，却不免怨声载道。而入夜之后大雨滂沱，先前营地已被大水淹没，水深达一丈。众人皆为阿桂的神机妙算感到惊诧，阿桂却谦和而率直地告诉众人，他只不过看到群蚁搬家，知道天要降雨，因营地低洼才强令众人移营，并非有何异术。

由此可见，阿桂虽然秉性机敏，却不讲权术、胸无城府。或许阿桂的这种个性也是他日后对奸猾的和珅无可奈何的原因之一吧。

阿桂虽然对人不善于心计，但在用兵上，常常有出奇之举。木果木失事后，阿桂奉命为大将军，代为统帅。当时的战局尚未扭转，清军仍处于敌优我劣之势。一天太阳西下时，阿桂率十余骑登高处侦察敌营，不慎被敌军发现，数百敌骑从四周呈环形之势包围上来。阿桂急命随从官兵下马，脱掉身上的衣服。当众人大惑不解地于匆忙之中脱掉身上所有的衣裤，并将衣裤撕裂挂到高坡的树上后，阿桂再率众人上马朝另一个方面悄声驰去。这时夜幕降临，当赶到近前的敌兵，见到那些破碎的衣裤随风抖动时，还以为援兵已到，立刻勒马返回。阿桂能在十倍于己的敌人眼皮底下得以逃脱，足见其高于常人的智慧和勇气。

阿桂不仅善于用兵是个帅才，而且遇事运筹帷幄、深谋远虑。在清军平定回疆之后，朝廷中就如何治理回疆的问题产生了分歧，有人主张照内地之制设立郡县，阿桂却主张因俗而治，认为“回部性顽，难治以汉法，宜择邑建国，而驻大将军于乌鲁木齐责其贡赋”。否则，遇有清朝派驻的官员贪污横行，便会激起变乱，并预计“不过六十年后，终当有变”。而之后发生的张格尔之乱，也证明了阿桂的远见卓识。

安南国王阮光平为乾隆八旬生日祝寿进京时的热闹场面

出将入相，可谓对阿桂的真实描写，他是当之无愧的。作为宰相，阿桂一身正气凛然，令人敬畏。有一件事颇能说明阿桂的气度不凡。

缅甸之役以后，西南诸属国安于称臣纳贡。唯安南时有异动，双方时常发生兵战。两国停战后，安南国王阮光平于乾隆五十五年（1790）至京，为乾隆祝寿，并派遣其陪臣拜见阿桂，还赠以土仪方物，阿桂只礼节性地收下其中一两件，其余全部退回，然后正色对陪臣说："汝国王既诚心朝觐，其优资厚宠皆出自皇上体恤远人之意，莫谓中朝相公不识顺逆二字也。"言语中的警告和震慑力，令陪臣汗流浃背，回去后对安南国王汇报说这是阿桂宰相的话。

乾隆用阿桂，可谓他晚年的一个英明抉择。然而盛极而衰，乾隆晚年好大喜功、刚愎自用，他同样重用了和珅，虽然和珅是乾隆贴心的"小棉袄"，但是也加速了盛世的腐败和衰亡。

在乾隆晚年的统治中，老皇帝并没有独宠和珅，除了阿桂与和珅这一贤一奸之外，还有王杰、董诰、刘墉、嵇璜等人，皆是廉洁能干之士。所以，在老年皇帝的中枢府衙中，属于奸贤同朝为官。阿桂自乾隆四十二年担任军机处首席军机大臣以来，直到嘉庆二年病逝，居首辅之位达二十年之久；而和珅则始终位在其后，不管这是否出于老皇帝的精心安排，和珅始终居于德高望重、安分守己的阿桂之下，这也是和珅想要作奸犯科不能得逞的重要原因之一。

古人云："举贤任能，是政治的根本。"在政治这种极其复杂的事业中，绝非一个人所能独任。乾隆通过人事变革，培养了自己的亲信，他以独特的用人眼光和得当的驭下之术物色了一批忠臣干将，从而巩固了自己的统治。

CHAPTER

第四章 排除困扰，冀为成康 4

解决民生，一直是乾隆想为天下所做的事情，因为他想打造唐太宗那样的“贞观盛世”。因此，排除民生的困扰才是前提，秋狝、粮食、银钱、矿冶以及八旗子弟的生计都在其考虑解决的范围之内，从身体、温饱、经济等方面加强对民生的改善，从而达到盛世安康。

初举木兰秋狝

乾隆六年（1741）正月十三日，皇帝宣布“今年朕进木兰行围”，要各地派兵进京随围学习，准备秋狝。

据廷臣查考，康熙年间秋狝，每次用兵四千名至五千名。乾隆是首次举行秋狝，拟定随行人员六千人，马一万匹。此外，围场附近的蒙古各部，喀喇沁派出一千名，翁牛特派出二百名，科尔沁派出一百名，合计七千三百名。

二月七日，监察御史丛洞上疏劝阻巡幸行围，说：“第恐侍从以狩猎为乐，在京臣工或因违远天颜，渐生怠安……伏祈暂息行围，以颐养天年。”乾隆坚持行围木兰，并非娱乐，其目的是“遵循祖制，整饬戎兵，怀柔属国”。木兰秋狝始于清初，“木兰”为满语，意为“哨鹿”。清朝统治者借秋狝的机会，出关会见蒙古各部王公台吉，巩固清政府与蒙古地方的政权关系，即“怀柔属国”。

行围打猎，在直隶承德府以北四百里的木兰围场（今围场满族蒙古族自治县）进行，围场东西相距三百里，南北长约二百里，周长一千里，总面积约一万余平方千米。这里林深草盛，野兽出没众多，狩猎者“往来沙塞，风尘有所不避，冒风雪以习劳”，十分艰苦，是锻炼满洲贵族吃苦耐劳与尚武精神的大好机会，也是对满洲兵士弓马技艺的一次实战训练，即“整饬戎兵”。

乾隆即位后第六年恢复木兰秋狝，并非偶然。先是平定贵州苗疆之乱，后与准噶尔息兵议和，前朝遗留的大业得到解决，乾隆才有精力恢复这一活动。更为重要的是，虽然他即位初改善了政治经济的方针，取得了一定的成效，但乾隆六年（1741），他曾多次就军队中贪图安逸，武备废弛的现状，斥责将领。

七月九日，在木兰行围前，乾隆真诚地讲了眼前政治、经济、军事等方面存在的四个“未能也”：“朕唯保天下者，求久安长治之规，必为根本切要之计。昔人谓持盈守成，艰于创业。非有德者不安，非有法者不久。……朕以凉德缵承大统，早夜孜孜……措天下于泰山之安，不能远追唐虞，亦可媲美成康矣。乃朕澄心静观，今日之人心风俗，居官者以忠厚正直为心，而身家利禄之念胥泯，未能也；为士者以道德文章为重，而侥幸冒进之志不萌，未能也；民家给人足，渐臻端良朴愿之风，未能也；兵皆有勇知方，足备干城腹心之选，未能也。”

三十一岁的乾隆，头脑清醒，深知守天下的难处。尽管他夸大了祖父、父亲和自己一人竭力主持的作用，但居安思危，把隐忧公诸天下，以至于说如果“畏难图便”“自谓已治已安，则祸患即已潜伏”。他要求臣工奋发上进，纵然达不到唐虞之治的理想境界，也要“冀为成康”之世。这也体现了乾隆实事求是、奋发进取的精神。木兰秋狝，是他要改变四个“未能也”的措施之一，是他要“措天下于泰山之安”“冀为成康”之世的发轫。

七月二十六日，乾隆迎奉皇太后从圆明园启銮赴木兰围场，第二天下旨免除所过州县本年十分之三的田赋，二十八日驻扎密云县，三十日在古北口阅兵。乾隆看到“队伍整齐，技艺娴熟”，很是高兴，颁谕加赏。八月一日开始在常山峪行围两天。七日，到达波罗河屯，蒙古诸王公、台吉等在此接驾。八日至张三营，十日至十二日，行围三天。十三日，在驻地准乌拉岱赐宴蒙古王公、台吉等以及扈从王公大臣。十四日至二十二日又连续行围九天。行围期间，乾隆降谕奖赏蒙古兵的“行列整齐，号令严明，均知奋勉”。二十八日，乾隆评价随围的各地兵丁表现：“所有随围兵丁，首推东三省暨察哈尔之巴尔呼等，汉仗好，马上熟练，手技便捷，行围整齐。”然而不满意其他省及京兵的表现：“汉仗弓马膂力骨格，尚属去得，当差亦甚勤奋，但于行围耐劳等处，较之稍逊，皆因平素好贪安逸所致，士气日见委靡矣。我满洲兵丁，从来到处超群，同是丈夫，岂可行走落后！”另外，乾隆反感士兵穿绸缎，说：“今看兵丁等所穿衣服，多用绸缎。围场之内，理宜服用布衣皮革，非唯结实，亦且省俭，奚用绸缎为耶！缎衣一件之费，可得布衣数件，自应遵淳朴素习。”

九月八日，乾隆回到避暑山庄，二十日回到圆明园。二十八日，乾隆降谕斥责那些借故不去行围的诸王大臣："朕此次行围，诸王大臣中，竟有耽恋室家，托故不愿随往者。朕已为姑容，亦不必明指其人。夫行围出猎，既以操演技艺，练习劳苦，尤足以奋发人之志气，乃满洲等应行勇往之事。若唯事偷安，不知愧耻，则积习相沿，实于国势之隆替，甚有关系。嗣后倘有不知悔改，仍蹈前辙者，朕断不轻为宽容。"

从首次秋狝之后，直至乾隆三十五（1775）年以前，除了乾隆七年（1742）、九年（1744）、十一年（1746）、十三年（1748），十五年（1750）、十九年（1754）之外，乾隆历年都要举行秋狝活动。三十五年后，因年逾花甲，行围才渐次减少。

粮食问题的严重性

乾隆的"冀为成康"之治，除了通过木兰秋狝整饬军队之外，还必须解决经济上所面临的"粮价上涨，民食艰难"的困扰。

康熙雍正年间，市场上粮价较便宜。乾隆在乾隆元年就已经密切关注粮价问题，不仅产米之乡湖广粮价上涨约一倍半，其他地区也有不同程度的涨价。乾隆二年，山东旱灾，百姓缺粮，朝廷虽降旨平价出售仓储粮食，但许多人仍买不到粮食。乾隆三年，"上下江收成歉薄，米价昂贵"。

面对粮价上涨、粮食短缺的情况，起初乾隆认为原因之一是浪费，特别是烧锅酿酒。因此，乾隆二年二月，颁布了禁止烧锅谕，说："耗谷之尤甚者，则莫如烧酒。烧酒之盛行，则莫如河北五省。……朕筹之已熟，河北五省烧锅一事，当永行严禁。"

禁令颁布后，刑部尚书孙嘉淦认为这样有损生计，建议只在歉收的年间施行。

乾隆将孙嘉淦奏疏给总理事务王大臣，要他们会同九卿详议，“若果严禁烧锅，不但于民食无益，而且有害，朕旨可收回”。乾隆对不同意见的处理是明智的，态度也是诚恳的。但大臣们讨论了一个月终无定见，禁止烧锅令成为一纸空文，粮食涨价的势头有增无减。

乾隆十三年（1748），江西籍湖南巡抚杨锡绂说：“臣生长乡村，世勤耕作，见康熙年间，稻谷登场，每石不过二三钱，雍正年间则需四五钱，今则必需五六钱。”同年，云贵总督张允随奏：“天下沃野，首称巴蜀。在昔田多人少，米价极贱，雍正八九年间每石尚止四五钱，今则动至一两外，最贱亦八九钱。”贵州按察使介锡周也在这一年报告说：“臣于雍正四年初莅黔省，彼时京斗米一石不过四钱五分及五钱有零……现今丰收之年亦需七八九钱一石，岁歉即至一两一二钱至二两不等。”沿海地区粮价上涨幅度更大。乾隆五年（1740），福建捐监纳谷，每石定价六钱，降至八年因“谷价昂贵，与原定银数大相悬殊”，每石定价改为九钱。乾隆八年（1743），江苏米每石一两二钱、谷每石六钱属于“常平”价格。乾隆十三年（1748），山东兖州、济南、泰安一带因旱歉收，青黄不接的五月间，“米麦杂粮价日渐增长，以粟而论，每石市价自一两四五钱至一两七八钱不等，其余麦豆价值可以类推”。

各地粮价持续上涨，乾隆感到问题的严重性：物价，尤其是粮价，关系到百姓生计。粮价腾涌，民心就会动摇，社会必然无法安定，“措天下于泰山之安”就是一句空话。当时，粮价上涨造成粮食紧缺，各地抢米风潮接连发生。乾隆七年（1742）冬至八年春，“湖广、江西、江南等处，抢粮之案俱未能免，而江西尤甚，一邑之中竟有抢至百余案者”。在全国性的抢米风潮中，声势最大的是乾隆十三年（1748）江苏顾尧年事件。当时江苏粮荒，米价昂贵，百姓要求禁止贩米出境。四月，松江府青浦县民拦截米客，打砸米行房屋和器物；五月，市民在顾尧年领导下，爆发了反对米商囤积居奇的斗争。顾尧年身挂木牌，书“为国为民非为己”字样，数万人民参加示威，请求官府及米铺平价出售粮食。巡抚安宁竟将顾尧年等三人立毙杖下，从而激起市民的愤怒，冲击了县衙门。

各地抢米风潮此起彼伏，说明粮食问题不仅是经济问题，也是严重的社会问题。乾隆七年三月一日，乾隆在勤政殿对九卿大臣们再次情绪激动地说了一通话，进一步阐述了居安思危的道理。“无事之日若无可事事，将来必有事随之”，怀安即是危机。他看到大清统治稳固的一面，又看到生齿益众民食愈艰的另一面。踌躇满志的乾隆，为了把清王朝推向更加鼎盛的局面，“措天下于邳隆”，就得拿出解决粮食问题的新方案。

应对粮食问题的举措

针对粮荒，乾隆从六个方面采取了相关措施。

第一，关心农业，重视粮食生产。

无论旱涝，乾隆对农业生产都会高度重视；风调雨顺，更会喜形于色。乾隆九年（1744）五月十六日，京城及附近整日大雨，雨水充足。第二天上朝时乾隆就询问大臣现在百姓是不是该趁机种植。乾隆十一年（1746）六月，当时乾隆接到直隶总督那苏图适宜种植的报告，想在九月十日出发登临五台山，因而批示：“俟万宝告成，之后，幸五台时，与卿相见，我君臣之喜，当何如耶！”可见乾隆盼望丰收的殷殷之情。乾隆十三年（1748）三月，乾隆东巡泰山等处还京，当时山东旱灾严重，乾隆在山东巡抚阿里衮奏折中批道：山东“曾否得雨，俱未奏及，朕心深为悬念”。一代帝王，如此重视农业生产，难

山西五台山

能可贵。

第二，普免钱粮，散财促进农业生产。

乾隆十年（1745）六月，乾隆宣布一项重大的经济政策，普免天下钱粮一年。乾隆认为，勤俭节约、体恤平民是应该的；他也想像祖父康熙一样“取之于民，用之于民”，因此他决定减免赋税，令大学士等拟订具体方案。圣旨刚颁布，御史赫泰就上疏谏阻说，国家经费，有备无患。现在无事时，不应该免除一年钱粮；若是恩惠充足，可以缓征赋税。乾隆普免钱粮的立足点是“足民”，当国家财政良好时，就应当散一定财富于天下，让百姓蒙受恩泽，然而赫泰因不明白此中道理而受到斥责。

不久，大学士讷亲等提出普免钱粮的实施方案，即按康熙五十一年（1712）的办法，将全国地丁银二千八百二十四万两，分作三年按省先后免除，但仍征收地丁银的附加税耗羡。乾隆同意讷亲等的实施方案，但决定把蠲免年的耗羡，缓至开征年一并缴纳。个别地区，如福建省台湾府属一厅四县，“因其编征本色”，乾隆决定将其额征十六余万石粟全部蠲免；奉天省向来银粮并征，该省奉天、锦州两府额征米豆也全部蠲免。

普免钱粮之年，佃户向田主应纳的地租，乾隆降谕“酌减”，并要地方官对田主“善为劝谕，感发其天良，欢欣从事”；对于佃耕国有土地者，则明确宣布减租。

首免之后，乾隆三十五年（1770），又因乾隆六十寿辰，次年为皇太后八旬万寿，第二次普免钱粮。这次新规定，在免税之年，免除十分之四，让佃户准值减租，共同享受恩惠。乾隆四十二年（1777）又实行第三次普免。乾隆五十五年（1790）乾隆“欣开八秩，幸得小康”，降谕第四次普免。乾隆六十年（1795）十月，在乾隆退位之前，为庆祝第二年归政，决定于嘉庆元年（1796）第五次普免。前后五次普免钱粮，共计一亿四千万两地丁银。

税收是国家政府参与社会产品的集中分配。乾隆这一散财政策，改善了清政府与有田之家的关系，大小地主自耕农都受益，一部分佃农也受益，最终增加了乡村民间积累，利于发展农业，增加粮食生产。

第三，减少国家粮储，通过平粜以控制粮价。

清代国家粮储，以常平仓为主，乡村社会和市镇义仓为辅。设立常平仓，是为了囤积粮食以备灾荒，乾隆以来增至三百二十万石。乾隆认为粮食紧缺的另一原因是储粮过多，于是下令暂停采买和纳谷捐监，只允许在丰收年景和丰收地区少量采买，如乾隆十年（1745），江西丰收，乾隆批准巡抚塞楞额奏请，买补缺额仓储七十三余万石。十三年（l748）更明确下令，各直省常平贮谷数量，应按照康熙、雍正年间旧额，多出部分低价出售，或拨运补邻省不足。

另外，乾隆指示常平仓每年除了按“存七粜三”原则进行周转外，还要在荒年米贵之时，平价出售，以赈饥民。如乾隆十年密云古北口一带旱灾粮贵，乾隆令地方官平粜济民。同年八月，宣化府因灾米贵，开粜之后，粮价未平，清朝决定已开粜地，方继续出粜，未开粜地方，立即开粜，务求粮价平抑。

第四，运用截漕、拨运等办法，救济供应灾区粮食。

乾隆七年（1742），因江苏、安徽及浙江部分州县水灾，乾隆降旨截留三省漕粮八万石备用。乾隆十一年（1746），直隶旱灾，乾隆下令拨运河南、山东麦粮二十万石，截留尾漕米三十万石，拨运通州仓米五万石，运往宣化等地。但是，乾隆不情愿以截漕和拨运办法解决粮荒，因为他认为这本来是充实、供应京师的，尤为重要；而天下百姓应该增加粮食的种植和生产。然而，在面对灾情时，乾隆不得不经常采用此法。据统计，乾隆一朝截漕多达一千四百四十万石以上，年均二十四万石。

第五，鼓励商人长途贩卖粮食，严禁囤积居奇。

早在乾隆二年（1737），皇帝就决定，为了避免商人额外提高粮价，凡贩运米谷到旱涝灾区的商船，给予免税放行的优惠待遇。乾隆七年（1742）四月又进一步放宽，永远免除直省关口的米豆税。

粮食免税贩卖，固然促进了粮食流通，但一些唯利是图的商人，或在米船中夹带其他商品，或依然高价出售。乾隆十一年六月，乾隆警告说：“朕念众商乃无知愚人，当先加以化导，冀其醒悟，不忍未经晓谕之先，降旨遽循旧例。”然而，直到十三年十一月，终因粮价不减，才降旨各关口恢复征收过关粮食税。

在鼓励粮食长途贩运的同时，乾隆还屡次颁谕严禁米商囤积居奇。当时，安徽等地有些米商，为避免“囤户”罪名，取巧将米典给当铺，“坐视市米缺乏，价值大长，始行赎卖取利”。乾隆批准安徽巡抚范璨奏请，下令“除农民余米无多，质押者听，如数至千石者，概不得质当”。

第六，鼓励粮食进口，禁止粮食出口。

乾隆时期，常有暹罗商人贩米到福建、广东等省进行贸易。八年九月，乾隆下旨“嗣后凡遇外洋货船，来闽粤等省贸易，带米一万石以上者，著免其船货银十分之五。带米五千石以上者，免其船货银十分之三”。乾隆十一年七月，因有暹罗商人载米均未达免税标准，遂批准福建地方官申请，于当年九月补充规定，运米不足五千石者，免船货银十分之二。在禁止粮食出口时，乾隆八年颁旨强调：“向来贩米出洋，例有严禁。唯在各该督抚时饬地方员弁，于各口要隘，实力巡查。”

除了从国外进口粮食外，清朝还从国内台湾岛向大陆福建调拨粮食。据乾隆七年闽浙总督那苏图报告，清政府规定，每年从台湾调运福建金门、厦门、漳州、泉州米十六万石。这部分粮食，或供应清政府驻闽士兵口粮，或供应驻台士兵留闽家属口粮，故称“兵眷米”。

粮价上涨原因的讨论

乾隆采取以上措施，企图从发展生产和促进流通两个方面，增加民间粮食供应，平抑粮价。结果事与愿违，迷惘的乾隆于十二年（1747）十二月，颁谕各地督抚：“朕思米谷为民生日用所必需，而迩年以来，日见腾贵，穷黎何以堪此？朕反复思之，不能深悉其故，亦未得善处之方。朕自御极以来，宵旰励精，勤求民隐，乃不能收斗米三钱之益，而使赤子胥民有艰食之累，殊益焦劳。可传谕各督抚，令其实意体察，详求得失之故，据实陈奏。”

各督抚及其他地方官得悉谕旨后，纷纷上陈。

乾隆十三年（1748）正月，河南巡抚硕色认为粮食贵，大概是由于人口日益增多；三月，湖南巡抚杨锡绂、护理安徽布政使舒辂、江西巡抚开泰、湖北巡抚彭树葵等相继上疏。杨锡绂认为，粮价上涨原因有四：一是人口增加，二是奢侈浪费，三是农田都在富裕人家，四是粮商的买卖不平衡。舒辂强调采买过多是直接因素，但承认人口繁衍是基本因素；彭树葵强调户口渐增是致粮价昂贵的必然因素，与开泰想法不谋而合。

四月，甘肃巡抚黄廷桂上疏则认为，该省粮价贵贱是收成好坏所致：“粮价，时贵时贱，总视年岁丰荒，不关生齿多寡，且民贫土瘠，无巨本囤户，亦无重赀商贩……”浙江巡抚顾琮根据该省的实际情况，指明桑树等经济作物占用了粮食的土地，“山多田少”的自然条件又限制了粮食生产，粮食流通也是出多进少。五月，安徽巡抚纳敏上疏说，米贵原因在于州县采买过多，以致“米谷在官者多，在民者少”。六月至七月，还有陕西巡抚陈宏谋、云南巡抚图尔炳阿、两江总督伊继善先后上疏，一致认为粮价上涨是人口增长使然。

从各地方官发表的见解可以看出，多数人认为粮食涨价与人口激增紧密相关，只有少数人强调是由于采买过多或粮食流通失调，或经济作物与粮争地引起的。这表明在乾隆年间，清政府的部分人察觉到中国人口问题以及人口对土地形成的压力。事实证明乾隆时期，人口增长速度甚快。据乾隆六年（1741）统计，全国人口一点四三亿，十五年（1750）达一点七九亿，四十年（1776）达二点六八亿，五十九年（1794）达三点一三亿，也就是说半个世纪之内，中国人口增加一倍有余；而耕地面积，雍正二年（1724）统计，全国共有七点二亿亩，乾隆十八年（1753）达七点三亿亩，即在将近三十年之中，只增加一千万亩左右。在农业生产技术不发达的当时，人口增长速度远高于耕地面积增加的速度，粮价上涨在所难免，而且愈演愈烈。

直至乾隆五十六年（1791），乾隆才不得不承认人口的压力。他说："况国家承平日久，生齿日繁，物产只有此数，而日用日渐加增。康熙年间，朕在冲龄时，即闻乳保等有物价昂贵，度日艰难之语。今又七十余年，户口滋生，较前奚啻倍蓰。是当时一人衣食之需，今且供一二十人之用，欲使家给人足，比户丰盈，其势断有所不能。"

第二年，英国政府派遣的使团来华谒见乾隆时，就发现"在中国，平均每一平方千米所有的人数比欧洲人口最集中的国家平均一平方千米的人数多三百人以上"，因此中国人"吃饭还要精打细算"。这表明，当时外国人也看出中国严重的人口问题。

钱贵银贱的问题及其对策

乾隆初期，除了粮价上涨之外，另一个难题就是钱贵银贱。

乾隆以来，除云南、四川两省之外，包括京师在内的大部分省份，铸币与银的比价提高，钱价腾涌。乾隆二年（1737），苏州地区银一两仅兑换制钱七百三十文；乾隆十三年（1748），西安地区银每两仅值制钱六百文。商品经济的发展加快，商品贸易量的增加，就需求更多流通的货币；而钱价上涨，说明社会上铸币流通量与商品流通量不相适应，乾隆意识到这个影响民生的问

乾隆通宝

题，说：“制钱乃民间日用必需之物。近来各处钱文短少，价值昂贵，民间甚为不便。”

针对制钱短缺，乾隆采纳臣僚建议，添炉鼓铸钱币。雍正十三年（1735）九月，他登基初始，就批准总理事务王大臣议奏，要求户、工二部着手铸“乾隆通宝”。

十月，又批准云南巡抚张允随奏请，在云南铸钱送京赴用。自乾隆三年（1738）后，清朝除了增加京师户部所属宝泉局和工部所属宝源局鼓铸制钱之外，还陆续在全国各地增开、复开制钱鼓铸局，或添设炉座。到乾隆十五年（1750），全国增设炉座约九百九十座，年新增制钱能力约一百八十万串。

增加制钱，需相应增加制钱原料铜、铅、锡的供应。基本原料铜，一靠进口洋铜，二用云南生产的滇铜。乾隆元年（公元1736年）议定，每年采办洋铜和滇铜各二百万斤，洋铜由官府招商采买，统一从上海与宁波二处进口，商人采购洋铜如果超过二百万斤，准许自行售卖超额部分。

乾隆五年（1740），江苏巡抚张渠上疏说，如今收购洋铜的定价只有每百斤十四两五钱，远低于市价每百斤纹银二十两；以前这个定价因出洋交易不至于亏损，还有余利，如今商人自贩难免亏损；另外，以前还有水脚工银三两，因此酌情课定价十七两五钱，利于公私的贸易。这一提议被大学士九卿会议批准执行。同时，清朝对收购进口洋铜还做出新规定：“凡洋铜进口，以五分听商自行售卖外，其余五分江浙二省对半官收。有商人情愿贩铜者，广为设法招募，令其出洋采办。”

滇铜是商人出资开采，官府除抽税外，还作价收买。雍正七年（1729）原定加两抽课，课后余铜每百斤给银六两八钱收买。乾隆三年收购价增至八两三钱，八年又增至九两二钱。乾隆十年，广西前任巡抚杨锡绂、布政使唐绥祖“因商人工布不敷，加价至十三两”，乾隆认为，“该省铜价每百斤确需十三两，部议之数仍属不敷”，同意按杨锡绂原定价格发给。之后乾隆十一年（1746）七月，乾隆批准两广总督策楞、广西巡抚鄂昌奏折，准许铜矿商人除去二成纳课，四成由官府收购外，余下四成产量可以自由出卖，提高经营积极性。

制钱所需的铅，官府按每百斤三两五钱银作价收买，但如浙江等不产铅省份，实价在银七两上下。乾隆八年（1743）十一月，为了避免不产铅之地承办铅人员的赔补，决定以百斤八两钱的价格，动用公项银委员于楚黔产铅地采购。至于锡，则从南洋等地进口。

要缓解钱币的短缺，还需解决制钱流通过程中的一些问题，诸如毁钱制器、囤积制钱以操纵钱价和投机贩运牟利等。

清朝前期，制钱流通过程中存在这些问题的原因，在于制钱的面值不仅背离了制钱本身的实际价值，而且还低于制钱内含铜量的实际价格。据雍正八年（1730）广东总督郝玉麟报告，粤省滇铜的成本是每百斤需银二十两，即每斤铜价二钱银。雍正十二年（1734）之后，制钱每文重一钱二分成为定例，因铜价上涨，毁制钱售铜仍然有利可图，经计算毁钱一串取铜售卖，可获利银七八钱。对于毁钱售铜，清朝曾严厉禁止。康熙十二年（1772）曾议定："私销之罪同于私铸，为首者斩决，从犯绞决。"但重利之下，犯禁者屡禁不止。

乾隆五年（1740），采纳张若震建议，令户部试铸，每红铜五十斤，配白铅四十一斤八两、黑铅六斤八两，再加锡二斤，共计一百斤。试制后，令各省一体遵照改铸。改革配方之后制钱称"青钱"，在此之前铸币称"黄钱"。青钱含铜仅百分之五十，毁钱售铜无利可图，此风渐渐停歇。

除改革铸币材料外，有人建议减轻钱币重量。乾隆十一年（1746）曾在湖北试行一年，因奸民毁大钱铸小钱，清朝只得下令停止。

清朝还规定严禁囤积制钱以操钱价，也不允许贩运钱币投机倒卖。

乾隆九年（1744）十月，大学士鄂尔泰提出全面查禁销钱的八条规定，目的是把熔铜生产置于官府严格控制之中，防止当铺囤积制钱，加速制钱流通，防止高抬钱价，防止奸商以粮易钱后加以垄断或僻乡小民收贮制钱，阻止京师制钱流向各省等。鄂尔泰的建议，曾在京师试行。乾隆十年（1745）正月，乾隆颁谕各省根据本地情况，讨论仿行。

各省或同意执行，或以某款不符本地情况，表示难以仿效。因此，乾隆十年三月，乾隆又提出以银为重，银钱并用政策："钱文一事，有称广为开采者，有称严禁盗销者，有称禁用铜器者，更有称多则用银，少则用钱者，其论不一。即京师现在议定章程，稽查办理，亦不过补偏救弊之一端，终非正本清源之至计。朕思五金皆以利民，鼓铸钱文，原以代白金而广运用。即如购买什物器用，其价值之多寡，原以银为定准，初不在钱价之低昂。今不探其本，唯以钱为适用，其应用银者，皆以钱代，而趋利之徒，又复巧诈百出，使钱价高昂以为得计，是轻重倒置，不揣其本，而唯末是务也。不但商民情形如此，即官员办公，亦有沿习时弊者。如直隶兴修水利城工，坐粮厅采买布匹，所领帑金数万，皆欲易钱运往。其他官项，大率类此。……嗣后官发银两之处，除工部应发钱文外，其他支领银两，俱即以银给发，不得复易钱文。至民间日用，亦当以银为重。"

这一席话，反映出乾隆对银与制钱两种货币的见解，他认为鄂尔泰八点建议都不是"正本清源之至计"。所谓"本源"是指"白银"，而"制钱"是"末"。解决钱贵银贱，应该"以银为本"，把银作为主币推向市场；但是，乾隆没有考虑到民间以至于官府喜欢用制钱的原因。清代作为货币的银，有铸成五十两一锭的"元宝"和重十两的"中锭"等，也有重一二两至三五两的小块银，更主要的是，银块成色各异，各地秤码不统一，在实际使用中，鉴别和称量都相当麻烦，因此对于成色不一，名目各异的白银，民间交易当然不愿使用，而愿用官府铸造的制钱。

然而，经过清朝采取的种种措施，至乾隆十七年（1752），除陕甘地区因用兵而导致钱价上涨外，大多数省份的钱，已渐趋平稳。

解决八旗生计的措施

八旗兵和满洲贵族是清政权的支柱。康熙中期之后，社会已经稳定，和平环境下的八旗人口也迅速增加。八旗满洲男丁，顺治五年（1648）为五万五千三百三十丁，康熙六十年（1721）为十五万四千一百一十七丁，增加将近两倍。乾隆年间，八旗人口增加更多。当时的魏源说："计八旗丁册，乾隆初已数十万。"乾隆十年（1745），仅北京八旗"丁口蕃昌，视顺治时盖一衍为十"。

与此同时，八旗官兵也逐渐丧失原有的尚武精神，日益奢靡腐化。他们谋生无术，奢侈却花样翻新。例如清朝规定，士兵不得穿缎靴，有人就用缎作靴里，制成"宁绸靴"。乾隆元年（1736），乾隆曾训斥旗人的懒惰和奢侈：

"八旗为国家之根本，迨承平日久，渐即侈靡，且生齿日繁，不务本计，但知坐耗财术，罔思节俭。如服官外省，奉差收税，即不守本分，恣意花销，亏竭国币，及至于犯法纪，身罹罪戾，又复贻累亲戚，波及朋侪，牵连困顿。而兵丁闲散人等，唯知鲜衣美食，荡费赀财，相习成风，全不知悔。旗人之贫乏，率由于此。"

八旗之人谋生的门路比较窄，在京旗人，除当兵之外，就是担任各省将军、副都统、城守尉等衙门的笔帖式，即掌管和整理满汉奏章文书的低级官员。"外省旗人除披甲当差外，无路上进。"无论笔帖式还是当兵，名额都有限，因此导致不少人生计困难，因而游手好闲。从康熙以来，清朝就想尽办法来解决旗人的生计问题；乾隆即位以来，同样大力关注该问题，他采取了如下措施：

措施之一是，以"生息银两"为旗人谋福利。"生息银两"又称作"资生银""滋生本银"或"恩赏银两"，皇帝从内帑库银中拨一笔款，交给北京总管内务府和盛京内务府，再分拨给八旗都统或各省军政衙门，由这些衙门负责经营赢利。利银称为"息银""余生银"，用来供内务府及各旗各官府旗人的福利开支。"生息银两"有相当一部分是直接借贷给旗人的。

乾隆即位后，这项措施予以继续执行。乾隆八年（1743）十一月，因盛京内务府原赏赐生息银两二十万两不够使用，乾隆又施恩加赏二十万两。他又降低旗人借贷"生息银两"的利息，雍正时旗人借贷"生息银两"利息银，自一分二三厘至二分不等；乾隆八年（1743），皇帝批准将宗人府借给旗人生息银两利息降低到一分；九年七月，又决定以后八旗人员借生息银两，可以用俸禄作担保，利息银一律降为一分。对于经济拮据的借贷者，乾隆还批准用官库的钱财代为偿还，比如公丰安的父亲曾借镶蓝旗生息银两四千余两，无力完缴，乾隆批准从广储司支银五千两赏给丰安，以完此欠项。

然而，借贷给八旗人员"生息银两"，并不能够从根本上解决他们的生计问题，反而会让借贷者在利息盘剥下更加穷困。因此，乾隆十五年（1750）六月，乾隆诏谕决定限额借贷：

"从前皇考施恩动支帑项，交王等从轻贷息，以备赏赐使用。因王等办理维艰，朕改令都统等核办……而伊等竟无深计，止图省事，俱借给八旗人等，既取息于旗人，而又赏给旗人，不唯终无裨益，久之子母相权，反无补于生计。旗人只图目下得银，指一人之俸，借数项之银，以致少得全俸之人。满洲人等所赖者饷银，饷银不得，何以度日？且于国体亦有不合。此后著停止借放资息，遇有八旗红白有事，特施恩于长芦两淮盐课银两动支赏给。但恐停止借放后，又未免重息借贷，著将宗人府资生银如何限额借给，已经借放本银，如何展限陆续收交……详议具奏。"

宗人府根据乾隆帝的谕旨议定，以后八旗官员遇有红白事，一二品官限借三百两，三四五品官限借二百两，六至九品官限借一百两，分五年十季还清。

措施之二是，不定期赏赐银两给旗人。如乾隆八年（1743）十二月，乾隆宣布，念"本年米价昂贵，又值年终诸物皆贵"，八旗子弟难免有所窘迫，著加恩八旗各赏一万两，分与满洲六千两、蒙古两千两、汉军三千两，"令查明实在贫苦之人，无论各甲喇、佐领，统计人口多寡，各赏二三两"。

乾隆十年（1745）十一月，乾隆还批准军机处议决，每年固定赏给侍卫内大臣每人银九百两，满洲都统每人银七百两，蒙古和汉军都统每人银六百两，满洲副都统和步军统领每人银各五百两，蒙古和汉军副都统以及内大臣、散秩大臣、銮仪使，上驷院、武备院卿、步军翼尉各四百两。

以上赏赐每年共需银两达六万三千九百。

措施之三是，拨给土地，移驻屯垦。这是解决旗人生计的根本之策。乾隆六年，皇帝决定将在京一千名旗人，借给迁移费用，移驻齐齐哈尔东南六百里的呼兰地方的拉林、阿勒楚喀开垦土地。办法是仿照官庄之例，每凑齐十名屯丁，就给予田地耕种，每人每年交租为三十仓石细粮，等到此举见到成效，就由近及远逐步施行。到了乾隆十年（1745）六月，巡抚黑龙江户部郎中福明安鉴于闲散人多，建议在呼兰扩大屯垦：

“黑龙江等处兵丁生齿日繁，现在各城闲散计有五千余名，若不早谋生计，将来必弥穷乏。呼兰有地可耕，请照雍正十三年将奉天开户旗人移屯呼兰设立宫庄之例，酌借卖米银两，令往耕种，分年交米还项。”

乾隆阅后，交给议政王商议讨论。王大臣复奏，“呼兰千里膏腴，可以女兴屯田，请以奉天开档之人，每年酌立屯庄十余座”，同时建议，“各城各屯向乏树木，应于设立城池屯庄之处栽种，以供薪木梁柱之用”。

然而，实行移民屯垦收效甚微，到乾隆十六年（1751）派往屯垦的总共只有一千二百六十四户。据乾隆十年（1745）十二月阿勒楚喀副都统巴尔晶报告，当地屯垦的孤寡老弱及十五岁以下无能力耕作者计有百余户，年力虽强但不懂得耕耘的屯户占十分之六七。由于耕种不力，收获就少，五口之家耕地一顷，日用之外所余不过三四十石；如果只耕地五十至七十亩，仅余一二十石。

乾隆还要求清朝每年赏银五千两以为补助。乾隆十六年（1751）八月，直隶总督方观承又报告：派往屯庄的人，耕种谋生的人很少，甚至还有冒领官银的，从而任意花销，然后逃回京城。乾隆知道后大怒，说这些人实在是辜负朕的恩惠，令严加惩治逃跑的人，并让军机大臣和王大臣共同相议，以后是不是该继续实行屯庄开垦，而且如何进行调度。议奏的结论是，除了没有派遣去的和逃回来的、限期送过去外，不必再多派遣人去了。这也意味着八旗人员的移垦政策失败了。

措施之四是，回赎旗地。清朝分给旗人的旗地，是国家所有，法律禁止买卖。乾隆也曾重申严禁典卖旗地。如乾隆五年（1740）宣布“禁八旗私行典卖承买地亩”。乾隆七年（1742），又经大学士等议准，“旗地倘私行典卖，将旗民分别按例治罪外，地亩地价均照例入官”。

然而，随着八旗人员的生活日益贫困，典卖旗地非但禁不住，反而日趋频繁。乾隆二年（1737），御史舒赫德奏：“昔时所谓近京五百里，已半属民人。”乾隆四年，据估计“民典旗地数百万亩，典地民人不下数百万户”。乾隆十年（1745），御史赫泰奏，“旗地之典卖与民者已十之五六”。为了阻止旗人因缺少耕地而进一步贫困化，乾隆决定由官府出资，为旗人赎回典卖的土地。

回赎旗地，由清政府付给买主一定地价，强制取赎。这一办法，雍正八年（1730）已实行过一次。乾隆二年（1737），有人奏请动用官银收赎旗地，当时乾隆犹豫不定，只是答应慢慢办理，而实际上没有动作。乾隆四年，他才正式批准，“将从前典卖与民人之旗地，赎回报部。先尽原主取赎，如原主不赎，即准各旗官兵人等认买”。同时，考虑到回赎旗地，对社会稳定可能产生的影响，乾隆指示赎回时应该以百姓无忧为基准。

对于回赎旗地，有人持不同意见。乾隆四年尚书孙嘉淦说：“贫乏兵丁，不止无从措价，假使措置，亦不能多，所买不过数十亩至一二百亩而止。”即使赎回，旗人“身在京城，不能自种。有限之地，不可设立庄头。差人讨租，往返盘费，所得租银，随手花销，实无管业之方”。所以，他认为“虽立法以均之，终至尽归富户，此必然之势也”。

孙嘉淦提出的，实质上是考虑回赎旗地，能否获得实际利益、收到预期效果，清朝不能不认真对待。乾隆五年（1740），户部根据直隶督臣的报告，提出有关旗地回赎的两点处理意见：其一，他说百姓不是担心赎地时的价钱，而是担心赎回之后要租给别人耕种，这涉及广大佃户的切身利益；因此应当明确宣布，以后无论如何买卖土地，都让原佃户继续耕种，租银也照旧，对于无故增加租金的庄头土豪应该问罪处罚。其二，应当赎回旗地，不下数千万亩的土地，应勘明“正户正身居家勤俭者”，或给上地一百亩，或给中地一百五十亩，或给下地二百亩。这是要确保赎回旗地能真正拨给勤劳旗人耕作，达到实效。

相关政策既定之后，从乾隆九年（1744）开始，大规模开展回赎旗地。据统计，直到乾隆十三年（1748），共赎回旗地九千五百一十顷，十三年至十八年，又赎回旗地一万零八百六十九顷；其后，又有十八年和十九年至二十五年两次大回赎，共赎回旗地一万八千二百七十五顷。关于赎价，分作下列几种情况：典出十年之内，照原价取赎；典出十年之外减原价十分之一；典出二十年之外减原价十分之二；典出三十年之外，减原价十分之三；典出四十年之外，减原价十分之四；典出五十年之外，减原价一半。乾隆十一年（1746），又经直隶总督那苏图奏请，赎价做了调整，典出在十年之外者，逐年递减；至五十年以外者，仍以半价取赎。

不幸的是，回赎旗地同样达不到解决旗人生计的目的，大概有这么三个原因：第一，买主不愿退还旗地，“民间又未有不欲隐瞒旗地为己恒业者”；地方官也不肯认真执行，“畏事纷繁拖累，故奉行不无草率”。第二，即使回赎一部分旗地，贫困旗人购买者少，大部分还是收归在富有旗人手中。第三，旗地赎回后，官府所定地租太轻，从而造成胥吏土豪包揽回赎旗地的局面。

比如，乾隆十一年（1746）三月，顺天府尹蒋炳尹反映，民典旗地回赎之后，官定租额每亩仅六分钱许，而回赎之前是亩纳租二钱至三钱。因此，“土豪胥役，遂将地亩包揽，仍照原额转租佃民，从中取利”，贫苦的旗人从中得不到什么收入。针对以上弊端，清朝于乾隆十八年（1753）又做出新规定，“嗣后旗下奴仆及开户人典卖旗地，限一年内自首，官为回赎”。“若原主不能赎，即交八旗内务府作为公产”，而不是像以往由其他旗人购买。不久，又决定，“嗣后民典旗地，停其召买，交与该旗为公产，所收租息为养赡贫乏旗人之用”。这就是说，旗地不再赎归私人，而是回赎给本旗做公产。

措施之五是，“出旗为民”，这是企图调整劳动生产关系，从而解决旗人生计问题。康熙以来，八旗农奴庄园制迅速向地主租佃制过渡。皇室贵族庄田从使用农奴即“壮丁”耕作，转而使用佃户佃耕。原来的农奴“壮丁”，或随主征战立有战功而“开户”另居，或是通过交纳赎身银两而开户另立户籍，抑或作为“逃人”流亡他乡。有一些仍然保持着农奴制的庄田，庄园主人日渐穷困，旗地也进行了典卖，导致壮丁无事可做，反而成了主人包袱。乾隆果断地采取了“出旗为民”政策，释放农奴，用以适应旗地生产关系的变化。

乾隆三年（1738），清朝颁布了旗人开户条例，规定“凡八旗奴仆，原系满洲蒙古，直省本无籍贯；带地投充人等虽有本籍，年远难考，均准其开户，不得放出为民”。所谓开户，也只是让农仆另立户籍别居，但是与原主人的主仆名分仍然保留。乾隆认为，“此等另记档开户人等，本属家奴，不但不可与满洲正身并论，并非汉军及绿营兵可比”。既然允许农奴另立门户，准许入民籍，就表示距离人身自由也只有一步之遥了。

乾隆四年（1739），颁布释放农奴“出旗为民”的政策，同年发布八旗家奴入民籍的规定：

“乾隆元年（1736）以前，八旗家奴经本主放出已入民籍者，准其为民。若系乾隆元年以前放出至元年以后始入民籍者，令归旗作原主户口下开户壮丁。至于赎身之户，均归原主佐领下作为开户。”

这一规定，对于开户已入民籍者，以乾隆元年为界：元年前入民籍者，“准其为民”，元年以后入民籍，仍作“开户壮丁”。其中，这里所讲的入民籍的开户壮丁，不管是乾隆元年以前还是以后的，都应当是指立有军功者；至于那些通过经济手段“赎身之户”，仍归原主下开户。也就是说，这次“出旗为民”政策的范围有限，只对一部分人有效。

乾隆七年（1742）四月，乾隆又颁布汉军旗人“出旗为民”的政策。清朝原来规定，凡汉军旗中出仕当差者，即使是外任人员，也不得置产另居；闲散之人，即使是外省有亲戚可依或有手工技艺，也不得别出营生。这种控制汉军旗人的规定，造成了汉军旗人中下层的闲散人员增多，生计难免有所窘迫。乾隆谕旨，改变了这些规定，允许有条件的汉军旗人脱离旗籍另往：

“八旗汉军，其初本系汉人。有从龙入关者，有定鼎后投诚者，有缘罪入旗与夫三藩户下归入者，有内务府王公包衣拨出者，以及召募之炮手，过继之异姓并随母因亲等类，先后归旗，情节不一。其中唯从龙人员子孙，皆系旧有功勋，无庸另议更张，其余各项民人等，或有庐墓产业在本籍者，或有族党姻属在于他省者。朕意稍为变通，以广其谋生之路。如有情愿改归原籍者，准其该处人民一例编入保甲；有情愿外省居住者，准其前往居住，此内如有世职，仍令许其承袭，不愿出旗者听之。”

这一政策的实施，使得一大批束缚在汉军旗内的劳动力被解放出来。

直到乾隆二十一年（1756），乾隆才降谕全面实施开户家奴出旗为民政策：

“谕八旗别载册籍之人，原系开户家奴，冒入正户后经自行首明及旗人抱养民人为子者。至开户家奴，则均系旗下世仆，因效力年久，其主愿令其出户，凡遇差使，必先尽正户选用之后，方准将伊等选补，欲自行谋生，则又以身隶旗籍，不得自出。今八旗户口日繁，与其拘于成例，致生计日窘，不若听从其便，俾得各自为谋。著加恩将见今在京八旗，在外驻防，内别载册籍及养子开户人等，皆准其出旗为民。其情愿入籍何处，各听其便。所有本身田产，许其带往。”

出旗为民的政策，实质上是解放旗地庄园上农奴的政策。它不仅解决了开户家奴等人的生计窘迫问题，而且推动了八旗农奴庄园制的瓦解，促进地主租佃制的发展。

从这五项措施来看，乾隆是想方设法为旗人解决生计问题。其中前四项以旗人中统治阶级为主要对象，而这部分人已是身具懒惰、骄奢淫逸，致使贷给生息银两与不时赏赐只能暂时救急，甚至是加重他们自身的不良行为；移屯垦荒，本身就四体不勤、五谷不分，更是难以自食其力；回赎旗地，又管理无方，贫穷的旗人依旧负担不起。也就是说，八旗中统治阶级正在没落，乾隆施加恩惠，治标不治本，难以救贫、挽回颓败之势；而“出旗为民”这一政策，解放了八旗中的劳动者，释放了农奴、解放了生产力，事实也证明取得了实效，是五项措施中最为称赞的一项举措。

保守的矿冶政策

煤是手工业和日常生活的燃料，铁是制作工具的基本原料，铜、铅是铸币的主要材料。可见矿冶业在经济生活中的重要意义。雍正采取的是禁矿政策，而乾隆则比较重视矿冶。

乾隆五年（1741），大学士赵国麟奏请下旨给各督抚，“凡产煤之处，无关城池龙脉及古昔帝王圣贤陵墓，并无碍堤岸通衢处所，悉听民间自行开采”。乾隆准奏，要求各省督抚详议上报。

乾隆八年（1743），原任湖广总督孙嘉淦奏请开放湖南铁矿，听民采冶：“湖南邵阳、武冈、慈利、安化等州县铁矿，俱系各该居民农隙自刨，以供农器，间有产铁旺盛之芷江县，挑往邻邑售卖，应听商民自便。”乾隆准奏。同年，还批准贵州天柱县相公塘、东海洞等处开金矿，按定例“开采每金一两，收课三钱”。对于某些生产上遇到困难的矿厂，乾隆则设法予以解决。如乾隆二十六年（1762）十二月，乾隆得知北京西山煤矿年久深洼且有积水，导致挖掘困难，京城煤价上升，立即令工部，步军统领和顺天府等各衙门，悉心查勘，准许附近村民在煤多的地方开采自用。

乾隆开放矿禁政策，使矿业得到了一定的发展。据统计，雍正十三年（1735）全国矿厂仅一百六十二处，其中铜矿四十四处，铁矿五十处，金矿三处；乾隆十年（1745），全国矿冶增至二百三十处，其中铜矿五十五处，铁矿七十处，煤矿六处，金矿六处，银矿二十五处；乾隆五十二年（1787），全国矿冶总数增至三百零九处，其中铜矿五十六处，铁矿八十五处，煤矿二十三处，金矿十六处，银矿二十七处。

开矿办厂也是有条件的，那就是要对清王朝统治有利，因此乾隆利用这一点重视铜的开采和冶炼，供给铸币，解决钱贵银贱。

清代前期，铜的主要产地在云南，各地矿工不下数十万。云南各铜矿，以东川府（今云南会泽县）属汤丹、大水、碌碌三厂最旺。乾隆九年（1744）之后，产量下降，于是云南总督张允在东川、昭通等处试采新的矿厂；乾隆十二年（1747）张允上奏说，“每年得百余万斤，将来旺盛，即可以盈补绌”。乾隆对此很高兴，批道：“此所为先事之良图，经邦之远猷。封疆大臣可以无忝；欣悦嘉许之外，无可批谕也。”

矿冶业是劳动密集型产业，劳动者绝大多数又是来自贫穷城乡。因劳动条件艰苦而备受压迫，统治者担心会影响矿冶业的存在与发展；另外，矿工人数的增加导致乡村农业人口就要相对减少，这又是以农为本的封建王朝所不愿看到的。因此乾隆九年，爆发了那苏图与欧堪善的论争，这是两种经济思想的交锋。前者希望拓宽生产领域，改善经济生活；后者则死抱着传统单一的农业不放，唯恐因改变生产方式而影响清王朝的政治统治。乾隆是个专制统治者，同样有着欧堪善的忧虑，因此乾隆矿政是保守的，在矿冶规模、地点和经营方式上给予种种限制。

乾隆是反对扩大矿冶规模的，以云南铜矿为例。雍正六年滇铜年产量约四百万斤，至乾隆三十一年（1766），滇铜年产量达一千二百万至一千二百三十万斤，已足够铸币之用。于是，云贵总督杨应琚奏请限制生产规模，乾隆批“如所议行”。

矿冶地点被限定在僻远地方的地区，不能在靠近经济发达的中原山区。如乾隆九年五月，户部原已批准藁城知县奏请，然而直隶总督高斌反对：“盖开采矿砂，向唯行于滇粤边省，若山左中原内地，从未举行。而沂镇泰安，山属岱岳。费、滕、峄县，地近孔林，更属不宜。……更可惧者，去冬彗星所指，佥称在齐鲁地方。今开矿适当其地，此举于事则无利而有害。”乾隆阅后批道：“所奏甚是。朕竟为舒赫德（户部尚书）所欺。有旨传谕山东巡抚喀尔吉善停止矣。”即使是僻远的深山，乾隆也不同意随便开采。如乾隆十二年（1747），广西巡抚鄂昌奏说，桂林府属义宁县龙胜以内独车地方，以及与湖南绥宁县连界的把冲岭，铜矿甚旺，应行开采。乾隆因其界接苗疆，降谕“照常封闭，以杜聚集奸匪之渐”。

在经营和管理方面，乾隆严格控制了矿冶产品的销售、价格以及矿工来源等。

清前期矿冶业，都是由商人出资经营的，但矿厂的管理权操在官府手中。比如乾隆十年（1745），户部议准四川巡抚纪山等要求开采乐山县老洞沟，宜宾县梅子凹铜矿。其中一条规定是，铜矿由官府“委佐杂干员、管理厂务，其一切发价、运铜等事，即交各县就近经营”，这就剥夺了厂商对矿厂的管理和产品售销权；另一条是“报采各商，土著流寓不一，应令地方官查验股实良商，取结保送”。依此规定，厂商本人也被置于封建官府控制之下。

清朝规定，矿冶产品一般是“二八抽课”，即按产量纳课税二成，剩余八成归商人，但也要受官府监督售卖。清前期，福建铁冶居全国重要地位；到乾隆十年，福建巡抚周学健奉命清查，报告说福建各县冶炼出的铁，只许造农具，不许它用，只能售于国内，不能出口。而雇工只能是当地人，不得有外来流民。至于矿冶产品收购价，更是由官府单方面决定，有时还低于成本。

清政府对矿冶是没有投资的。乾隆九年（1744），两广总督马尔泰奏请在广州等处开矿，办法是“每县召一总商承充开采，听其自召副商协办。一县中有矿山数十处，远隔不相连者，每山许召一商，倘资本无多，听其伙充承办”。而江西道御史卫廷璞认为，广东缺乏富商大贾，资本不足，建议“先在府州县矿山，各择一二处先行试采，果有成效，方渐次举”。可以说，同样是反对广东大规模开矿，欧堪善从清王朝政治稳定出发，是保守的；卫廷璞从广东资本现状出发，主张先试采而后推开，是实事求是的。

乾隆时期，即 18 世纪下半叶，欧洲工业革命方兴未艾，机器大工业正在逐步取代手工劳动。而欧洲矿冶业的发展，为工业革命提供了煤、铁等物质原料；而当时乾隆的保守矿冶政策，阻碍了中国矿冶业的更快发展，延缓了整个社会生产领域中动力改造与工具革命，拉大了中国社会生产力发展水平与欧洲的差距。这正是封建生产关系对生产力发展的阻碍作用，也是乾隆矿冶政策的弊端体现。

CHAPTER

第五章 乾隆盛世的辉煌

5

盛世初成，百姓称颂，乾隆听在耳边也是欣慰不已。盛世有盛世的模样，亲手打造的盛世，乾隆有着他的骄傲，也有着享受的权力，同时也谋划着为子孙后代留下更多的财富，包括金钱物质与文化精神。而在他的统治下，也确实迎来了乾隆盛世。

黎民颂盛世，乾隆看盛世

得民心者得天下，失民心者失天下。乾隆皇帝谙悉此道。

他在幼童和青年时期就边学习边思考，注意研究历代封建统治者治国理政的成功经验，在《宽则得众论》中写道："王者不却众庶，故能成其德"，"诚能宽以待物，包荒纳垢，宥人细故，成己大德，则人亦感其恩而心悦诚服矣"。后来，从爱民执政的思想理念出发，他还撰写了《以仁育万物以文正万民论》《为万世开太平论》《治天下在得人论》等文章，而且在位御政的六十多年一直施行宽严相济的理念。

乾隆皇帝即位后，在全国范围内纠正雍正败政，以改善人民生活。处理政治积案、宽恕皇室政策、提倡"以孝治天下"，缓和皇室内部关系；坚持奏折制度、恢复军机处，畅通了解民情渠道；豁除官侵吏蚀、加俸和扩大养廉银发放范围、关心旗人生计，争取、控制官吏和八旗军队；劝垦田地、积贮备荒、兴修水利、治理黄河、放松开矿，促进生产发展；划一征赋标准、减免地丁负担、限制额外剥削、裁除苛捐杂税、蠲免积欠、赈恤灾民，改善黎民百姓的生活状况；批斥天人感应、革治虚夸风气、除去累民措施、倡导"实心实政保守承平大业"，实实在在关注百姓生计，这一系列措施，充分体现了乾隆皇帝治天下、爱民如子的真切心理。

不仅如此，他还深入研究历代帝王怠于政事、不恤民情终究失败的弊端，借鉴祖父康熙帝巡幸全国、微服私访的成功经验，周游各地，体察民情，实时处理政事，为老百姓解决实际问题。据统计，乾隆执政期间，各种巡幸活动竟多达一百五十次，其足迹遍及了东西陵、盛京、热河、曲阜、天津、江浙等地，所到之处，他坚持实地调查情况，真实了解民意，免除劳苦百姓的积欠，惩治害民扰民的贪官污吏，革除弊病陋习，维护各民族各阶层的团结，极大促进了生产的发展，改善了人民的生活。

晚年的弘曆，虽然体衰眼花，但仍然心系百姓。乾隆二十五年即乾隆五十岁以后，七次诏谕普免全国各省钱粮，减轻百姓负担，两次设千叟宴犒赏年逾古稀的臣民，在百姓中传为佳话，深受民众的爱戴和称颂。

人有七情六欲，皇帝也如此。康乾盛世的幸福安宁生活，造福了华夏黎民百姓。乾隆皇帝既是造福的人，也是享福的人。他热爱江山与自然，更喜欢享受生活，同时也懂得生活，善于生活。

祈求上苍，祭拜先灵，是乾隆皇帝谋求美好生活的一个重要方式。古人对大自然的理解，既有科学手段，也有心志意念。中国玄学源远流长，人们普遍祈求上苍、祀神眷佑，尤其是帝王。乾隆皇帝自幼接受封建宫廷教育，这种意识在他的思想中同样根深蒂固。

早年弘曆还是孩童时，祖父康熙就携其参加各种礼仪活动，如祭太庙、祭孔、祭太岁之神、祭天、祭地、祭大社大稷、祭关圣帝君、拜谒景陵等。即位后，他更为重视这些活动，并且制度化、规范化。如每年的冬至节，都要在天坛祭天，到地坛祭神；先祖的寿辰和忌日，都要拜谒陵墓；军队出征和大的活动，也要举行祭拜仪式。在景德镇官窑烧制陶器时，他还亲自策划仪式，祀神酬愿。

乾隆三十八年（1773），在南郊举行大型祭祀活动，默祷上苍眷佑所定储君。据记载，乾隆皇帝主政期间一百五十次外出巡行，有六十六次拜谒东陵、西陵和盛京的先祖陵墓，表示对先祖的怀念，教育贵族子弟和大臣“奕祀之升平景运，皆昔时艰难开创之所留贻”，“处尊位而常顷前劳”，要兢兢业业“永保勿坠”大清江山。

乾隆外出巡幸场景

乾隆多次巡幸山庄，秋狝

木兰。热河的避暑山庄，始建于康熙四十二年（1703），雍正、乾隆年间进行了扩建，至乾隆五十五年（1790）最后完工，历时八十七年，这既是一处甚好的避暑之地，也是康乾时期“古北口外一大都会”，中国的又一政治中心。

乾隆皇帝非常喜欢这个地方，五十二次巡幸此地，常常是夏至秋返，每次都要住两个月以上，有时还长达三五个月，他在位六十年，几乎有六分之一的时间是在这里度过的，这里也就成了他个人生活一个非常重要的场所。乾隆皇帝为何这般中意此地呢？从政治上来说为了国家统一和民族团结。热河是京城通往蒙古的重要关口，清朝初期，为了加强对蒙古贵族的联络和控制，皇帝往往借出塞秋狝之机，接见各部蒙古王公、台吉，举行宴会，赏赐银两，调解争端。

乾隆时期，由于国家强盛，各地叛乱已被平定，乾隆皇帝就在这里接见各路投顺人员以及安排各部王公入觐，接待各部贵族和周围国家前来觐见或朝贺的宾客，处理朝政大事。除此之外，乾隆皇帝还非常喜欢在木兰围场狩猎，以锻炼自己的意志。他深知，清朝以武功开国，历代帝王尤其是努尔哈赤、皇太极，戎马一生极不容易，只有艰苦奋斗才能成就事业，因此，他崇尚习武，并不断地在工作和生活中磨砺自己，又通过意志的磨砺来勤勉地工作。

乾隆戎装狩猎

体验生活，巡游各地。宫廷生活豪华、尊贵、气派且森严壁垒。乾隆皇帝是个爱好广泛，生活欲很强的人，他崇拜祖父又效仿祖父，不愿拘泥于深宫，要走向外面的世界，感受大清江山的另一面。

江南地区物产丰富，是全国的财赋重地，历代帝王均十分重视发展江南经济，然而，雍正年间和乾隆初期，由于赋税过重，严重挫伤了江南地区部分地主阶级的积极性，加之乾隆皇帝为解决八旗生计，扩大八旗子弟入仕途径，在科举上减少了内地各省的生员名额，一度使中央与地方的关系出现紧张。

乾隆皇帝巡幸期间了解到这些问题后，遂采取蠲免积欠、选拔人才、加恩官员等措施，消除隔阂，融洽气氛，大批封建官僚无不感恩戴德，“浃髓沦肌”，极大地激发了他们发展生产的积极性和交纳赋税的自觉性。除工作之外，乾隆皇帝对江南的自然风景、饮食文化、人文景观，都比较感兴趣。每到一处，或御笔题字，或赋诗作对，或撰文发感，给后人留下了许多优秀篇章，同时，也成为一代帝王亲近自然、走近生活的真实写照。

他一百五十次出巡，把主政六十多年的一半时间安排在外地度过，使他的个人生活增添了不少新的色彩，特别是六巡江南，对国家的经济发展、银库积累、协调中央与地方关系、消除科举弊端、治理水患等，都具有深远影响。

十全老人“千叟宴”

千叟宴，始于康熙，盛于乾隆时期，是清宫中规模最大、与宴者最多的盛大御宴。康熙五十二年（1713）农历三月，在畅春园第一次举行千人大宴，宴请从天下来京师为自己祝寿的老人，康熙帝席赋《千叟宴》诗一首，故得宴名。

康熙六十一年（1722）农历正月，康熙帝年届六十九岁，为了预庆自己七十岁生日，他在乾清宫举办了第二次千叟宴，当时十二岁的弘曆作为皇孙参加了这次宴会。千叟宴宏大的场面给幼小的弘曆留下了深刻印象，他继位后，效法其祖父，也举办了两次千叟宴，第一次是在乾隆五十年（1785）正月，为了纪念继位五十周年，七十五岁的弘曆在乾清宫举办了第一次千叟宴。嘉庆元年（1796）正月，弘曆退位，作为太上皇，他在宁寿宫皇极殿举办了第二次千叟宴，这一次宴会成了历史上千叟宴的绝唱。

乾隆五十年(1785)，四海承平，天下富足。正月初六，适逢乾隆喜添五世元孙，乾隆帝为表示其皇恩浩荡，在乾清宫举办了千叟宴。宴会场面之大，实为空前。

自宗室王贝勒以下，内外文武大臣官员、致仕大臣官员、受封文武官阶、士农工商、外藩蒙古王公台吉、回部、西藏代表、西南土官及朝鲜贺正陪臣之年过六十者三千余人，共聚一堂。整个宫内觥筹交错，熙熙攘攘，殿廊下布五十席，丹墀内二百四十四席，甬道左右一百二十四席，丹墀外左右三百八十二席，计八百席之多。当日应邀入宴的王爷、贝勒、贝子、公卿、一二品大臣坐在殿廊下，三品以下、五品以上官员坐在丹墀甬道左右，六品以下及中老人、兵、民、匠、艺人等都坐在丹墀外左右。

席间，乾隆帝召一品大臣及九十岁以上者至御前，亲赐饮酒。又命皇子、皇孙、皇曾孙在殿内依次敬酒。赐予大家诗刻、如意、寿杖、朝珠、缯绮、貂皮、文玩、银牌等，百岁老人郭钟岳备受赏赉。

这些人中有不少是饱学鸿儒，他们当众吟诗联句，史官立即选了一百首联句记入史册。当时推为上座的是一位最长寿的老人，据说已有一百四十一岁。乾隆和纪晓岚还为这位老人作了一个对子，“花甲重开，外加三七岁月；古稀双庆，内多一个春秋”。根据上联的意思，两个甲子年一百二十岁再加三七二十一，正好一百四十一岁。下联是古稀双庆，两个七十，再加一，正好一百四十一岁，堪称绝对。

随后，乾隆帝按康熙帝《千叟宴》诗原韵再赋《千叟宴》诗：

抽秘无须更骋妍，
唯将实事纪耆筵。
追思侍陛髫垂日，
讶至当轩手赐年。
君酢臣酬九重会，
天恩国庆万春延。
祖孙两举千叟宴，
史策饶他莫并肩。

这场酒局体现出来的皇家气派自与民间大不相同。不但有御厨精心制作的免费满汉全席，所有皇家贡品酒水也都全免。在这五十年一遇的豪宴上，老人们争先恐后，一边说着“多亏了朝廷的政策好”，赞扬着乾隆盛世；一边大快朵颐，狼吞虎饮。据说晕倒、乐倒、饱倒、醉倒的老人不在少数。千叟宴这场浩大酒局，被当时的文人称作“恩隆礼洽，为万古未有之举”。

乾隆六十年（1795），乾隆已是一位八十五岁的老人，为了不逾越祖父在位六十一年的纪录，他决定将皇位禅让给第十五子颙琰，自己当上了太上皇。嘉庆元年（1796）正月初四日，禅位刚三天的太上皇在宁寿宫皇极殿再次举办“千叟宴”。此时，乾隆已是八十六岁的老人，六十岁的老人与他已有二十六岁的年龄差距，因此规定，参宴老人的年龄由六十岁改为七十岁以上。

这一天，皇极殿的场面异常庄严、宏大。皇极殿檐下，陈设着中和韶乐；宁寿门内，陈设着丹陛大乐。殿内，陈设王公、一二品大臣席位；殿廊下，布设朝鲜等藩属国使臣席位；与宴千叟的席位在殿外阶下。

宴会开始，中和韶乐奏响，在嘉庆皇帝的侍奉下，太上皇乾隆帝登上皇极殿宝座。嘉庆帝亲率领三千零五十六名银须白发的耄耋老人山呼万岁，为太上皇祝寿。面对着天下老人为自己祝寿的场景，太上皇乾隆心满意足。他从小就在宫内学习、走动，祖父康熙皇帝的雄才大略与所作所为为他树立了不朽的榜样。

他继位后，继续推行祖父与父亲的治国方略，在文治与武功方面均有建树。他一生著文吟诗，以天下文人领袖自居，推行文治教化。他获得十次重要战争胜利的“十全武功”，维护了多民族国家的统一。到了他的统治后期，国家幅员辽阔，人口繁盛，国势强盛，为此，他晚年以“十全老人”自称。而他一生的辉煌，在这一天达到了顶点。

在宴会过程中，从内心生发出来的喜悦使平时严厉的太上皇充满了温情，他召请王公一品大臣与宴会中九十岁以上的老叟，到御座前，亲自赐给他们御酒。他又命自己的皇子、皇孙、皇曾孙、皇玄孙等，给殿内王公大臣行酒；皇宫侍卫负责给殿外的与宴者行酒。当时一百零六岁老人熊国沛和一百岁老人邱成龙也参加了这一次千叟宴，乾隆称他们为“百岁寿民”“升平人瑞”，赏六品顶戴，九十岁以上老人梁廷裕等赏给七品顶戴，以示太上皇养老敬老之意。

自古以来，中国君臣在宴会上有即兴赋诗的传统，尤其是清代最为极致。因此在饮馔观剧结束后，与宴人员即席赋诗，据传这一次宴会后结集的诗作共有三千四百九十七首。

这次千叟宴结束后，乾隆帝以太上皇的身份继续掌控朝政三年，直到他驾崩。但从象征意义上，这次宴会意味着乾隆时代宣告结束，中国历史上的“康乾盛世”也在千叟宴的一片喧闹中画上了一个句号。

且不谈千叟宴在如今看来是否有奢侈浪费之嫌，单就当时而言，它体现了大清王朝的大国风范。乾隆时期，正值康乾盛世，作为封建君主，乾隆是骄傲的，为了显示皇恩浩荡，他两办千叟宴，彰显了他爱民如子的高大亲民形象，也向世人宣告了大清的繁荣昌盛。千叟宴是大清王朝鼎盛时期的一个缩影，也是国家安定、人民富庶安康的一种体现。

乾隆帝的奇珍异宝

在一般人的印象中，爱好收藏的大多是商人或古玩爱好者。然而，作为一届帝王的乾隆，也是一位赫赫有名的收藏大家。

乾隆帝从其祖父康熙那里继承下来的字画珍玩在内，毕其一生所收集的稀世珍品数量之巨，可谓举世无双。有些收藏，来自臣仆的贡献。乾隆二度南巡时，礼部尚书沈德潜前往接驾，一次就进献书画七件：董其昌行书两册、唐寅山水一卷等。和珅进的金佛更是硕大无朋，“长可数尺许，舁入阙中”。以贡品之精备受乾隆青睐的总督李侍尧曾被治罪抄家，结果抄出“黄金佛三座、珍珠葡萄一架、珊瑚树四尺者三株”，都是准备呈献的贡品。

乾隆帝的收藏品，有相当一部分是由内府制造的。乾隆尤其爱玉，他耗费了大量的人力和财力致力于玉器的生产和收藏，因此乾隆收藏的玉器甚丰。仅一件“大禹治水”的玉山，将玉料从新疆经水路运到北京，后又转运到扬州，制成后又运回紫禁城，就先后用去十年时间。这座超大型玉雕，高九尺五寸，重一万零七百多斤，堪称玉器之王（现存北京故宫博物院）。

乾隆数十年的艺术精品，来自全国各地，他鉴赏后往往加盖“乾隆御赏之宝”“三希堂精鉴玺”“宜子孙”等章，以示珍藏之意，然后让各精其道的儒雅词臣，分门别类、编为目录，经皇帝审定，再编印成书，如《西清古鉴》《宁寿鉴古》系古铜器目录集，《西清砚谱》系古砚目录集。

早在乾隆八年，他就决定，要将内府收藏的书画进行一次大规模的整理。首先将有关佛教和道教的作品，编撰成目录《秘殿珠林》；第二年，包含全部书画藏品的《石渠宝笈》开始编撰。这是一次规模空前的整理工作，它将为存在了两千多年的中国宫廷书法绘画收藏画上一个句号。

完成后的《石渠宝笈》，包括续编、三编共成书二百二十五册。这是明清两代，六百年宫廷收藏的总结，也是历代帝王收藏的最后规模。全盛时期的清代宫廷收藏，大约有一万件以上，其中晋唐宋元书画二千件，明代书画二千件，这就是中国古典书画作品当时的最大规模。

历代书法名帖的收集，是乾隆最为自豪的，尤其钟爱王羲之的《快雪时晴帖》、王献之的《中秋帖》和王珣的《伯远帖》，乾隆十一年（1746），他将这三件东西藏在大内养心殿西暖阁内，并以“三希堂”名之。

乾隆四十四年（1779），皇帝命将内府珍藏的虞世南、褚遂良、柳公权和冯承素所摹的《兰亭序》四个真本，《戏鸿堂帖》中“柳公权书兰亭序”原刻本、于敏中奉旨为这个原刻本填补阙笔的全本、董其昌的《兰亭序》临本，以及乾隆手临董其昌《兰亭序》本，共八种《兰亭序》本墨迹刻石，名“兰亭八柱”。

除了书画之外，乾隆皇帝还热衷青铜器的收藏和鉴赏。除了宫廷收藏，官僚士大夫中普遍形成了嗜古收藏的风尚，出现了一批卓有成就的收藏大家和古文字学家。他们不仅亲自鉴定考证，而且还著录摹拓，著书立说，相互辩驳，于是随之而来的考据之学又大行其道。此风一起，影响了差不多将近二百年的收藏界和知识界。

乾隆六十四个春秋中广收名画古帖、珍异古玩以及各种玉玺，其中以四大无价之宝最为著名。

一、玉玺“八徵耄念之宝”。“玺”这个字变得尊贵是在秦朝。秦以前，不管官印、私印，都可以用上这个大名。秦统一六国后，规定只有皇帝的印才能叫“玺”，臣民的只能叫“印”。乾隆帝一生拥有玺印一千八百多方，独冠帝王之首。乾隆帝的一方方玺印是他为自己漫长人生路上树立的里程碑，也是他心情的晴雨表。他打了胜仗要制玺纪念，抄录诗作要用玺点缀，七十岁刻“古稀天子”及与之配套使用的“犹日孜孜”，八十岁刻“八徵耄念之宝”及与之相配的“自强不息”，都体现出老当益壮的劲头。嘉庆二年（1797），已经当了太上皇的乾隆，用的一方玺措辞极其直白，上面赫然写着“归政仍训政”，显然是不肯放权。

“八徵耄念之宝”，它是乾隆在位五十五年，为庆祝其八十寿辰制作的，在乾隆玉玺中算是比较大的一枚。其印文在《秋山暮霭图卷》《柳鸭芦雁图卷》等许多重要清朝宫廷藏品中都有体现。

二、九龙宝剑。九龙宝剑非汉家传统之剑，而是结合了蒙古式的弯剑，其剑身略弯，剑长共五尺，上面刻了九条金龙；铸成后的宝剑寒气逼人，周围会产生雾气，剑柄上的九龙在其中跃然若腾。而这九条龙却又是根据汉家周易“九九归一”轮回的寓意而雕刻的。剑鞘用名贵鲨鱼皮制成，嵌满红蓝宝石，堪称价值连城。

乾隆熟读汉书，知道天道是一个轮回，人要遵守轮回，朝代政权也如此，不可能永久统治。据说乾隆带此剑陪葬寓意为死而复生，通过轮回来永远奴役汉人。

三、《富春山居图》。《富春山居图》为纸本水墨画，宽三十三厘米，长六百三十六点九厘米，是“元四大家”之首、山水画大师黄公望的精心巨制。从他1347年退隐到富春山时开始画起，至1350年年过八旬之时完成了这幅被后人称为山水画“第一神品”，前后费时超过三年。

黄公望《富春山居图·无用师卷》

《富春山居图》采用传统的“三远”并用构图法，以细腻的笔触描绘了富春山初秋时节的迷人景色：峰峦陂陀，秋水长天，林木恬然，沙渚悠远，黄公望把富春山美丽的风光勾勒得令人心醉神迷，真可以说是，一峰一状，一树一态，雄秀苍茫，变化万端。

明朝成化年间，沈周藏此图时请人在上题字，却被对方之子藏匿而失。当画作重新出现在市上高价出售时，沈周既难于计较又无力购买，只得背临一卷以慰情思。

明末，吴氏子弟，宜兴收藏家吴洪裕得到后更是珍爱至极，明亡后唯独随身带了《富春山居图》和《智永法师千字文真迹》逃难。这位痴迷的藏家在临终时选择将《富春山居图》陪葬，所幸在已投入火中之际，被其侄抢出，却在中间烧出几个连珠洞，断为一大一小两段，而且起首一段已烧去。

18世纪30年代，《富春山居图》流入朝鲜，乾隆十一年（1746），终于成为乾隆皇帝的藏品。对它爱不释手，珍藏在身边，时常取出来欣赏，并且在六米长卷的留白处赋诗题词，加盖玉玺。

四、缂丝陀罗尼经被。《清会典》中对于皇帝、皇后、太子等葬礼的规制都有明确规定。只有亲王以上死后才能覆盖陀罗尼经被，而对于经被花纹和颜色的规定更加详细。只有皇帝才能用正黄色，而皇后只能用明黄色。陀罗尼经被是佛教密宗的宗教用品，相传将它覆盖在死者身上，可以令死者得到超度，该墓葬形式最早起源于元代。

“缂丝陀罗尼经被”是清代皇帝、皇后等皇族葬祭专用的佛教用品，从质地、颜色和数量上严格分为六个等级，而这件由藏羚羊羊绒、獐子绒和真丝混合缂丝而成的经被属于最高等级，据传为西藏活佛敬贡给乾隆皇帝专用，用于覆盖其遗体以超度亡灵。

“缂丝”被称为织中圣品，在我国业已失传。一件像样的织物至少需要几年时间才能完成，难度甚大，其珍贵性被称为“一寸缂丝一寸金”。缂丝代表了中国丝织工艺的顶峰，而双面缂又是缂丝中的极品。这种工艺在清乾隆时期达到顶峰，此后便渐渐衰落，即使是现在也不能达到当时的工艺水平。

乾隆的收藏之富在历史上堪称空前，单纯从收藏的数量来看，乾隆超过了以往的任何一个皇帝。一份 1816 年的清单显示，当时有一万五千幅字画装饰着从北京紫禁城到察哈尔的皇宫，其中有三分之二是 1644 年以后的作品。

“前无古人，后无来者”这句古话形容乾隆的收藏最为恰当，乾隆帝追求宏伟气象、艳丽繁复的审美令人折服，也从侧面反映出当时国力的空前强盛。

对中华文化的贡献

对于中华文化的传承，皇室，尤其是皇帝，功不可没。

乾隆皇帝自己深爱文化，广览博学，知识深厚。作为一代帝王，他不仅继承了中华民族传统的优秀文化，而且创造了一代新的文化，留给了我们许多宝贵的精神财富和文化遗产。

乾隆帝一生饱读经书，勤于习作。少年弘曆，“问安视膳之余，耳目心思一用之于学”，“熟读《诗》《书》、四子，背诵不遗一字”，“精研《易》《春秋》《戴氏礼》、宋儒性理诸书，旁及《通鉴纲目》、史、汉八家之文”。后来，又认真学习满、汉、蒙古文字，三者无不通晓，并能习作撰文，现在我们在很多地方都能看到乾隆皇帝用三种语言撰写的碑文；他论、赋、诗、词无所不能，七八年间，积稿盈尺，并有《日知荟说》和《乐善堂全集》二书刊行于世；他对书法、绘画也颇有造诣。

青少年时期的教育，让乾隆皇帝对汉文化产生了浓厚兴趣。即位之后，他仍以“书生”自许，经常与臣下讲诗论文，数十年中，吟诵不绝，新篇迭出。他自称：“若三日不吟，辄恍恍如有所失。”据统计，他一生中，以他的名义刊行的诗、文集有十二种之多，其中诗作达四万多首，文章将近两千篇。这些为数浩瀚的诗作和文章，在历代皇帝中可谓首屈一指。

此外，乾隆还修书传世，弘扬文化。

乾隆皇帝对中华文化的浓厚兴趣和爱好，不仅体现在他个人的读书习作上，还通过使用自己的皇权，组织全国学者进行大规模的编修书籍和收集、整理古典文献上。他即位之初，就多次下诏征求遗书，搜集雍正年间“诸王、文武群臣谱牒、行状、家乘、碑志、奏疏、文集”等，命令各省督抚、学政采访元、明以来各家儒学著作和当代学者的学术著作。

之后，他下诏要求由各省主要官员直接负责，进行了一场声势浩大的征书活动，掀起了全国范围的献书高潮。对征集的这些文稿、书籍，乾隆皇帝组织人员进行甄别、校勘、整理和分类。纂修《明史》《明纪纲目》《通鉴纲目续编》《明臣奏议》《胜朝殉节诸臣录》等书。

乾隆皇帝尤为重视对本朝历史的编修，即位之初就循照先例开馆纂修《清世宗实录》；之后由于对满、汉文化理解的加深，又命纂修了《满汉名臣传》《宗室王公功绩表传》《蒙古王公功绩表传》《贰臣传》等书。

在整个修书活动中，乾隆皇帝投入精力最大、耗费心血最多的是《四库全书》，这是一部卷帙浩繁、内容宏博、用纸考究、抄写工整、装帧规范、美观艺术的传世之作，从征求天下遗书、收集《永乐大典》中的逸书到简选负责官员，从《四库全书》收录书目、版本以及编排体例、抄写格式和建阁贮书，十数载的时间里，乾隆帝都十分关注，无论是盛夏还是严冬，无论是战争环境还是和平时期，无论是留京还是巡幸途中，先后为此颁发了上百道谕旨。《四库全书》的出世，为后人学者研究古代政治、经济、文化、军事、民族、外交等提供了可贵的史料。

他赏字品物，收藏积累。乾隆皇帝一生爱好收藏，字画、物玩，样样爱不释手，这也是利用他的皇权为后人留下了数之不尽的宝贵财富。乾隆皇帝爱好广泛，尤喜书法，对前人的墨迹珍品，他总要认真端详，细研揣悟，如尝茶般，丝丝品味；绘画作品亦是珍爱，四处收集，拿来鉴赏。为了赏玩字画，他专门在养心殿西暖阁辟出一隅不足六平方米的小房间，常常一整天在这里自娱。乾隆皇帝收藏的字画不计其数，重华宫、宁寿宫、御书房、交泰殿、养心殿等都有存放，后来，他组织人员进行登记造册，编纂了《石渠宝笈》一书，共有二百二十五册。

陶瓷、玉器也是他的挚爱，有的是专制贡品，有的是民间收藏，乾隆皇帝视为国宝，收入宫中。他常以孔子《礼记》中“君子比德于玉”来自勉。他送洋人的第一件礼物就是“如意”。他还亲自钦定，大清国宝玺限数二十五枚。在皇帝的宫廷中，玉器无处不在，现在故宫中的珍藏，有百分之八十是玉器。陶瓷工艺在乾隆年间达到了历史上的辉煌，全国的官窑厂有二十三个，小小景德镇已有百万人。乾隆皇帝还专门叫人绘制《陶冶图册》，对陶瓷烧制过程的二十个工序进行流程规范，他还亲自策划开发新技术，使陶瓷制造达到空前高潮，现故宫即有瓷器珍品三十五万多件。由于乾隆皇帝的收藏爱好，偌大的皇宫成了中国传统文化的博物馆。

御用宝玺

他建屋修宇，遗文于世。由于乾隆皇帝善治，社会经济高度发达，国力充足，在进行造福人民兴修水利、治理黄河等工程的同时，他动用自己的皇权，在全国各地兴建了不少楼堂庙宇，如圆明园东南的长春园、绮春园，热河避暑山庄的外八庙，都是这个时期建造或重修的；所有“京师坛庙、宫殿、城郭、河渠、苑囿、衙署”，乃至街道市容以及帝后陵寝，也在此时动工修建；对全国各地的城池也普加修葺。在这些建筑中，非常值得一提的是，在汉人居住的地方修建了不少藏传佛教的喇嘛寺，既弘扬了藏汉文化，又加强了民族团结。

有这些宏伟、精制、文化气息深厚的建筑，为后人提供了大量的文化考察依据。

编纂《四库全书》的功与过

《四库全书》的编纂，对于保存与整理我国古代文化遗产，起到了重大作用。

《四库全书》共收录书籍三千四百八十八种，存目达到六千七百八十三种。其中有三百八十余种逸书，经众多学者长期收集，失而复得。还有不少书籍，经过艰苦的考订，鉴版本，证真伪，补残篇，斟字句，恢复了古籍的原貌。郦道元《水经注》，由于长期辗转抄刻，经注混淆，错误较多，经戴震精心研究，确定了区别经与注的三原则，避免了混淆。同时，还编写了《四库全书总目》，介绍著录与存目书籍，写明作者姓名、所处年代与该书要旨，集图书作者、内容与版本三者于一体，对我国目录学的发展，起了很大的作用。

然而，在清朝编纂《四库全书》，也就意味着有关不利于清朝的书籍，大多被销毁、删改，因此这部分也是中国古代文化的损失。

乾隆三十七年（1772）正月四日，在收集群书的谕旨中，乾隆开宗明义，说此举是为“聿资治理”。在编纂《四库全书》时，也始终贯彻这一政治意图。

儒学是封建官学，具有不容置疑的统治地位。对于那些讥讽儒学鼻祖孔孟的著述，无论其学术价值如何，都受抨击或摒弃。如东汉王充的《论衡》，在中国思想史上具有难以抹杀的地位，《四库全书》的编纂者也承认其价值，说此书“终不能废”；但收入时，对其中富有批判性的《刺孟》《问孔》二篇，却斥之“以与圣贤相轧，可谓悖矣”。明代进步思想家李贽在其《藏书》中提出，批判人们自汉唐以来，没有明辨是非的能力，仅以孔子的标准为标准。这样的言论，被乾隆等人视为洪水猛兽，不仅把他的著作列为毁焚书目，而且直斥李贽颠倒是非善恶，罪不可赦。

编纂《四库全书》时，对待史书，乾隆强调要以“正统”史观来编纂和删改，尤其是明末清初的著作。乾隆四十一年（1776）颁谕处理明季文集，乾隆将它们分作三种类型：第一类是“抵触本朝者”，一律销毁。第二类是明季降臣和遗臣，这些人或因降清，或因逃离远走，都没有誓死效忠明朝，为人所轻视，其书查明后予以销毁。对于禁毁的范围涉及那些收录有明朝降臣遗臣诗文的地方志。四十四年十一月，乾隆降谕：

“钱谦益、屈大均、金堡等人所撰诗文，久经饬禁，以裨世教而正人心。今各省郡邑志书往往于‘名胜古迹’编入伊等诗人，而‘人物’‘艺文’门并载其生平事实，及所著目，自应逐加芟削，以杜谬妄。”

第三类是如刘宗周、黄道周、熊廷弼、叶向高、杨涟等明朝忠臣的著作。这些人“立朝守正，风节凛然”，曾慷慨陈述社会现实的弊端，并提供有效的解决方法，然而明朝因没有采纳而加速了灭亡。乾隆说这些人的著作是可以参考和引用借鉴的，应该保留；即使对本朝有一言半句的讽刺伤触，稍加改正就行了。

《四库全书》的编纂，最终的目的是为当朝之人，激励他们能更好地辅佐当朝政权。但是对于涉及对清朝的祖宗不敬之语，这些必属于禁毁之列。比如，叶向高《纶扉奏草》《苍霞余草》，熊廷弼《熊经略书犊》等。

在编纂《四库全书》期间，乾隆出于政治目的，禁毁书籍总数，据地方官统计上报的数字共计二千六百二十九种。又据《四库全书纂修考》一书作者郭伯恭统计，全毁书计二千四百五十三种，抽毁书目四百零二种，销毁书版目五十种，销毁石刻目二十四种，共计二千六百二十九种。每种数部或数十部不等，所销毁总数至少在十万部左右。

《四库全书》的编纂，既有保留清朝及前朝文化的功劳，也有消除对儒家和清朝抨击言论的过错，同样是中国古代文化的幸运与不幸的写照。

CHAPTER 第六章 一生中的卓越功勋 6

乾隆对日常内务有“文治”，他并不仅仅拘泥于这小小的朝堂，他羡慕祖父康熙爷平定三藩、亲征准噶尔的盖世功业；因此，他的眼光瞄向了边疆，从完成父皇雍正的未竟之业开始，到开拓疆土、展现天朝国威。乾隆一生有着“武功”的卓越，虽未亲征，但不失有良策，铸就了其在位期间的功勋。

对大小金川的平定

平定北方的同时，南部大、小金川的问题也被提上日程。

大、小金川地处四川省西北部，山高水险，约有三万户藏民聚居其间。隋朝时，在此设置金川县；唐朝设置羁縻金川州；清初时，皇帝沿袭明朝旧制，照例颁授印信。顺治七年，金川卜尔吉细归附，授土司职；康熙五年，嘉勒巴归诚，授“演化禅师”印。

雍正元年（1723），因嘉勒巴庶孙莎罗奔曾从清军平定西藏羊峒有功，授金川安抚司。莎罗奔以属地自号大金川，以旧土司泽旺为小金川。然而，大、小金川接受清朝政府的册封后，经常以朝廷名号，恃强凌弱，危害边境。

为保护边境太平，乾隆决定出兵平定大、小金川。

乾隆十二年，莎罗奔起兵攻略革布什札和明正两土司地区。乾隆下令四川巡抚纪山派兵镇压，纪山因用兵不力而败。于是，乾隆调任云贵总督张广泗为四川总督，统兵三万进攻大金川。张广泗曾在平叛苗疆时立有大功，所以乾隆谕令他：“以治苗之法治蛮，务令逆酋（金川土司）授首，铲绝根株，永靖边境。”

进剿初期，张广泗收复了大金川所占的毛牛、马桑等地，小金川的土司泽旺也闻风投降。自以为稳操胜券的张广泗，向乾隆报告：“征剿大金川，现已悉心筹划，分路进兵，捣其巢穴，附近诸酋输诚纳款，则诸业就绪，酋首不日可殄灭。”

大金川的主要据点是勒乌围和刮耳崖，两地处在大金川河的东岸，相距一百二十千米。勒乌围由莎罗奔亲自把守，刮耳崖由莎罗奔的兄长和侄子把守。为了攻打这两个据点，张广泗兵分两路，从西、南两个方向进攻。七月末，西路军打到距离刮耳崖官寨仅二十里地的地方，南路军也攻占了多处碉卡，金川兵退守独松碉寨。但是八月时，清军面对碉卡就束手无策了。

乾隆接到张广泗上报难攻的折子后，传谕他暂时把军队转移到开阔的地方，等第二年春天再进攻，并提出两种方案：以京兵换绿营兵作战，或者将大金川划归西藏管理。

当时，莎罗奔迫于大军压境，几次派人求和，都被张广泗拒绝，而且乾隆也认为金川的主将害怕了，正好可以乘机歼灭。九月初五日，建功心切的张广泗准备进攻时，却不想已经投降清军的金川将领恩错背叛清军，带领大金川兵抢占马邦山梁，阻断清兵的粮道。十一月，恩错又围攻副将张兴的营盘，张兴多次请兵求援被拒，又因断粮已久想与恩错讲和，却被大金川兵诱到右山梁沟底追杀。除三百余名士兵奔逃过河以外，包括张兴在内的五六百名官兵都丧身沟底。这是张广泗用兵以来的最大败绩，由于他先不发援兵，后又推卸责任，于是军中将领上下离心，甚至一些士兵不服张广泗的做法，转而投降大金川。

为加强前线指挥力量，乾隆起用了岳钟琪。岳钟琪在雍正年间曾率金川兵进攻西藏，在金川有很高的威信。但因张广泗反对任用岳钟琪为大将军，乾隆降旨让岳钟琪以提督衔赴军前效力，同时派领班首席军机大臣、果毅公讷亲为经略，赴金川指挥战事。

乾隆用岳钟琪是正确的，但败笔是任用讷亲为经略。讷亲既没有带兵经验，也缺乏指挥作战的军事经验；而且，因深受乾隆的喜爱，“自恃其才，蔑视广泗”，自作主张限令士兵三天之内攻克刮耳崖，而且动不动就处以军法，“三军震惧”。

六月十四日，讷亲指挥不当，致使派署总兵任举、参将买国良先后阵亡，副将唐开中重伤；此后，乾隆建议讷亲“只宜持其大纲，督令张广泗等各施谋猷，以图速奏肤功”。于是，讷亲对大金川束手无策，不再主持军事，事事听张广泗调度，一到开战就躲到帐房之中。

从乾隆十二年（1747）到十三年（1748），乾隆对金川用兵四万有余，耗银近千万两，却几乎没有战绩。乾隆对张广泗、讷亲完全失去了信心和耐心，他决定惩办主帅，以振军威。乾隆十三年九月二十九日，乾隆以“玩兵养寇，贻误军机”的罪名将张广泗革职，交刑部审理。十二月七日，乾隆到瀛台亲鞫张广泗，五天后，张广泗被斩。乾隆十四年正月，乾隆以“退缩偷安，老师糜饷”的罪名，将讷亲绑缚军营，斩首于军前。

在遭遇金川战争的巨大困境时，为加强阵前实力，乾隆于十三年（1748）九月二十八日委以协办大学士傅恒前往金川军营平定战事的重任。

为了保证傅恒用兵无阻，乾隆不吝赏赐，打破常规，赐傅恒花翎二十、蓝翎五十、白银十万两，作为嘉奖军前立功将士之用。十一月，傅恒启行，乾隆赐宴重华宫，亲至堂子行台祭典礼，并命皇子及大学士来保等送至良乡。

乾隆十四年（1749）正月，傅恒亲自督师攻下金川的奏报递达京城。傅恒还表示要亲任其难，直捣巢穴，于这年四月间结束战事。乾隆任用傅恒只是为历练他、树立威望，因此得知傅恒要“奇正兼施，因机制胜”，誓死与金川战争相始终时，怕他因年轻气盛、求功心切而陷在这场战争里，因而在傅恒刚刚小有奏捷，乾隆便又下令班师还朝。

傅恒没有理解乾隆的用意，上疏坚持进兵，认为唯有肝脑涂地、效命疆场，方能报效皇帝的不世之恩。傅恒也是吉人天佑，就在傅恒踌躇再三，对班师还朝的圣谕勉为其难时，金川土司莎罗奔等因久战乏力，畏死乞降。

乾隆十四年二月，历时近两年之久的金川之役以傅恒亲往督师而宣布告捷。第一次金川之战结束，金川暂时得以安宁。

乾隆中期，大金川的土司莎罗奔已老，他的侄子郎卡主持土司事务。郎卡是有野心的，多次起兵，于乾隆二十三年攻略小金川和革布什札土司。

乾隆三十一年（1766），乾隆命四川总督阿尔泰征调九个土司的兵力围攻大金川。一心想要息事宁人的阿尔泰从中调解，让郎卡与绰斯甲土司联姻，又让郎卡把女儿嫁给小金川土司泽旺的儿子僧格桑，形成三个部落互为姻亲的关系。乾隆三十六年（1771），大金川郎卡的儿子索诺木诱杀革布什札土司，而小金川的僧格桑再攻鄂克什及明正土司，大小金川内乱又起。乾隆命阿尔泰进剿，因半年内无进展而被罢职。

这次为平定战事，乾隆命大学士温福为定边右副将军，由云南赴四川督师，派尚书桂林为四川总督，再度率兵征战。温福由汶川出西路，桂林由打箭炉（今康定）出南路，夹攻小金川。清军初战顺利，连夺关隘。乾隆三十七年（1772）五月，桂林派部将薛琮领兵三千，携带五天的军粮进攻墨龙沟，薛琮被金川兵截断后路，因求援无果而全军陷没。

为了改变战局，乾隆派大将阿桂前往金川。阿桂率军深入，直达小金川河南，用皮船渡江，连夺险隘，直捣小金川大营。不久，清军俘虏了小金川土司泽旺，平定了小金川。之后，乾隆下令温福为定边将军，阿桂为副将军，合兵攻打大金川。但是，温福刚愎自用，他运用碉堡战法，零散分布二万余兵。

乾隆三十八年（1773）夏，温福屯兵于大金川东边的木果木，郎卡的儿子索诺木集兵数千人，突袭木果木军营，夺取清军炮台。没有防备的清军兵败而逃，温福不幸中枪而死；索诺木率军追击，清军死伤无数，小金川得而复失。

消息传到北京，乾隆大怒，命阿桂为定西将军，征调健锐火器营兵两千名，吉林索伦兵两千名参战，征集士兵近五万人。乾隆三十八年十月，阿桂统领各路军队，兵分三路合击小金川，激战五昼夜，直抵美诺；于十一月初，阿桂大军再一次收复小金川。

大金川攻坚战是在乾隆三十九年（1774）正月开始的。当时，定西将军阿桂略微调整了兵分三路的进攻方略，他自率一军，由中路谷噶站口进军，副将丰升额率军由凯立叶西路进军，副将明亮率队由马尔邦南路进军。后因实际需要，阿桂与丰升额合兵一路进攻勒乌围。

大金川本来就是一个兵丁勇悍、地险碉坚的地方，自小金川被平定，大金川更是增垒设险、全力抗守，防护严密达小金川十倍，因此战事激烈异常。可以说，几乎每一座碉堡，每一座山峰，每一座官寨，都要经过反复的浴血厮杀才能攻下。尽管大金川险碉林立，守御极严，但在乾隆的决心鞭策和鼓舞下，阿桂、海兰察、明亮、普尔普、福康安等将帅矢志克敌，带领满汉官兵奋勇冲杀，绰斯甲布等土司之兵也争先进剿，不断取胜，兴胜保等夺占木溪山梁，就是其中一例。面对清军战则必胜的决心和所向披靡的强大攻势，大金川土司索诺木设计药死僧格桑，献出僧格桑的尸体，及其侧妾和小金川头人蒙固阿什咱阿拉、曾施诈降计的七图安堵尔等人，企图故技重演，与清军议和投降。

得到捷报的乾隆，首先下诏嘉奖阿桂，并着重指示说：“不能允许大金川投降，决不与之讲和。”对此，乾隆深有体会：“从前批准允许金川投降的往事，我十分后悔对这些叛军太姑息了。现在这些叛民竟敢如此忘恩负义，不可不急为剿灭，以除后患。”因此，他要求坚决除之而后快。

对于叛军的使者如何处理，乾隆说：“假使遇到贼人请求投降，都不必与他们交谈，如果有人押送僧格桑到我军大营来，马上将僧格桑和这些押送的人一举设法擒获，一面仍加紧进攻，贼人无计可施，自然就土崩瓦解了。”乾隆多次重申此意，让征战的将军们千万不要被他们的假投降所迷惑，不能姑息迁就；况且耗费如此大的军费和力气，才得以平定其地，千万不应该以简单的受降来结束这样的战事，使各番人无所敬畏，而且不可以留下这些叛逆的余孽，让他们成为国家的后患。传令阿桂等将领，如果反叛的敌人头领索诺木及莎罗奔兄弟等人，这个时候来乞求投降，只有立即擒拿，不得有误。

乾隆四十年（1775）正月，阿桂率西路军开始围攻勒乌围。此时天降雨雪，士兵多伤冻，进攻受阻。等到四月，天气转晴，士兵大振。阿桂首先派福康安、海兰察率军渡河，全歼河西的叛军。七月，阿桂与明亮合围勒乌围。勒乌围南有转经楼，面临大河，互成掎角之势。破勒乌围，清军先攻破卡栅数十重，然后又毁桥，断叛军的退路，明亮等也从河西攻入，形成四面夹击之势，叛军狼狈不堪。

八月十五日，清军发起总攻。先用大炮轰击，到十六日，就攻克了勒乌围及转经楼喇嘛寺，并且攻获了六十座碉房、寨落、木城、石卡，杀敌数百人，夺获无数枪炮、刀矛。此时，大金川头目索诺木已提前逃往噶拉依。从九月起，阿桂率军陆续攻占了西里山梁黄草坪和科布曲山，并逐步扫清了外围的叛军。十二月，金川头人达因拉得尔瓦率五百人，恩达尔率六百人缴械降清。

乾隆四十一年（1776）正月间，阿桂发起对噶拉依的总攻，明亮则攻占马尔邦，扫清西路残敌。索诺木的母亲阿仓见形势火烧眉毛，便冒险赴河西准备召兵，但看到清军已是万头攒动，形成合围之势，即知大势已去，遂携同索诺木的姑姑阿青等姐妹，带领从人喇嘛投降。阿桂令阿仓写信招降索诺木，同时发起进攻。

乾隆四十一年（1776）二月初四早晨，索诺木跪捧印信，携同兄弟、妻子及其大头人、喇嘛、大小头目两千余人出寨，乞求免除一死。至此，大金川全境胜利平定。

镇压台湾林爽文起义

清政府统一全国时，实行民族高压政策。清中期以后，各种秘密会党大量出现。反清团体多以结拜兄弟的方式，鉴于多次反清事件，特别是明代宗室也利用结拜弟兄的方式进行反清活动，清政府加重了对会党的惩处。乾隆二十六年（1661），提喜和尚创立天地会，发展到江西、广东、福建等省，朝廷多次派兵搜捕天地会成员。乾隆五十一年（1786）十一月二十七日，天地会在台湾的首领林爽文率众起义。

天地会成立后，在福建、台湾一带秘传。林爽文是福建省漳州府平和县人，农民出身。于乾隆三十八年随父母迁居台湾，乾隆四十九年（1784）加入天地会，为彰化地区的重要首领之一。

乾隆五十一年十一月二十五日，彰化县知县俞峻与北路营副将赫升额、游击耿世文带领士兵来到大墩，距离林爽文的住处还有七里时，知县下令，要村民前往擒拿林爽文，如果不遵命令，就焚毁村庄，并且“先焚数小村怵之”。村民们极端愤怒、怨声载道，林爽文于是趁机起义。

林爽文起义后，队伍迅速发展到三千人，后率领起义军夜袭大墩营盘，击毙了副将赫升额、知县俞峻及官兵数百人，随后又攻占离彰化县城四十里的大肚溪，控制了水路，切断了通往彰化的交通。

此时，林爽文被拥戴为盟主大元帅，驻彰化县署，先后攻下竹堑、诸罗县；

各地天地会会员纷起响应，连破六斗门、南投等处；台南风山县庄大田也聚众起兵，于十二月十三日攻下风山县城。至此，台湾府所辖四县已失其三，只剩下台湾府城及附属的台湾县，犹如海中孤岛，形势危急。十二月初七，林爽文从水陆两路进攻府城。

为了镇压台湾起义，乾隆派福建水师提督黄仕简、陆路提督任承恩支援台湾。虽然有一万三千余名援兵赶到台湾，台湾府又有驻兵一万二千余名，还有移民中支持清军的“义民”，清军在人数和枪炮弹药都优于义军，但是，黄仕简自称有病，在府城“卧病床榻”，任承恩困居鹿港，不敢进攻。官兵处于被动挨打的局面。

乾隆大怒，将二人革职问罪后，把重任交给了最先奏报的常青，增派援兵七千，并授常青为将军，以福州将军恒瑞、新福建陆路提督蓝元枚为参赞；令他严肃军纪，诛戮逃将，斩总兵郝状猷、参将图里瑚。然而，这位被皇上重用的将军也是一个胆小怕死的懦夫。

五月二十五日，常青领兵出府城，起义军庄大田率一万余人攻击。“常青战栗，手不能举鞭，于军中大呼曰，贼砍老子头矣，即策马遁。诸将因此即退”，义军“欢跃而归”。天地会势力迅速扩展，数月之内，义军“已增十万”，将军常青、参赞恒瑞被困府城。胆小的常青“日夕唯涕泣而已”，哀求和珅把他调离台湾，奏请皇上另派大臣。

经过和珅的游说，乾隆于六月二十日下谕，派协办大学士福康安前往台湾接替常青，派领侍卫内大臣海兰察为参赞大臣。八月初二，他又下谕，授福康安为将军，增调湖南、湖北、贵州绿营兵六千名及四川“屯练降番兵”两千名。

乾隆不知道的是，此时绝大部分台湾州县村庄已被义军夺占，官军连遭失败，士气低下，动辄溃逃。而林爽文、庄大田领导的天地会义军已号称二十万。敌强我弱的形势，让十几年来连建功勋的福康安感到信心不足，向皇上呈交了“畏难”的奏折。

乾隆看到“畏难”奏折后，连下三谕，讲述进剿必胜的原因，强调对福康安的宠信和关怀，勉励他勇担重任。皇上推心置腹、情深意厚的晓谕，让福康安消除了疑虑，增强了勇气和责任心。

乾隆调拨白银几百万两和米一百余万石运往台湾，并多次下谕，嘉奖支持清军的“义民”，招抚“胁从之民”归顺。他经过反复思考后，制定了集中精锐士卒，直攻林爽文大营的战略方针。这一切，对战局的进展起了重大作用。

乾隆令福康安直抵诸罗，解围之后，攻敌巢穴。福康安遵旨，于十一月初七领兵五千及鹿港兵六千余名和“义民”一千余人出发，“凡遇贼庄，即行剿洗”，终败义军，林爽文率会众撤走。初八，清军进入诸罗城。福康安又率军进攻大里玳，打败了义军的“万炬”迎战。十一月二十五日，林爽文携眷逃入“番社”。

乾隆五十三年（1788）正月初四，林爽文被清军抓获；二月初五，庄大田也被俘。不久，二人被处死。林爽文、庄大田领导的天地会反清起义被镇压了下去。

战前清缅关系

缅甸很早就与中国来往，史书记载，汉称掸国，唐称骠国，宋朝开始称作缅国。元朝时忽必烈三次征伐，让其朝贡。明洪武二十七年（1394）设立缅中宣慰使司，永乐年间又设缅甸宣慰使司。万历十年（1582），缅甸侵略边境诸土司，明出兵讨伐。明末清初，中国改朝换代，缅甸趁机吞并明廷边外所设三宣六慰诸土司。

清政府与缅甸的交往始自顺治十六年（1659）九月。当时清军击溃南明桂王政权，永历帝逃往缅甸。明朝降臣洪承畴致书缅王，强烈要求交出南明永历皇帝，称“留匿一人，累及合属疆土”。顺治十八年（1661）五月，缅王弟莽猛白弑兄自立，又杀永历从臣四十余人。吴三桂于九月与定西将军爱星阿带五万大军出征，随后兵分两路直捣缅都阿瓦城，缅相写缅文纳款议和。十二月，缅人献出永历帝及太后、后妃，从臣百余人，清军返回云南。

康熙年间，清缅断交。雍正九年（1731），缅甸与景迈国交兵，景迈遣使拜见云贵总督鄂尔泰，主动提出入贡，请求庇护。鄂尔泰当时正集中力量整饬群苗，且知道景迈为缅甸世仇，便婉言拒绝。直至乾隆朝，清缅才重新建立关系，这是边境上茂隆银厂主人吴尚贤的贡献。

云南永昌、顺宁徼外有卡瓦、酋长蚌筑，其地方两千余里，号葫芦国，刀耕火种。但其地多矿，最著名的有茂隆山银厂。乾隆十一年（1746），云南石屏州佃民吴尚贤出边赴该厂开采，得到葫芦国王信任，获利丰厚。当时云南某武官因被革职投奔矿厂，极力规劝尚贤说服葫芦国王依附清朝，蚌筑于是以缅文奉表、课银三千七百两，请耿马土司罕世屏会同吴尚贤、翻译杨公亮将白银解到云南省城。云贵总督张允上奏朝廷，称："葫芦乃系化外野夷，输诚内附，请将此项厂课，饬令减半抽收，一半赏给该酋长，以慰远人之心。"乾隆准其所奏。

葫芦国内附后，吴尚贤被张允随委以茂隆厂课长。乾隆十三年（1748），缅甸国王遣土目十五人抵达镇康，向清政府表达通贡意向；但乾隆初政国事繁忙，无暇南顾。吴尚贤见缅使无功而返，决定亲自出面斡旋。乾隆十五年（1750）七月，吴尚贤致书云贵总督硕色，禀称缅甸人愿意称臣、朝贡，云南巡抚把吴尚贤的察文及缅王表文一起呈报。表文歌颂乾隆"德隆三极，道总百王，洋溢声名，万邦率服"，说缅甸"愿充外藩，备物致贡，祈准起程，由滇赴京，仰觐天颜，钦聆谕旨"。乾隆被表文上的溢美之词感动，准其所请，还指示边省地方官员一应接待事宜，俱照各国王贡使之例，以示安抚。

茂隆厂拥有矿徒十万，占地六百余里，气势恢宏，威慑边界。然而，清政府地方官吏、朝中大臣，甚至是乾隆自己都无视他在重建清缅关系中的贡献，反而觉得他与缅使亲密日久、私交居多。因此，在吴尚贤随缅使进京之际，军机处就指令云南"将来缅使回滇之时，另行委员护送出境，其吴尚贤即令居住省城，如果安分守法则已，设或暗布流音，煽惑番夷各情形，即将吴尚贤拘禁"。硕色就趁机收监吴尚贤，说他"望泽未遂，时怀怅怏，见于辞色"，并广泛搜罗他昔日种种不法行为，最后将吴尚贤监毙狱中。

缅甸贡使刚出云南边界到耿马土司，就听说南边得楞人在葡萄牙人和西班牙人的帮助下已攻陷本朝都城并掳走缅王，他们只好与前来迎接的二王子到猛逦城，乾隆十八年（1753）木疏酋长雍籍牙率邻近四十六村之众抗击得楞军队，收复阿瓦城，建立阿隆丕耶王朝；雍籍牙王朝的势力往北扩张，凡缅甸旧属土司皆降服。此时茂隆厂势已衰，无所凭借，唯波龙厂银矿桂家头目宫里雁尚有矿徒十万，成为雍籍牙王朝称雄缅北的绊脚石。

乾隆二十七年（1762）正月，宫里雁也被缅军击败，率众辗转至孟连的猛尹，将众属下分散到各村寨；猛尹的首领不容他，孟连土司刀派春跑到猛尹缴收宫里雁部属的兵器，并敲诈银两。云贵总督吴达善听说宫里雁有祖传宝物“七宝鞍”，向他索要，宫里雁不给，只好带着妾婢六人投奔石牛厂，吴达善对此耿耿于怀；等到宫里雁妻子不满刀派春的贪婪、聚众放火打劫孟连城、杀害刀派春家属三十人，吴达善以此借口缉拿宫里雁等。布政使姚永泰力保宫里雁，说这场变故宫里雁不知情，而且夫妻二人不和；留下宫里雁可以让缅甸忌惮，不能代敌杀他。姚永泰有远见，但吴达善不听，于十月斩杀宫里雁，还通知了缅甸人，同时想缉拿宫里雁之妻曩占一行；然而曩占逃入缅甸嫁给缅王之弟，缅人认为这是清政府有意羞辱，十分怨恨。木邦土司莽罕底与宫里雁交好，等到宫里雁被杀，莽罕底堂弟黑罕勾结缅甸滋扰内地的耿马土司，石牛厂主周德会率丁练在滚弄江击杀缅将普拉布。事后，吴达善反而认为杀害忠良贪图功劳，将他杀害，缅人更加看轻清朝了。乾隆二十八年（1763）十月，缅军逼胁景线，整卖、孟艮、整欠诸土司归附。

在云贵总督硕色杀害吴尚贤后，吴达善又杀宫里雁，这样大错特错之事被人们所议论，比如清人赵翼说，杀了宫里雁让缅甸更加无所顾忌地侵略我国边疆；魏源说，原来有桂家银厂和茂隆银厂驻守边疆，等到吴尚贤、宫里雁被害，两厂的英勇人们溃散而去，缅甸就更猖獗了。

滇省千里边境失去有力屏障，缅甸野心膨胀，交战在所难免。

两战两败的清缅战争

清缅战争，起因在于缅甸统治者对中国边境的侵扰。缅甸贡榜王朝建立后，凭军力迅速压服中缅边境上的诸多土司。在对原缅属各掸族土司确立统治后，开始派出小股部队配合这些掸族土司的部队以军事威胁向中国管辖的内地土司强制要求征收传统的“花马礼”（即贡赋钱粮，处于中缅两国边境上的各掸族土司在历史上为谋求自身安全，曾向两国都缴纳着贡赋）。这些内地土司有些屈服于缅甸的兵威，有些并不屈服，并派人向云南地方官府请求军事支援。但当时乾隆皇帝忙于平定准噶尔，无暇南顾，不愿与周边国家发生军事冲突，因此云南地方官府对此事一直是奉行绥靖政策。而当乾隆皇帝从平定新疆这一事情脱身后，开始对缅甸这种压迫我国边疆少数民族和挑衅中国国威的行为采取强硬态度，中缅边境局势也逐渐紧张起来。

乾隆三十年（1765），缅甸国王莽纪觉死，他的弟弟孟驳即位，宫里雁前妻囊占当时已为王妃，她帮助孟驳平定西部的结些，南部的白古、大姑拉、小姑拉，并唆使孟艮土司侵犯中国普洱的车里。而且当时缅甸正和其历史上的死敌暹罗交战，制定了沿清迈、万象一线进攻暹罗的方针，而车里正处于其进军路线的旁侧，需要大量的钱粮以及劳力为军队的进军做后勤保障。

新任云贵总督刘藻到任后，得知边境形势危急，而且也明白乾隆皇帝对云南边事不愿再实行绥靖，于是紧急派兵追剿，但除擒获五人外，别无战果。到了七月份，缅兵饱掠后自动撤退，而刘藻竟以“缅人望风遁走，清兵大捷”上奏。

乾隆三十年（1765）冬，缅军再一次分路侵扰。西路由孟艮打入打乐，至猛遮、九龙江一带，东路由整欠到橄榄坝及猛阿的控渡。缅兵以数千人的军队规模入侵车里，占领了车里土司衙署所在的橄榄坝，其兵锋甚至深入内地思茅，发文清政府，宣布车里（今西双版纳）为缅甸领土。

乾隆要求刘藻除恶务尽，使滇缅边陲一劳永逸。然而当地的土练虽然多路出击，但均一触即溃，刘藻急忙命三千绿营兵围剿，缅兵游动作战，清兵虽然陆续收复橄榄坝等多处地方，但是这些地方一般都是缅兵主动撤退的，清兵并无多大战果。相反，参将何琼诏、游击明浩、守备杨坤一路约六百人，渡过整控江后，沿途束器械以行，毫无戒备，在猛旺陷入缅兵埋伏，被击溃导致死伤十余人。乾隆皇帝闻奏大怒，将刘藻革职。

曾经点过翰林的刘藻因善于揣摩上意而屡次升职，但未能实现乾隆皇帝战前要求的“穷力追擒，捣其巢穴”的目标，使得乾隆皇帝暴怒，又因谎报军情降补湖北巡抚，心理压力过大，三月三日夜自刎身亡。

清军第一次出击失败后，乾隆皇帝派出他器重的边疆大吏杨应琚到达云南。杨应琚，汉军正白旗人，广东巡抚杨文乾之子，当时担任大学士，由陕甘总督移任云贵总督。

乾隆三十一年（1766）三月，杨应琚抵云南，恰逢普洱战事未完，急忙奔赴阵前，指挥清军乘缅人退去之际，收复整欠、孟艮等地。到四月时，缅属整欠和孟艮两土司管辖地区均被清兵占领。但由于缅兵一路上坚壁清野，清兵并无多大战果。最后，清兵任命一些掸族土官治理这些地方，留下约八百人驻防后退回。

清朝云南诸多地方官员被表面的军事顺利所蒙蔽，主战热情高涨，鼓动杨应琚继续对缅作战。虽然内部也有不少反对的声音，认为缅甸声势浩大，不宜擅开边衅。但杨应琚对缅甸局势茫然无知，认为缅甸不过是一些莽匪组成，其内部应该分裂涣散，不足为惧。在杨应琚的支持下，主战派发布檄文号称“发兵五十万，大炮千樽”对缅甸大举进军，以震慑缅甸，同时多方招抚缅属土司。

六月时，乾隆皇帝还想着把占领地区驻扎的军队召回，不想对缅甸大举用兵。七月时，乾隆态度转变，杨应琚坚持主战，而且乾隆对缅甸也是抱有扩张的侥幸野心的，甚至认为“亦非不可臣服之境”，但是要求杨应琚尽量少花钱和少用兵就把此事办妥。

早在乾隆降谕之前，心热军功的云南地方文武官员，已急不可待地把战争打响了。六月，赵宏榜率兵五百名出铁壁关。所以，这场侵缅战争未经乾隆批准就由云南部分地方官员发动起来了。

七月，缅甸蛮暮土司去缅都阿瓦（今缅甸曼德勒）没回来，他的母亲、妻子和弟弟在清朝的震慑招抚下，奉上版图归降。腾越副将赵宏榜率兵约五百出铁壁关，轻取蛮暮土司管辖地区重镇新街（今缅甸八莫）。而蛮暮土司自阿瓦回来后，也向清军投降。木邦土司不久也宣布归附。九月，杨应琚开始调集约一万四千兵准备向缅甸进攻，并先派遣三千三百各兵进驻木邦土司附近的内地遮放土司，本人也进抵永昌查看军情。

缅兵主力虽然在暹罗陷入泥潭，但留守部队加各地土司部队数量依然不少。在清兵发动攻势后，留守阿瓦的缅王孟驳并未惊慌失措，一面严令征暹罗缅甸兵继续围攻大城，一面派遣将领莽聂渺遮率缅兵一万（清朝官方记载为三万，但据各方资料，大约只有一万），沿阿瓦溯伊洛瓦底江而上与清兵对抗，并令落卓土司攻击木邦土司。九月初，木邦土司抵挡不住，退往清兵驻扎的遮放土司的地区。

新街此时成为中缅边境重镇，扼水陆之要冲，水路顺流而下，四五日就可到达缅都阿瓦，此为双方必争之地。这时该地的周边形势已经十分危急，但杨应琚依然只派永顺镇都司刘天佑和腾越镇都司马拱垣率四百余兵支援赵宏榜，援兵九月七日到达新街，清兵总数依然不足千人。九月二十四日，三千缅兵乘船抵达新街，随即对清兵发动攻击。双方兵力悬殊，清兵坚持两日一夜，宣告不支，刘天佑战死，赵宏榜率残军由小道突围，退入铁壁关，蛮暮土司也率其部众退入云南。

杨应琚紧急调集各镇绿营兵赴援，命东路永顺镇总兵乌尔登额带兵至宛顶（今云南畹町市），打算进攻木邦土司管辖地区。西路永北镇总兵朱仑带兵进驻铁壁关，打算进攻蛮暮土司管辖地区以收复新街。缅兵部署却出乎清兵意料，缅兵在新街分兵两路，主力沿东北方进入中国境内，在铁壁关外楞木驻扎；另一路二千余人继续沿伊洛瓦底江北上，抵达戛鸠后，准备从东方攻入中国境内，再南下截断铁壁关清兵后路。

清兵对此丝毫不知，云南提督李时升于十一月十五日抵达铁壁关，第二日，命朱仑率三千余兵出关攻击。十七日，朱仑抵达楞木，在高处扎营。十八日，缅兵主动发动攻势。缅兵部分装备的是燧发枪（来自英、法在印度的东印度公司，或通过购买，或通过俘获而获得），射速、火力、对环境的适应都远胜清兵。结果双方交战四日，互有死伤。但清兵伤亡较大，首先感觉挺不住，急忙求援。提督李时升拨宛顶兵七百名赴援。但清兵战况依然不利，缅兵竖立营栅，逐渐逼近清兵大营。二十三日起，清兵坚壁不出。双方暂时休战。楞木缅兵全数也不到六千，朱仑却以杀敌六千，取得楞木大捷上报。

十一月二十日，缅兵绕道戛鸠的北路兵二千余人，由万仞关、巨石关间攻入守备薄弱的腾越境内，仅仅十天时间，先后攻占盏达、铜壁关，清兵死伤数十，游击班第战死，战火蔓延至户撒、腊撒地带，严重威胁铁壁关后路。

得知缅兵由万仞关攻入后，没有准备的清兵自乱阵脚。提督李时升命游击马成龙带兵九百名由户撒前进，又令驻南甸的临沅镇总兵刘德成率所部二千一百兵自后夹击。但刘德成到达木崖后，迁延不前。马成龙率部徒涉渡江时，水深没及腰，火药皆湿。缅兵伏兵突起冲杀，马成龙阵亡，除未来得及渡江的七十余人，八百余兵死伤殆尽。十二月，北路缅兵渡江进入户撒地带，李时升先后调二千八百兵至户撒抵御，双方交战不多。因为缅兵看清兵越来越多，干脆脱离接触，退往铜壁关。绿营又以大捷上报。

缅兵虽然屡战屡胜，但也很清楚本国军队主力远在暹罗，无法长期与清朝抗衡，压力颇重。所以，其作战目标很明确，就是以战逼和。于是，在楞木前线，缅将莽聂渺遮请求议和，但清兵要求缅甸递交降表称臣，想来谈判也是破裂了。不久，楞木及铁壁关清兵被北路缅兵严重威胁后路，清兵狼狈撤至陇川。缅军主力四千余人攻入铁壁关，进军陇川。

在陇川，两军再次爆发大战。十二月十六日，缅兵先锋进军时，被大队清兵围困。第二日，缅军主力增援，双方交兵后，缅兵骑兵突然于丛林冲出，而被围的缅兵先锋也趁机突围，清兵战线崩溃，一路溃逃而回，兵员虽然丧失不多，但军械枪炮丢弃很多，而总督杨应琚仍以克捷奏闻。

云南提督还想调兵三面围攻，但实在力不从心，无法有效组织反攻了。杨应琚也由之前的雄心壮志转为胆战心惊，赶紧派人到陇川命令朱仑与缅兵议和。缅兵十二月二十六日提出谈判的时候，朱仑派参将哈国兴接受对方条件，双方停战，蛮暮、新街等地仍归缅甸。二十八日，缅兵主力开始撤兵，打算取道猛卯转回木邦。北路缅兵由铜壁关取道铁壁关，转回新街。

猛卯为内地土司，朱仑派已升为副将的哈国兴率二千余兵于乾隆三十二年（1767）正月初四进驻猛卯。缅兵正在猛卯附近扎筏渡江，看到清兵大举追来，以为清朝撕毁协议。于是初七开始围攻猛卯城，哈国兴受伤。十一日，二千清兵来援。缅兵撤退，清兵追击，遭到反击，损失颇大，各有一名游击、都司、守备阵亡。缅兵虽然也有伤亡，清兵却过于离谱，竟然上报杀敌四千，缴获枪炮等器械无数。杨应琚继续调兵万余，进到木邦土司地区与缅军对峙。

杨应琚一味按照前线清兵的奏报上报给乾隆皇帝，至今已经屡获大捷，前后杀敌至万人。乾隆皇帝不是傻子，查看地图，发现交战地方几乎都在内地，“如果是清兵屡屡获胜怎么缅兵反倒越打越进来啦？而回想平定新疆时，大小百余战，杀敌也不到万人，云南仅仅几次战斗，就杀敌超过万人？决不可能！”派往云南的侍卫福灵安将真实情况报告回来后，乾隆皇帝震怒，于二月将李时升、朱仑逮捕进京处死，三月，又将杨应琚逮捕进京赐死。

广东将军杨宁接任云南提督，三月到达木邦土司地区前线。这个时候，缅属孟艮土司已经分别夺回孟艮、整欠等地，并进犯内地孟连地带，威胁木邦清兵后路。木邦地区的缅兵也不与清兵正面交战，而是在清兵后面出没攻击后勤粮队，基本断了清兵粮道。四月，木邦清兵后勤断绝，战力崩溃，撤回内地。乾隆皇帝狠下决心，派满洲人新秀明瑞接任云贵总督，继续主持对缅战事。而这时，缅甸大军已经攻占暹罗大城，准备撤兵回国了。

清朝云南地方的绿营兵几乎没怎么上过战场，器械又不精良，战力薄弱；带兵将领多能力不强，不体恤士兵，不懂地势，不知战术；而且大帅云贵总督又是文人出身，丝毫不懂军事。也就是说，中缅第二次战事，虽然士兵总数上，清兵多过缅兵，但依然屡战屡败。

清缅战争被迫议和

云南绿营兵共三万余，能用之兵只有二万余。中缅第二次战事，云贵总督杨应琚上报兵部调兵一万四千，实际共调兵一万五千。战争中，死、伤、病官兵不下三千人（其中战死一千一百人，病故一千五百人），木邦地区的失败就有两百余人被俘。在木邦地区溃败后，贡榜王朝四百余士兵和各地土司部队共二千兵于七月进攻车里，清兵虽有两个总兵坐镇，但只是略为抵挡后即闻风溃逃，缅兵劫掠一番后很快退回孟艮。至此，宣告了单靠云南绿营兵已经完成不了对缅战争的任务了。

但乾隆皇帝、军机处以及新任云贵总督明瑞，对缅甸仍旧抱着极其轻视的态度，他们向来看不起绿营，认为绿营兵战败不等于缅兵战力强大，又分析缅兵主力不过万人，只需要调集二三万生力军就可征服缅甸。乾隆皇帝还早早地考虑征服缅甸后如何统治，同时命令两广总督行文暹罗，如果缅王战败逃往暹罗，务必尽力追擒，而浑然不知暹罗已经被缅甸所灭。朝中有人还提出请暹罗出兵夹攻，乾隆皇帝一口否决，说我大清正当全盛之时，灭缅甸不过是轻而易举。如果请藩属出兵帮忙，即使打胜了，也会被属国看不起。

明瑞为外戚亲贵，姓富察氏，满洲镶黄旗人，孝贤皇后的侄儿。在平定新疆中，也立过不少军功，调任前为伊犁将军，是员悍将。此时，乾隆将他从新疆调来接

将军明瑞

替杨应琚云贵总督之职，以副都统额尔景额为参赞，调河南开归道诺穆亲为滇盐道，陕西汉中道钱受谷为滇迤东道，军机处司员户部满郎中傅显、汉郎中冯光熊等同往襄助。

乾隆三十二年（1767）四月明瑞到任后，在盲目乐观情绪的支配下，筹备各项对缅作战事宜。乾隆皇帝调满洲兵三千，四川绿旗兵八千，贵州绿旗兵一万（其中一千驻守普洱，并未参加远征），外加云南绿旗兵五千，合计二万六千兵，分两路进军。

五月，明瑞抵达云南省城。这时乾隆就清军进退问题，指示说：

“贼众既在木邦屯聚，或该处瘴气稍轻，如此有机际可乘，自不妨添选官兵，先将木邦收复，剿杀贼匪，震以先声，且为将来进兵之地。或佯为撤兵，诱彼出砦，得以出其不意，邀截掩杀，亦设奇制胜之一法。或在彼驻兵无益，即撤回以蓄我兵锐气。秋间更调新兵，亦无不可，俱著明瑞确按该处实在情形，熟筹妥办。”为了保证明瑞能顺利出师，乾隆还多次谕令地方官给予积极配合，以便解决军队的调遣、后勤的供应及清查勾结缅方的“汉奸”等问题。他原估计当年七月逢闰，入秋节气早凉，瘴疠可消，要明瑞九月间出击。后得知边外只有十月至次年三月方可用兵，又吩咐明瑞“随时审度，倘余气未净，即静俟初冬亦不为迟”。明瑞随即向乾隆详陈作战方案：

第一，改变过去逢关必守的做法，择要隘驻兵。永昌、腾越、顺宁、威远，普洱沿边土境二千余里，迤西七关八隘，若均以兵扼守，二三万众亦不足分派。除九龙江、陇川、黑山门等扼要处自应留营外，其余崎岖小路，只令各总兵驱将弁游巡备御。

第二，伐木造舟以迷惑缅军。清军在新街水路上游地带伐木造船，故意让船料木片沿江流下，给敌方造成清军将从水路出击的错觉，然后清军暗自出永昌、腾越两口，以宛顶、木邦一路作为正兵，其余分二路或三路由猛密等处齐进，形成联络声援之势。

第三，关于运送军粮及安设台站事宜。过去雇觅夫马设站滚运所需兵粮，拨兵护送。这次改为士兵自裹带，所费亦省。官兵出口后，自黑山门、遮放以内，仍照例安设台站，遇有奏报，即于作战官兵内挑选能干可信者十员，长川送至黑山门交递。所经外夷部落，在诚心归化者处，酌留官兵数十或二三百名，作一大台站以资递送。

明瑞亲率一万七千兵（内有满洲兵二千余）为南路军，出宛顶由木邦经锡箔直捣阿瓦；参赞大臣额尔景额率八千兵（内有满洲兵九百余）为北路兵，出铁壁关经新街进取猛密，再南下与明瑞会合阿瓦。每兵带足两个月的粮食，征马、驴、牛八万余为作战、后勤用。明瑞认为如果直捣阿瓦，缅甸将自顾不暇，加上立功心切，几乎把所有的精兵强将都带在自己身边。

乾隆批准了明瑞作战方案并指示明瑞、鄂宁、额尔景额等，“若我兵直抵阿瓦，攻克其城，即当戮其逆酋，剿其凶党，大示惩创，并就其地界，酌量分置土司，以永靖蛮服。或王师将抵贼巢，匪党等果有仇彼渠魁，谕缚来献者，即俘囚奏捷，并多执其助恶逆党，解送京师，彼时或可贷以不死，另为处置，而进兵之始，则不可稍存宽宥之心也”。

乾隆的意图很明显，他发动第三次征缅战争，不仅要打到缅都阿瓦，“戮其逆酋，剿其凶党”，还要将缅甸领土分置依附于清朝的“土司”。如此赤裸裸的扩张行为，缅甸上下当然会予以坚决抗击。

九月二十四日，清兵从永昌出发。十一月二日，明瑞率南路兵出畹顶进入缅境，十日，占领木邦城（今缅甸登尼）。自宛顶至木邦城六百多里，因为屡经兵火，人烟断绝。缅兵也一路坚壁清野，不与清兵交战。明瑞留参赞大臣珠鲁讷率兵五千留守木邦城，自率一万二千精兵继续前进。

北路兵十一月十六日抵达老官屯（新街附近），与早已在此夹江竖栅防守的数千缅军对峙。清兵连日攻击，伤亡甚重。十二月，额尔景额得病身亡，乾隆令其弟额尔登额接任北路统帅。

明瑞出木邦后，克旧小，渡大叠江，经锡箔、大山等土司管辖地区，在蒲卡处杀敌数十，擒获数名缅兵，侦知有九千缅兵屯驻蛮结（今缅甸南渡河以东），便于十一月二十九日率部直逼蛮结。蛮结缅兵在各险要处分扎十六营固守。第二日，明瑞分兵三路，自率中路，领队大臣扎拉丰阿、总兵李全率部占住东部山梁，参赞大臣观音保、总兵长青率部占住西部山梁，逼近缅兵营外兵列队驻守。下午，缅兵自西部营寨出兵攻击观音保部，观音保率所部奋力冲杀，明瑞中路也出兵接应，缅兵败退，被杀二百余名。缅兵兵器以火器和镖子为主，无甲胄、弓矢，平地决战不是骑兵强悍的清兵对手。缅人也说，交战时候，最怕的是清军彩甲骑兵（即满洲八旗兵）。缅兵受挫，坚守不出。

明瑞屡次挑战不遂后，下决心直接攻营，并判断主动出击的西部缅兵为强兵所在，如果强兵被破，其他营寨就容易拿下了，于是决定集中兵力攻击此处。十二月二日清晨，除留二千兵留守大营，以一万兵分十二队冲击缅兵营寨。缅兵善守，营内木栅为深埋地下的湿木，露出地面仍高二丈，内外均有深沟，沟旁又埋锐利竹木，缅兵有木栅保护，枪炮难伤，而从栅隙处以火枪射击，则命中奇高。清兵自缅营附近山梁冲击而下，第一座营寨临近山梁，很快被清兵攻破。在攻第二座时，比较困难，有一名贵州藤牌兵王连看到木栅附近一处有些木料，容易攀登，从该处攀栅而过，一人在数百名缅军中冲杀，后续十余名清兵跟着攀登而进，在此掩护下，王连杀敌十余名后又拔开木栅，清兵蜂拥攻入，再次夺得一座营寨。所得两营地势较高，明瑞又分兵配合其他各路攻下两营。缅兵连续反击至晚上二更，见反攻无望，纷纷撤退，清兵全力追杀，直到第二日黎明时分才收兵。此战即蛮结之役，清兵杀敌二千余，俘三十四名，缴获枪炮粮食牛马甚多。乾隆皇帝闻讯大喜，封明瑞为一等公，贵州兵王连也直接升为游击。

蛮结之战后，明瑞更加轻敌，继续率兵深入，绕过天险天生桥，十二月十三日抵宋赛（今缅甸送速），十七日到邦亥，前锋十八日至象孔（今缅甸辛古），距离阿瓦仅七十里。但在缅甸的坚壁清野下，清兵粮尽、人乏马疲，已经无力攻城。十九日，明瑞无奈，只得下令退兵到孟笼处（今缅甸孟隆）就食。缅兵侦知清军撤兵后，大举反击，对明瑞大军只是派军隔着十几里路远远跟着，时不时进行骚扰作战，但不正面作战。主要还是将主力用在木邦方向，到乾隆三十三年（1768）正月初二，缅兵先后将天生桥、蛮结、蒲卡、锡箔等处的清兵台站攻占，清兵损失八百余，只有百余人退回木邦。明瑞军后勤、军情线路被断绝。正月初八，缅兵包围木邦，珠鲁讷坚守十日后不支，自杀，兵溃，总兵胡大猷、胡邦佑等战死，道府衔杨重英以下多人被俘，但清兵大部分还是逃回云南。缅兵不善打歼灭战，清兵逃跑能力也不错。同时云南巡抚派出的九百援兵也溃败而回。

这时，北路军已经败退。乾隆三十二年（1767）十二月，北路清兵攻击老官屯不下，伤亡五百余，总兵王玉柱阵亡。同时，由于瘴气染病官兵也不少。缅兵又逐次增兵，清兵被迫退至四十里外的旱塔。正月初十左右，因锡箔台站被断，云南巡抚、乾隆皇帝数次令额尔登额率兵转至木邦，接应明瑞。额尔登额听闻中途猛卯有缅兵出没，就退入铁壁关内，转从陇川入木邦，额尔登额畏敌迁延不前，走走停停，数日路程走了二十多日，直到二月四日才到边境宛顶。此时木邦早已失陷，而明瑞也已陷入缅兵重重包围中，但额尔登额自知战力脆弱，依然不敢出边救援。

十二月二十一日，明瑞军到孟笼，得粮二万余石，暂时缓解了缺粮窘境，明瑞在此休息十多日，过完春节后，再次出发，打算经大山回木邦，途中听闻木邦被围，于正月初十改向宛顶撤退。正月十四日，明瑞军在蛮化向尾追不止的缅兵突然反击，歼敌千余，总算把尾追之敌打痛，不再追得那么紧，清兵伤亡虽不大，但总兵李全中枪身亡。

缅兵攻占木邦和击退北路清军后，几乎全部主力都赶赴明瑞军处，数万缅兵于二月初七，将万余清兵围困在小孟育处，此处距离宛顶二百里。明瑞军在此休息三日，于十日夜，沿探明的小路突围，明瑞率领队大臣、侍卫及数百满洲兵殿后，领队大臣扎拉丰阿中枪阵亡，观音保以身上携带的最后一支箭刺喉自杀。明瑞身受重伤，用尽力气疾驰了二十多里，“手截辫发授其仆归报，而缢于树下，其仆以木叶掩尸去”。清兵突围中共有千余官兵战死。二月十三日、十四日，总兵哈国兴、常青以下万余官兵突围回到宛顶，其中许多伤病官兵及体弱文官都得以生还。

乾隆皇帝听闻明瑞大败、身亡讯息，震怒愤恨无比，将额尔登额逮捕进京，处以磔刑，同时北路军的云南提督谭三格也被处死。明瑞的灵柩归京后，乾隆帝亲临吊唁，赐谥号“果烈”。

中缅第三次战事，缅甸战略战术恰当，又占据地利，北路坚守要隘，南路坚壁清野、诱敌深入，终于将清兵击败、驱逐出境，但也暴露出了缅兵不擅长平野决战、不善打歼灭战的弱点。清兵自上到下，不明敌情，盲目轻敌，最终难逃一败。但清兵在作战中也给缅兵沉重打击，迫使缅甸在今后作战不打野战，而是选择以守为攻。

明瑞军大败，外加也逐渐知道缅甸内部并非分崩离析，而是新兴强权，暹罗也被其所灭，等等。乾隆皇帝开始对缅甸的国力、军力有了相当程度的了解，但他没有放弃攻打缅甸，因为必雪丧师辱国之耻。乾隆于是将缅甸陆续发来的求和文书搁置一边，开始调集精兵强将，准备发动更大规模的进攻。任重臣傅恒为经略，阿里衮、阿桂为副将军，舒赫德为参赞大臣，鄂宁为云贵总督。原来跟随明瑞出征的满洲兵调回，增调一千五百满洲兵以及三千贵州兵入滇，后来又加派三千满洲兵二千福建水师。同时，也放下天朝面子开始考虑联系暹罗等国共同出兵，这才得知暹罗国已灭。

乾隆斗志昂扬地准备出兵，而臣子们却觉得不宜进兵。乾隆三十三年（1768）四月，先期到滇的舒赫德及鄂宁联合上奏，说征缅有五难：一是办马之难，按满兵一万、汉兵三万出兵规模算，战马、驮马需十万匹，各省拨解颇费周章，而且草料难以筹备；二是办粮之难，按四万兵、十万马算，单十个月就需粮四十二万石，全省仓粮也不过三十五万石，米粮的缺口很大；三是行军之难，从内地永昌到边境之路狭窄难走，行军队伍过长、兼顾不周，而且边外地形更差；四是转运之难，单从永昌运粮到边境，按三夫运米一石算，就需百余万人次，而如果到了边外，内地人不愿意出边，人烟稀少，马夫也无从雇佣；五是气候之难，水土不适，历次战事病故或因病失去战斗力者比战场死伤还多，去年进军就是例子。

两人最后结论就是，对缅甸战事胜算不大，不如设法招致缅甸投诚算了。应该说，这两人总结教训还算总结得不错，可惜乾隆并没有议和的打算。虽然对缅战事连续失利，乾隆皇帝依然感觉良好，认为“我大清势当全盛，认真起来，将缅甸打得屁滚尿流还不是轻轻松松的事”。乾隆听到这些后暴怒，痛骂两人乖谬无耻，很快将两人降职调任。

大军远征，特别是出征境外，后勤向来是大难题。明瑞全军共征用马驴牛八万余，其中马万余，驭兽多为牛只，牛只半路还被宰杀当粮，即使如此，一半粮食还是要从缅甸当地取得。二十年后，乾隆皇帝出兵越南，只是一万兵打到河内，就动用了七八万民夫，也才勉强保持供给。因此，乾隆皇帝要再次大举征缅，准备时间还是比较匆促，以马骡为例，从贵州、四川、湖广、河南等地只搜刮了两万余匹马、六千匹骡，只能规定满洲兵有马，绿营兵不给马。

乾隆三十四年（1769）二月，傅恒率兵出征。临行时，乾隆皇帝还亲自在太和殿授之敕印，并把自己用的甲胄赠给傅恒，以表示对他的信任和期望。四月，经略傅恒到达永昌。清兵将领们大约也吸取了以往多次被缅甸断后路的教训，经多次商议后，决定进攻方向选定中缅边界北段，即一路从伊洛瓦底江（清朝时称之为大金沙江）上游戛鸠经孟拱（今缅甸密支那之西）、孟养（今缅甸密支那），另一路由蛮暮地区、老官屯取孟密，再配以水师，全军水陆并进、夹大金沙江而下，直取木梳、阿瓦。南段与缅甸接壤的宛顶、普洱处，只保留少量兵力牵制。因为大金沙江在云南境内支流大盈江不能行船，要到蛮暮地区附近，才能通航，所以清兵在五月就派数千兵马及数百工匠到蛮暮上游野牛坝打造战船。

七月二十日，清兵誓师出征。八月初二，傅恒率八千余兵自戛鸠渡大金沙江，深入缅属孟拱、孟养土司地带，缅兵原驻数千兵都退至新街附近的老官屯，并未在此设防，所以傅恒行程两千多里，兵不血刃，唯一成果就是招降孟拱土司；另外，因为气候、道路问题，傅恒迟迟未到蛮暮附近，“唯途间忽雨忽晴，山高泥滑，一马倒，则所负粮帐尽失，军士或枵腹露宿于上淋下湿之中，以致多疾病”。

而此时阿里衮、阿桂早已经率清军一万五千余人，造好战船，水陆并进，于九月由野牛坝出蛮暮，九月十八日在两江交记处甘立寨，发生激战，清兵以火炮击沉缅兵十三艘战船，击退了拦截的缅甸水师，水师由大盈江出至大金沙江，陆上兵马也到达新街附近，并派数千兵渡江到西岸哈坎扎营，打通水路，控制两岸。然后由哈坎派兵两千接应傅恒南下。九月二十九日，傅恒才到达哈坎。此时，傅恒已经知道西岸难行，被迫改变原先指挥西路军沿西岸攻占木疏（今缅甸甘布鲁），由陆路直取阿瓦的计划，而是指挥东路军与新街、老官屯缅兵主力决战。十月初二，傅恒过江东清兵主营指挥作战。

清兵大举进攻的消息已经传了一年，缅兵这时也打探清楚清兵的进攻方向，几乎调集齐主力在新街、老官屯一带夹江与清兵对峙。清兵此次出征，名义上动用满汉兵五万，但因为后勤限制，实际前线只有不到三万兵，扣除宛顶驻兵一千五百以及普洱驻兵三千五百，出关只有两万多兵，再扣除沿路台站驻兵四千四百，新街、老官屯前线清兵只有一万八千九百（其中水师两千）。日趋加重的瘴气，使清军大量减员。缅兵全军无精确数字，但应不下三万，而以前与法国交战俘虏的数百法国兵也在缅兵中服役。所以，这次清缅主力对峙，依然是缅甸兵力占优，但因为双方野战能力有一定差距，整个战役过程，还是清兵长期保持攻势，而缅兵基本保持守势。

十月初十，双方在新街发生激战，先是双方水师发生战斗，缅兵不利，退到稍南一沙洲处据守，清水兵师及部分陆军一起水陆攻击，击败缅兵水师，杀敌两千余，夺得战船六艘。西岸阿里衮率正白旗满洲马甲九百破缅兵三个营寨，杀敌一千五百余人。此战后，缅兵退守数十里外的老官屯，清军占据新街。

十月二十日，清兵进至老官屯。缅军在老官屯早已扎下两座坚固大营，主力在江东大寨，数千缅军在西岸扎营，营栅伸入江中，缅军水师停泊在两营之间江面，左右策应。东岸缅兵见清兵刚来，便出营攻击，被清兵击退，双方都没有大的战果，双方只是不时以火炮互轰。战斗结束，清兵便在两岸分别扎营与缅兵对峙。而缅兵两营之间水面湍急，且有沙洲，清兵水师暂时无法前进。第二日，东岸清兵派偏师到缅兵南面扎营，准备断其水路。

缅兵在营内挖了不少深及三尺的土坑，便于兵员隐藏和躲避炮火。十月二十二日，清兵斥候（古代侦察兵）在大树高处观察，误判断营中敌兵甚少。清兵于是发动大规模进攻，傅恒、阿里衮等人还抵达栅外数十步处指挥。缅兵营寨外有深壕，木栅坚固无比，外加枪炮火力极猛，清兵一日内连续多次攻势都被击退，总兵德福也中枪阵亡。清兵将领杀得兴起，还打算乘夜肉搏，后被制止。

同日，两军水师在江上也有交锋，清兵击沉缅军二十艘战船。接连三日，清兵进攻势头没那么猛，试着以火攻、大炮等方式摧毁木栅，结果均告失败。二十六日，清兵水师发力，乘夜攻占两营间近西岸沙洲，夺战船二艘，俘虏十一人，缅兵水师退守东岸，东岸缅兵水路运输被断，清兵士气大振，但陆上对缅兵的火攻再次失败。二十九日，清兵以地道爆破、数百丈长藤拉倒等方式破栅，结果还是失败。

十一月初一，西岸有大股缅兵来援，猛攻西岸攻营清兵，并以火炮轰击清兵水师，幸好有三百满洲兵殊死掩护杀敌，使得清兵和水师来得及后撤。缅兵水路继续畅通，西岸到东岸的补给源源不断。其时，傅恒若以小部兵力继续围困老官屯，而以大部兵力从江西岸直攻阿瓦，还有扭转不利战局的可能，但傅恒坚持攻下老官屯，使得清兵陷入战局僵持的局面。

形势对清军不利，军内发出了与缅方议和息兵的呼声；缅甸方也是精疲力竭，均有厌战情绪。这期间，除了零星小战，双方事实上已经停战。初九，缅兵来信要求停战。傅恒想打，但副将军阿桂以下绝大部分将领都不想打了，于是初十傅恒回信缅兵，同意停战。而且上奏乾隆“奈因本年瘴疠过甚，交冬未减”，说前线三万一千兵，主要因为染病，现在仅存一万三千余。实际前线清兵不到一万七，为了把情况说严重些，故意夸大前线兵员数。清兵损失虽小，但病死病倒的比战场死伤还多，如总兵吴士胜、副将军阿里衮、水师提督叶相德先后病死，傅恒本人亦染病卧床。缅兵损失虽然略大，但战场形势略优，缅兵统帅诺尔塔（即大城征服者摩诃梯诃都罗）明白缅甸无力支撑与清朝的长期战争。

因此，双方前线将领都在未取得最高统治者同意的情况下，自行决定议和停战。几经交涉后，双方于十一月十六日正式议和，缅军十四名将领与清军十二名将领为双方代表，谈判定议画押，互赠礼物，正式停战。十八日清兵沉炮焚舟，缅甸人大概觉得船烧得太可惜，跟清兵索要无果。二十一日，老官屯清兵全部撤走。这场延续多年、花费清朝九百一十一万两白银的战争终于落下帷幕。

18 世纪清缅战争，总共大体上为四次征战。总体而言，是中国败了。

自称十全老人的乾隆皇帝在晚年也承认，“五十多年八桩战事，就征缅这桩不算成功”。却均未曾料到东南亚的格局从此一变：暹罗因此而复国；缅甸也重新认识到中国的力量，由此建立了与中国绵延二百多年的睦邻关系。

与缅甸议和的活动

本来乾隆不赞成围攻老官屯，怕是重蹈额尔登额的覆辙。在获得新街报捷后，他认为应该乘胜追击，进而拿下老官屯。但十一月传来副帅阿里衮身殒的消息，他才意识到自己的疏忽，降旨让傅恒酌情撤兵。

乾隆此谕一改以往拒绝和谈的态度，说明他对这场战争有了较为客观的认识。几天后，他又发出明确谕旨，“我兵与其旷日持久，多伤勇士，不如相机徐图。即令已得老官屯，亦当计出万全。阿瓦为缅匪巢穴，固守必甚，况此次大兵，已将戛鸠、猛拱、猛养等处收服，军威大振，撤兵不为无名。傅恒等于拿获贼人内，择其明白者，谕以缅匪罪重，理宜全行歼戮，但大皇帝好生，不忍尽杀，尔等告知孟驳，悔罪投诚，将军等即遵旨撤兵”。

事实上，前方清军之前就已经开始与缅军阵前将领“和议”了。

十一月十日，缅帅诺尔塔遣人求和，希望在两军适中之地搭帐请傅恒和谈。诸将也因士兵大多染瘴争劝傅恒撤兵，傅恒不同意，不久后也染重病，由阿桂主持军务。阿桂集诸将计议，决定与缅方和谈，傅恒只得勉从。提督哈国兴同都统明亮，侍卫海兰察、明仁、哈清阿，提督常青，总兵马彪、于文焕、伊昌阿、李时扩，副将雅尔姜阿、彭庭栋等十二人代表清方，与缅军代表十四人相商。哈国兴提出缅甸必须进表纳贡并归还所占诸土司，以缅方不从而失败。之后缅王孟驳派使者持贝叶书来前线乞降，和议成功。傅恒上奏说明缅甸乞降、朝贡等具体情况，并因辜负圣恩而请罪。乾隆批示，“半月前即迭传谕，决计撤兵”，“朕筹办军国重务，一切唯顺天而行，今审时度势，自当知难而退，不宜复执直抵阿瓦之说”，要傅恒与缅方和谈，“以完此局”。乾隆三十四年（1769）二月，傅恒回师，三月带病赴天津行在朝见皇帝，七月十三日与世长辞。

然而，由于双方阵前所议条款含义不明确，导致各自上报朝廷内容互有差异。缅王不肯承诺，还惩治了缅方诸将，因此缅甸的贡表未能兑现。清方自傅恒退师之后，乾隆一直期待缅王屈服求贡的表文。三十五年正月，老官屯头目诺尔塔差人送来棕叶缅文，想要互通贸易。乾隆对此很不高兴，坚持先奉表朝贡后再通商。等到三月，仍不见缅甸奉表入贡，乾隆按捺不住，令军机大臣以阿桂、彰宝名义拟写檄缅文稿，急递云南，再由阿桂等译成缅文送给老官屯缅方。同月十四日，老官屯头目遣人持蒲叶缅文到虎踞关，文书中不仅没有求贡意向，反而言辞不客气，说：“满洲领兵大人向我大头目说，只要把话说明白，木邦等三土司，自然给你们。”乾隆阅后大怒，认为仅限制对缅贸易“实不足以制其死命”，令阿桂等冬季瘴气稍退时，挑选精锐二三千人，“乘其不备，袭击而进，掩杀贼众，以申我威稷，虽于事无甚大益，亦庶几稍纾愤懑耳”。六月，阿桂请求简派八旗侍卫到云南帮助训练绿营，以备掩袭之用。清缅战争面临再度爆发的危险。

留守云南前方的副将军阿桂头脑清醒，竭力反对清缅继续交恶。之后，阿桂屡次上奏缅甸乞降，想让乾隆大度宽容，然而乾隆一直认为缅甸言语软弱、想要敷衍了事，并不同意退兵。阿桂多次进谏都被乾隆怒斥驳回，甚至降职处理。三十六年九月，为征剿小金川，乾隆命令温福带着阿桂赴四川，袭击缅甸的计划被搁置起来。

此后，缅甸入贡问题，仍是乾隆念念不忘的关键。直至乾隆五十三年（1788）缅甸称臣奉表纳贡，该事才算了结。这时年已七旬有余的老皇帝对当年的未成之功也有了新认识，他说："予以古稀望八之岁，五十三年之间，举武功者凡八，七胥善成，其一唯征缅之事，以其地旱湿瘴疠，我军染病者多，因其谢罪求罢兵，遂以振旅，是此事究未成也。近据云南总督富纲奏报，缅甸谢罪称臣奉贡之事，命送其使至热河，将以赐宴施惠，是则此事又以善成于斯矣。"

廓尔喀第一次入侵

乾隆五十三年（1788）六月，正当乾隆调兵遣将准备进攻安南之时，西藏边境却被廓尔喀所侵占。

阳布，即今天尼泊尔加德满都一带，气候温和，谷底肥沃，农牧适宜，最早的居民是尼瓦人，又称巴勒布人。贞观十五年（641），唐太宗以宗室女文成公主嫁给吐蕃松赞干布时，尼泊尔国王阿姆苏瓦曼也把女儿许给松赞干布为妻。西藏地区与尼泊尔毗邻，又都信仰佛教，因此关系密切。

13 世纪的尼泊尔，处于分裂状态，环绕着加德满都山谷就有二十四个部落，廓尔喀是其中之一。雍正十年（1732），二十四个部落中的雅木布、叶楞、库库穆三汗派使臣向清朝贡，雍正回赠以缎匹、瓷器、玻璃等。到了乾隆三十四年（1769），廓尔喀国王博赤纳喇举兵征服各部，建立新王朝，迁都加德满都。乾隆三十八年（1773），英国东印度公司派兵击败尼泊尔邻国不丹，不安的廓尔喀国主遣使抵西藏，六世班禅额尔德尼巴丹益喜致书东印度公司，居间调和。

西藏地方与廓尔喀之间有着频繁的经贸关系。西藏以当地的盐和内地的茶叶换取廓尔喀的米谷、布、铜、铁、纸以及珊瑚、珠子、蜜蜡等，交易使用银币。廓尔喀改铸纯银钱币后，要求将新币兑换银的比值提高一倍，藏民不同意。西藏的盐，刨自山谷，质量差，商人有时还掺以沙土牟利，廓尔喀人对此很不满。后藏聂拉木是廓尔喀赴藏入口处，当地官员提高了商品入口税，廓尔喀商人叫苦不迭。随着不断出现的贸易摩擦，双方关系日益紧张，终于在沙玛尔巴投敌后，廓尔喀开始入侵西藏。

沙玛尔巴是六世班禅的亲弟弟。乾隆四十五年（1780），乾隆七十大寿时，六世班禅率呼图克图抵京为帝诵经祝寿，受赏之物不计其数。十一月，班禅因出痘圆寂，这些财物被同父异母的弟弟仲巴呼图克图侵吞，对各寺院也不布施，又借口沙玛尔巴是红教，不与其分惠。沙玛尔巴心怀不满，于四十九年投奔廓尔喀。

此时廓尔喀国王喇特纳巴都尔是博赤纳喇之孙，尚且年幼，皇叔巴都尔萨野掌权。乾隆五十三年（1788）六月，巴都尔萨野以西藏增加商品入口税、所售食盐掺沙土等为名，遣将率兵三千人入侵西藏。当时藏兵仅有五百名，而且平时居家，并不操练防守，因此打仗时毫无战斗力，很快边境重镇聂拉木、济咙、宗喀相继失守。廓尔喀继而围逼胁噶尔，岌岌垂危。

七月底，廓尔喀入侵的消息传到北京。乾隆接连降旨，做出如下部署：第一，驻藏大臣雅满泰立即赴后藏，见机行事；第二，考虑到七世班禅的安全，把他从札什伦布寺移驻前藏；第三，令四川总督李世杰，提督成德调该省满洲兵五百名以及绿营、巴塘等藏族兵三四千名迅速入藏；第四，命成都将军鄂辉从台湾前线，迅速赶回，准备入藏征剿，继而又授鄂辉为将军、成德为参赞大臣，办理剿务，并令李世杰移驻打箭炉，就近调度；第五，入藏的三千名兵丁口粮，来不及从内地调拨，与达赖、班禅以及噶隆商量，应以稍高价从藏民手中购买；第六，从山西、陕西以及湖北，各拨银五十万两给四川，以应军需。

乾隆很快还发现，两位驻藏大臣办事失职。廓尔喀因为“妄增课税”入侵，乾隆指责他们对边境滥行增税置之不理，在廓尔喀入侵时又筹粮不力。其中庆麟因贪生怕死，在护送班禅赴前藏后不肯返回。乾隆恼怒，革去他的公爵，命曾担任过驻藏大臣的巴忠赴藏处理事务。

乾隆这边在调兵遣将，准备抗击廓尔喀；那边西藏地方当权者却暗中与入侵者谈判，希望以赔款求退兵。九月二十二日，成德抵藏，详细了解情况后，一方面“与达赖喇嘛详加讲论”，派人追回谈判代表堪布喇嘛，另一方面上疏乾隆。乾隆知晓议和事情时，很不高兴，觉得“但贼既犯天朝边界，若不加之惩创，何以安众番而靖边圉？此朕不得已之苦心，屡经降旨训谕，鄂辉等岂尚不能仰体耶！”于是让巴忠抵藏后，秘密调查和谈内容；命令鄂辉、成德应乘敌人未完全撤退，痛加歼戮。对方如要求和谈，即回复“我等奉命领兵，唯知剿洗”。

尽管乾隆坚决反对和谈，然而西藏僧俗权贵，包括噶隆班第达等，被廓尔喀兵威所震慑，谈判仍在继续。廓尔喀入侵西藏的目的，只在谋取金银财富。所以他们在掠夺聂拉木、济咙、宗喀、胁噶尔之后，就于胁噶尔撤军到墨尔模驻扎，同时与西藏地方权贵讨价还价。十月上旬，成德率部到胁噶尔，兵分两路于十一月六日推进到第哩朗古。从第哩朗古至聂拉木、宗喀、济咙等处，大多都是乱石山路，又因大雪封山，行军受阻，乾隆为此焦虑不安。

进攻之举不顺，求和情绪滋长。十二月十九日巴忠赶到胁噶尔，准备议和，鄂辉、成德等也附和。为了欺骗皇帝，他们编造了廓尔喀恭顺求和的谎言，以掩盖赔款求和的真相。他们刻意渲染两点：第一，说这场战争起因于聂拉木地方第巴桑干擅自增税，巴忠把战争起因归罪于西藏的地方官员，目的是博取乾隆对廓尔喀的同情与谅解；第二，称赞廓尔喀温顺，乾隆五十四年（1789）二月，巴忠奏鄂辉、成德收复宗喀。巴忠等人这一套谎言，完全迎合了乾隆孤傲的心态。乾隆一扫“甚切焦思”的情绪，狂妄地说：“巴勒布边夷小丑，无故断不敢滋生事端。今据鄂辉等奏，查明起衅情节，果不出朕之所料。”并宣布只要廓尔喀“设誓定界，即行撤兵”，但结果乾隆怎么也不会想到是西藏赔款，廓尔喀撤兵。

清军收复宗喀后，西藏僧俗权贵就积极与廓尔喀谈判退兵条件，双方议定西藏每年以三百个银元宝，约合内地银九千六百两，换得廓尔喀从聂拉木、济咙地方退兵。四月，廓尔喀如约撤兵，鄂辉把赔款情节隐瞒下来，上奏：“巴勒布所占地方，业经全行收复，边界廓清。其大人为雪所阻，俟天气晴暖，前来叩见。”六月，鄂辉又奏，巴勒布头人环跪营门，悔罪乞恩，称：“我等远在边外，本与唐古忒和好，常来西藏交易。近因西藏人将我等货物任意加税，并于食盐内掺入沙土，我等实不能堪，冒昧侵犯边地。今大兵远来，我等不敢抗拒，望风退回。今蒙将从前在藏滋事之噶布伦并加税之第巴等均革退治罪，又将办事驻藏大臣更换，莫不感仰大皇帝公正严明，额手称颂。”

乾隆迷惑于鄂辉等人的阿谀表章，沉醉于虚构的胜利。他降旨询问巴勒布王子及伊叔真实名字，准备颁敕封赠。在廓尔喀贡抵京后，乾隆多次赐宴，并封廓尔喀王子喇特纳巴都尔王爵，其叔巴都尔萨野公爵。

廓尔喀入侵，使乾隆感到有必要强化西藏地方吏治与边防，因此他多次让鄂辉、巴忠妥善处理，订立章程。乾隆五十四年（1789）二月十七、十八两天，他接连传谕鄂辉，要他参照乾隆十六年班第等订立的《酌定西藏善后章程》的成规，就达赖的权力，噶隆、戴绷、第巴的补放，藏兵的训练等问题，妥协定议。六月二十七日，军机大臣议覆鄂辉等条奏设站定界事宜十九条。

然而上述十九款规定还未实施，廓尔喀就开始了第二次入侵西藏。

抗击廓尔喀第二次入侵

西藏僧俗权贵以赔款求退兵，却无财力支付给廓尔喀每年三百个银元宝。

乾隆五十五年（1790）秋，廓尔喀派人索款，达赖遣员向对方要求，一次性给若干银元宝后，撤销原定协议，显然廓尔喀不会答应。乾隆五十六年（1791）六月，廓尔喀将谈判的丹津班珠尔扣留作索款人质。七月初，廓尔喀第二次入侵西藏，相继占据聂拉木、济咙，烧毁定日各寨落。惊慌失措的驻藏大臣保泰，奏请将班禅从扎什伦布寺移居前藏。

八月二十二日，乾隆接到保泰奏折，将廓尔喀兴兵索赔，视作一般的债务纠纷，要求保泰要静守。巴忠知道底细，恳请赴藏效力，目的是继续掩盖真相。但乾隆决定派四川总督鄂辉带五十名绿营兵赴藏处理。胆怯的巴忠当夜投河自毙，得知消息的乾隆虽然震惊，但只是认为巴忠以御前侍卫自恃，在西藏办了什么见不得人的事。乾隆认为“极边小夷，彼此劫掠，乃其常情”，出兵征剿后肯定会投降，如果允许他们回去后，且藏族人和他们又总是因为蝇头小利而激战，反复纠缠不成体统，并请大学士阿桂、两广总督福康安陈述见解。二十日，乾隆同意将达赖、班禅移居青海泰宁，但指责保泰、雅满泰二位驻藏大臣“竟是无用之物，瞀乱已甚”。

廓尔喀第二次入侵，比第一次来势更凶猛。八月二十日，他们已进兵后藏，继而洗劫扎什伦布寺，不仅摘去该寺塔上镶嵌的绿松石、珊瑚等，还搬走大半金银佛像，以及中央政府给班禅的金册印等。廓尔喀兵包围扎什伦布之前，班禅已被移居前藏，主管后藏事务的仲巴呼图克图也已逃奔，留在庙中的孜仲喇嘛竟在吉祥天母神前占卜说天母神谕，“不可与贼接仗”，以致众心惑乱，该寺沦入敌手。

九月二十二日，乾隆得知扎什伦布被侵占，才意识到局势严重，决定“痛加惩创”。他下旨令成都将军成德急驰西藏，调福建水师提督奎林接任驻藏大臣。二十五日，乾隆做出“明岁春融，厚集兵力，分路进讨”的部署，让福康安进京担此重任。

十月六日，得知扎什伦布寺被抢的乾隆，大怒之下将保泰押至达赖、班禅面前，责打四十板后，用重枷永远枷号藏地，以示警诫。十一月十九日，乾隆从达赖的弟弟罗卜藏根敦扎克巴的口中，得知赔银议和的真相，指示福康安不承认荒谬的议和银钱，另外，鄂辉、成德“不过随同附和”，以此安定二人之心，全力辅助办理剿务。

为抗击廓尔喀侵略者，从乾隆五十六年（1791）冬季开始，乾隆做了多方面部署。分别革去鄂辉、成德总督、将军之职，以副都统衔戴罪立功；命福康安为大将军，统率全师；委派二等超勇公海兰察以及驻藏大臣奎林为参赞等随同出征；命吏部尚书、协办大学士孙士毅任四川总督，负责调兵筹粮，命工部尚书和琳协助孙士毅核办军需；此外还下令调土司兵会合原进藏官兵，共有一万五千至一万六千名；追加军费，并取用布达拉宫现存火药二千四百余斤，铅子二万八千斤，大炮三十余门。

乾隆五十七年（1798）一月，福康安抵藏。二月十七日，他统兵驰赴边境。此前上年十月二十八日，成德已收复聂拉木，因此攻下济咙成了福康安的首要任务。由于廓尔喀派兵增援，福康安打算分兵两路：一路潜兵越险，绕敌之后断其退路；另一路直取阳布。四月十八日，乾隆看了福康安上奏的藏地图样，立即否定了分兵两路的作战方案，指示应该正面、全力进攻济咙，之后令他将此处乱贼消灭殆尽，防止后患。

根据乾隆集中兵力先打济咙的指示，五月上旬官兵冒雨围攻，在连续夺取擦木要隘，玛噶尔辖尔甲山梁之后，收复了济咙。乾隆闻讯，“以手加额，叩谢天恩”。

收复济咙之后，这场反侵略战争被推向廓尔喀境内。在热索桥凭险而立，为廓尔喀的门户。六月初，清军在上流潜伏偷渡，突袭夺取热索桥石卡；九日，推进至雍鸦这个地方。同时，成德所部也占住德亲鼎山，继而攻下三关卡。六月下旬，清军再攻下协布鲁一带木城，以及东觉山梁、雅尔赛拉、博尔东拉等地。七月四日，福康安率众裹粮行进七百余里，六战皆胜，杀敌四千多，清兵行至距阳布仅数十里地的热索桥。

至此，廓尔喀陷入了危急，披楞假意支援，趁机侵袭边境。廓尔喀两面受敌，喇特纳巴都尔曾遣使请求孟加拉英国东印度公司以武力支援，遭到拒绝，只好转而向清朝求和。早在五月底，巴都尔萨野已将聂拉木谈判时被俘四人遣返，并递禀福康安，言明受沙玛尔巴唆使才发兵侵扰后藏。如今沙玛尔巴已死，请求允许认罪投降。福康安一面将廓尔喀求降之事上奏皇帝，另一面向廓尔喀提出请降条件：廓尔喀国王应来军营叩头认罪，沙玛尔巴虽死，应呈验其焚余之躯，并将其眷属徒弟交出，所抢去扎什伦布所有财物，应全部交还，以前所立赔款合同应交出查销。七月八日，廓尔喀遣人回话，答应福康安所提出的全部条件，二十七日又遣人交出所抢扎什伦布寺银等物件，以及沙玛尔巴眷属及手下喇嘛。

福康安前方受降活动，得到乾隆全力支持。传谕福康安，准许廓尔喀请降，“赦其前罪，准令纳表进贡，悔罪投诚”，但做出五条规定，第一，准许廓尔喀每三年或五年遣头人赴京具表进贡。第二，来藏贸易巴勒布人，愿留藏地者，即编入户册，作为藏民，不愿者派兵遣回。第三，在西藏设炉铸“宝藏”字样钱，所有巴勒布钱，不许再行使用。第四，自定立疆界后，廓尔喀人不许偷越藏界，藏人也不得私赴廓尔喀礼拜佛塔和贸易。第五，两名驻藏大臣，向俱驻前藏，嗣后应有一员分驻后藏。

清朝虽是战胜国，但不向廓尔喀提出领土要求。这表明乾隆没有扩张野心。

十月三日，乾隆作《御制十全记》曰：“昨准廓尔喀归降，命凯旋班师诗，有十全大武功之句，盖引而未发，兹特叙而记之。”所谓“十全武功”指的是，“平准噶尔为二，定回部为一，扫金川为二，靖台湾为一，降缅甸、安南各为一，今两次受廓尔喀降，合为二”。因此，乾隆晚年自称“十全老人”。

强化西藏管理的善后措施

廓尔喀的两次入侵、西藏地方僧俗权贵暗地赔银，乾隆从中意识到，要保持西藏地方的稳定，就必须进一步加强中央对西藏地区的管理，包括政治、军事、经济及对外交往等方面。

在乾隆看来，西藏地方统治不力的关键是噶隆权力太大。廓尔喀第一次入侵，起因于噶隆索诺木旺扎勒贪赃枉法，第二次起因于噶隆丹津班珠尔擅自赔银议和。另外，朝臣视驻藏为苦差，缺乏责任感，迁就噶隆期待无事任满。

乾隆五十六年（1791）十二月二十六日，乾隆传谕军机大臣说，第一，西藏事务须由达赖与驻藏大臣协商处理，提高驻藏大臣的地位与权力，加强中央对西藏的管理。

第二，乾隆决定应当把噶隆、戴绷、第巴等西藏地方官员的任命权收归中央，由皇帝补放；这样确立了清中央政府对西藏用人行政的统治权，让西藏同其他省份一样，完全隶属清政府。

第三，创设"金奔巴"制度，改革"呼毕勒罕"即"转世灵童"的挑选办法。藏传佛教格鲁派认为，达赖、班禅及其他呼图克图都是佛的化身，死后灵魂可转生。因此每当达赖、班禅、呼图克图去世，都要寻找"转世灵童"来继位，而寻找"灵童"就需要拉穆吹忠，即巫师。拉穆吹忠能言明地方、人家寻觅，所以西藏大农奴主贵族往往收买拉穆吹忠，让自己的子弟被指定为呼毕勒罕，结果可想而知，甚至有时都出自一族，权力集中且如同世袭。

乾隆得知此事，准备揭穿骗局。首先公布一件拉穆吹忠受贿妄指呼毕勒罕的事件，如乾隆五十七年（1792），拉穆吹忠受贿指认车登多尔济之子是真呼毕勒罕；其次，据说拉穆吹忠是神灵所降，舞刀自扎而无事，所以人们都信了。乾隆让福康安亲自试验，如果真是如此，暂时就听他的；如果不灵，就公布拉穆吹忠的荒唐，让人们知晓他是胡乱说的。结果，等到和琳等当面演试时，一个个都吓得战栗不已，还不如内地巫师呢。通过这两件事，拉穆吹忠假托神灵附体，徇私舞弊的真相被戳穿，乾隆趁此宣布，找拉穆吹忠问吉凶还行，但是不让他指认寻呼毕勒罕了，创设"金奔巴"代替拉穆吹忠挑选转世灵童。乾隆五十七年九月五日，他指派御前侍卫惠伦等，专程护送"金奔巴"入藏。

乾隆下诏说，等到选呼毕勒罕时，选出数名幼童，将其生年月日、姓名，各写一签放入瓶中，交达赖喇嘛念经，会同驻藏大臣，当众取签揭晓；如果只有一个灵童，那也要放进另一个无姓名的签牌，抽到无姓名签牌，就不能认为已找到转世灵童，应另行寻找。同时，乾隆还把“金奔巴”制度推广到蒙古地区，在京都雍和宫内也设一“金奔巴”。

“金奔巴”制度的建立，把西藏地区宗教领袖的挑选置于清中央政府的控制与监督之下，扭转了以往贵族通过内定呼毕勒罕控制教权的局面，对于防止地方权力膨胀以及闹分裂有着深远意义。

第四，整顿西藏地方武装。西藏地处偏远，交通不便，以地方武装为主。西藏原有唐古忒兵五百名，人数少且有名无实，在廓尔喀两次入侵中显示其弱小的战斗力。乾隆五十七年（1792）十一月，福康安遵照圣旨制定了可实行的番兵章程：全藏设藏兵三千名，其中前后藏各一千名，定日、江孜各五百名；带兵军官戴绷从原有五名，增至六名，下设如绷、甲绷、定绷各级武官；每名士兵年给青稞二点五石，每名戴绷给庄田一份，每名如绷年给银三十六两，甲绷二十四两，定绷十四点八两。兵丁技艺应令各将备督同番目训练，驻藏大臣每次巡查时，应校阅优劣，分别赏罚。军队所需经费，除每年由西藏地方财政拨款二千六百余两外，其余取足于罪犯沙玛尔巴、仲巴及丹津班珠尔等归公家产。其中查抄沙玛尔巴家产，估价变卖六十四万余两，另有各处庄田年收租银七千一百余两，赏给达赖喇嘛。

乾隆五十九年（1794）二月，乾隆说：“前后藏汉、番官兵，向来最为懦弱，今经和琳等严饬训练，亲加查阅，分别奖惩，使新设番兵皆成劲旅，实为卫藏所未有。”可见整顿后有明显效果。

第五，设炉鼓铸西藏货币。西藏地方行使廓尔喀铸币，藏民以银换取廓尔喀掺铜铸币，换算困难，而且导致西藏地区白银外流。乾隆五十六年（1791）八月二十二日，乾隆在批准接受廓尔喀投降时，所作五条规定中，就提出要停止使用廓尔喀钱，让国内货币统一，同时于第二年命福康安在西藏铸三种纯色银币使用。

根据乾隆决定与多次指示，乾隆五十七年（1792）十二月，福康安上奏《筹酌善后章程》六条，经乾隆批准执行。其主要内容有：驻藏大臣除上山观瞻外，其督办事务应与达赖喇嘛、班禅额尔德尼平等。自噶隆以下官员及管事喇嘛，事无大小，均应禀知办理。噶隆、戴绷、商卓特巴等大小官员应立等级补放，不得越次，也不得以达赖、班禅亲属挑补。二名驻藏大臣同在前藏，但应于春秋两季轮流赴后藏巡查边界，顺便操兵。

乾隆五十八年（1793）一月，福康安又奏《酌筹藏内善后章程》十六款，其主要内容有：接壤藏地各部差人来藏，令边界营官禀报驻藏大臣验放，有禀驻藏大臣者，由驻藏大臣给谕。有呈达赖者，俱禀驻藏大臣详验，商发谕帖。其寄信噶隆等，也令呈驻藏大臣与达赖商给回谕，不准噶隆私通信息，违者革退。

藏地边界如济咙、聂拉木、绒辖等处，与廓尔喀相通，向无界址，现各设鄂博，厘定疆域，不准私越。

西藏地方大小官员，向来由达赖挑选世家子弟即“东科尔”中通书算而家世殷实者担任，其余藏民无进身之路，且不告知驻藏大臣。嗣后应令驻藏大臣与达赖公选。非“东科尔”而技熟力勉的兵丁藏民，亦准由定绷洊升戴绷。其余办事官员，仍送“东科尔”按等补用，但不准袭父祖职，堪布喇嘛系一寺首领，向多营求补放。嗣后各大寺坐床堪布缺出，达赖会同驻藏大臣拣放。小寺堪布仍专会达赖拣选。

藏内各寨百姓供应乌拉夫马，达赖等向多滥给免差照票。噶隆、戴绷及大喇嘛等庄户也多求免差税牌票。嗣后概行撤销，唯实著劳绩者，令达赖告知驻藏大臣给票免差。

卫藏各寨户口，增减去留，无从稽核。嗣后令达赖将所管大小庙喇嘛造册，并令噶隆将卫藏所管地方及呼图克图所管寨落户口，一体造册，于驻藏大臣衙门及达赖处，各存一份备查。

喇嘛官员人等，向多私用乌拉。嗣后唯公事差遣，准禀明驻藏大臣及达赖，给以印票，标定号数，沿途照用。

卫藏旧制，犯罪赎罚。近年噶隆任意高下，倍罚肥私，甚至挟嫌捏耸达赖，抄没“番目”家产。嗣后应译写罚赎旧例一本，交驻藏大臣酌核拟办。

达赖赏给噶隆，戴绷等官田，向有事故缺出，不交后任者。请查明随任交代，不准私占。

各寨征收租赋，向多牵混。嗣后令商卓特巴按年立限，严催清交商上，并查实绝户荒田，随时豁赋。

上述章程，是福康安与八世达赖喇嘛强白嘉措、七世班禅丹白尼马反复磋商制定的。之后，清朝又将几个章程汇总整理为二十九款《钦定西藏章程》颁行，其藏文原本存于拉萨大昭寺和扎什伦布寺内。清政府颁布议定这些章程，强化了对西藏的管理，稳定了西藏地区的政治管理。

出兵助黎氏复国

安南位于广西、云南界外，历史上与中国关系特殊。自唐朝设安南都护府，安南之名由此而来。五代以后，中国割据，安南自立，奉表入贡始为番邦。明永乐四年（1406）设安南布政使司，宣德二年（1427）改封黎氏为安南国王。至万历年间，黎朝分据南北之地，争着向明朝入贡求封。

清军入关后，黎氏仍然主动向南明永历皇帝入贡，得封大越国王。顺治十六年（1659），清军攻下云南，安南国王黎维提派使者来求封未果；康熙五年（1666），嗣君黎维禧献出南明政权所颁敕印，康熙诏封他为安南国王。此时广南王阮氏没有被认可，但盘踞在高平的莫元清却得封都统使职衔。康熙六年，黎维禧派兵攻打高平，莫元清不敌，携家眷及属下三千人投奔云南。清政府出面调解，劝黎氏退出高平、泗州等地。康熙十三年（1654），黎氏乘清朝平定“三藩”的机会，重新占领高平，事后清政府虽曾过问，但因莫氏已亡而不再追究。

清政府热心扶黎保莫，是想互相牵制，清人师范曾直言：“莫盛而黎微，宜扶黎以分莫之势，厥后黎强而莫弱，又存莫不许其并吞，两存而俱利，即两敌而相防，蛮人之党既离，不得不各为我守边，以献媚效功……故制蛮之道使两家互牵制，不使势归于一家。”

莫氏灭亡后，清政府不再实行“一国两封”的政策，只承认安南有黎氏王朝，定例三年一贡，后又有雍正帝特赐“日南世祚”四字，赏云南开化府马泊汛外四十里之地。乾隆年间，西山布衣阮文岳、文惠兄弟占山为王称新阮，区别于广南王旧阮。乾隆三十八（1773）年，新阮出兵讨伐旧阮，次年，黎氏王朝趁机剿灭为患已久的旧阮，形成西山新阮与黎氏南北对峙的局面。

乾隆连年征战，无暇顾及安南形势的变化。直到乾隆四十年（1775），他从地方官员的奏折中才得知上述变故。乾隆四十九年（1784）二月，安南王黎维端依例遣使入贡，当时乾隆南巡暂住在江宁府，安南使臣一行奉命经广西、湖北到江西、安徽，前往江宁迎驾面圣。乾隆效仿雍正，赐予安南国王“南交屏翰”的匾额。然而，这时的黎氏朝纲不振，政权岌岌可危。

乾隆五十一年（1786）五月，阮文惠以讨伐黎朝权臣郑栋为名，挥军北进。国王黎维端年有七十，昏老多病，郑氏掌权，民心离散，兵无斗志。结果阮文惠仅用月余便轻取黎城，郑栋自杀。七月，以黎朝名义颁诏封阮文惠为元帅获正翊运威国公，并把玉䜣公主嫁给他。不久，老黎王在万寿殿驾崩，在阮氏主持下，皇太孙黎维祁继位，国号昭统。

阮文岳得知弟弟文惠占领黎城，急率亲兵兼程北上。阮文惠以退为进，洗劫都城后撤回富春。乾隆五十二年（1787）四月，阮文岳在归仁称帝，封文惠为北平王。文惠不满此安排，这年八月以“勤王”为名，带兵杀向黎城；十二月，黎维祁命王弟黎维袖护送母后、王妃、王子、宫嫔等眷属出城避难，他自己则随阮有整出走京北，辗转匿于民间。据说阮文惠占据黎城后，曾召黎氏文武大臣劝进，大臣们不从，不得已四处寻找黎维祁回京复位。但黎维祁怕有不测，拒绝出山。当时黎朝辖地大多归顺阮文惠，王室眷口二百余人只能间道往北进入清朝境内。乾隆五十三年（1788）五月，高平旧臣阮辉宿迎接王眷到龙州斗奥隘外的水口关交界河，追兵紧随其后。阮辉宿等见形势危急，一方面隔河呼救，另一方面带头背负老幼涉水过河。清朝龙州通判陈松、护都司陈洪顺闻报，连忙带兵赶往河边察看盘问，追兵看见清军，不敢追赶，便杀光还没来得及过河的人离去。清方官员清点幸存者，老幼仅有六十二名，其中包括母后阮玉素、王妃阮玉端、王子黎维诠等。

龙州地处边关，地方狭小，夏季炎热多瘴气，广西提督三德担心王眷水土不服，于是和左江镇总兵尚维昇商量，将他们暂时安排在南宁府城内。六月，广西巡抚孙永清根据太平知府陆有仁的禀报，将安南事变经过及王眷内投详情具折上奏。乾隆担心孙永清不懂军务，特命两广总督孙士毅从广东潮州赶往广西龙州办理有关事宜。孙士毅受命后，一到龙州便前往勘探镇南关、平而关和水口关等要隘，并调左江镇标兵三百名分头把守，严密查询来往人员，注视关外动静。但如何了结安南黎阮之争，孙士毅则不敢自作主张，只能等待乾隆指示。

安南黎朝是经过清朝册封的政权，现在落入外姓手中，但是贸然出兵，缅甸之战就是前车之鉴，而且对安南的情况知之甚少。因此乾隆五十三年六月，乾隆指示孙士毅：首先了解黎朝大臣有没有能力灭贼复国；其次，如果阮氏只占领黎城，清朝可以代黎朝先攻占其他地方，与阮氏分庭抗礼；最后，如果阮氏占领安南，清朝则以“兴灭继绝”春秋大义为重，集重兵征讨。可见，乾隆认为利用安南国内尚存的拥黎势力为上策，出兵实为不得已的下策。

孙士毅深得其意，献策说，黎阮之争属于“内讧”，只要黎氏仍有立足之地，就不用兴师动众，如果阮氏非要灭绝黎氏，我朝就应该出兵伐暴。现在应该多调兵遣将、多加训练，制造大军讨伐的舆论，从而稳定安南国内效忠黎朝的势力，甚至让叛贼反戈相向。乾隆对此没有异议，传谕遣黎朝旧臣回国寻找黎维祁，“趁此招集义兵，力图恢复”；同时让他们四处声言，天朝已调大兵于广西，将分四路征讨，将阮氏及党羽人等擒拿诛杀，明正其罪。

大学士阿桂阅孙士毅奏折，知他已有动武的意向，于是向乾隆上疏，极婉转地表达自己的忧虑。乾隆似有所悟，以黎朝嗣孙下落不明等为由重新安排：先以守关为名，整兵备马，朝夕操练，以壮声威，同时令孙士毅劝降阮氏及党羽。七月，执意返回的阮辉宿等获准后分别从云南、广东间道潜回。乾隆指示境内所过地方官府供给粮食、马匹，另每人赏银一百两，供境外接济。不久，孙士毅奏请朝廷简派威重大臣带领巴图鲁入广东助阵，乾隆以“目下又不至用兵”为由加以拒绝。

时至八月，乾隆得知阮文惠已撤回富春，仅留兵七八千名守黎城，而黎维祁藏匿山中不敢出来；清军如果一味虚张声势，很快就会被阮文惠识破，对于日后局势更为不利。所以他同意孙士毅“先期调兵预备”的请求，但若要用兵进讨，孙士毅以两广总督任重，不宜轻易离去，该省提督许世亨，总兵张朝龙、李化龙均经历行阵之人，足可胜任带兵。同时，他还集结厂民、土目帮助黎氏复国。九月，牧马土司擒献归附阮文惠的伪官阮远猷、朱延理等。乾隆一方面嘉奖该土司，鼓励他们联合各处土司“灭阮扶黎”，另一方面密令孙士毅加速进兵收复黎城，寻找黎维祁。

不少安南各方土民倒戈抗阮，但更多的选择观望。文渊等七州地方官及谅山镇目表示愿归附清朝，但迫于阮文惠压力，均请求清朝发兵救援。九月十五日，安南三臣黎侗等人带着黎维祁求救文书返回内地，据称安南已全境为阮文惠所占，黎维祁只好藏匿于村民家中，等待王师入境；安南各处也准备配合清军的行动，收复旧地。面对黎朝上下的一片请兵呼声，乾隆

广西镇南关（今友谊关）

在九月底令潘启德统领文渊等七州人马、林际清领厂民为先锋，许世亨带官兵三千名随后，择期动身。

其实，清军征安南部署，孙士毅早已悄悄进行。他在广西边境集结兵五千，加上原驻广西镇南关各隘的兵丁五千名，总计约一万余人。云贵总督富纲也檄命调拨了五千兵丁，由开化总兵孙起蛟带往马白屯住，加上从督抚提三标所密调的兵丁，滇省备兵也不下万名。

乾隆五十三年（1788）十月初，清军趁天晴出发，孙士毅奏请让暹罗出兵攻打广南一带。乾隆初觉可行，细想后认为，“如果暹罗出兵，将来安南事定后，自必将广南一路给予暹罗”，不如清朝单方面出兵，事后“即以占城旧地，还之占城，更为名正言顺。该国当式微之际，得复国土，感戴天朝，则兴灭继绝之义更为一举两得”，乾隆兴兵安南、兴灭继绝的封建道义可见一斑。但是，为了防止阮文惠等由海上逋逃，仍谕知暹罗国王备兵堵截。

十月下旬，孙士毅带广西现有官兵会同提督许世亨先期开拔，清军五千余人自镇南关向谅山挺进，并会合谅山镇目潘启德。从谅山至黎城是阮文惠的防区，沿途峻岭崇山，错杂难行，孙士毅与许世亨商量分兵两路：一路由谅山右侧江汉地方出发，潘启德派士兵引导；另一路由谅山左侧枚坡地方出发，林际清带厂民义勇为前锋，清军千余人随后。十一月六日，广东督标兵一千名续到，加入孙士毅一路。十二日，张朝龙等又带广东兵赶上前程清军。孙士毅拨二千名沿边防守，其余八千名直捣黎城。为确保沿途进军获取安南百姓的支持，孙士毅重申纪律：“不许兵丁擅入该国民居，妄取一草一木。”同时严禁在战斗中割敌人首级或耳报功，以致延误战机。乾隆也对此举大加称赞，认为平定安南指日可待。

阮文惠见清军来势甚猛，只得汇集各股力量，重点防守据险地方，其中就有寿昌江、市球江、富良江三道防线。十一月十三日，左江镇尚维昇、副将庆成、守备张云等带兵一千二百名编竹筏抢渡寿昌江成功，总兵张朝龙另以一千五百名僻小道包抄；十四日，游击张蹯带安南厂民在寿昌江下游出现，负责踞守寿昌江防线的阮文惠军不战自溃，清军轻易获捷，士气大振。阮文惠的亲信大司马吴文楚见寿昌江兵败，即命潘文璘统兵六千名固守市球江。十五日，清军逼进北岸，与阮文惠军对峙。十六日黄昏，清军一面隔江开炮，一面令义民在右侧搭盖浮桥，故意制造强行渡江的假象，吸引了对方的注意力。与此同时，总兵张朝龙悄悄带领二十名兵丁从左侧外二十里处乘筏抢渡，绕到敌营背后。阮氏守军被突如其来的打击搞得不知所措，大队清军乘机渡江，大获全胜。这一战杀敌一千余人，生俘四百二十余人，乾隆对此表扬孙士毅调度有方，赏给玉如意、御用汉玉扳指及大小荷包等，其余按功行赏。

十一月十九日黎明，清军快速集结富良江北岸谋渡。富良江形势险要，是阮文惠保住黎城的最后一道屏障，吴文楚重兵布防，希望阻止清军。双方用小船在江心连战五六回合，难分高下。提督许世亨乘昏黑率兵丁二千余名直冲彼岸，阮氏守军开炮抵御失守，清军分路剿杀，斩获无数。二十日清晨，黎城不攻自破，黎氏宗室及百姓出城跪迎，孙士毅、许世亨等入城安抚。乾隆闻讯大喜，加恩晋封孙士毅为一等谋勇公，着赏红宝石帽顶，许世亨封为一等子爵，“用昭懋赏”。其他镇将文武员弁，由孙士毅查明后，“分别咨部从优议叙”，各路兵丁也分别赏给一片钱粮。黎维祁昏庸胆小，直到清军攻下黎城的前夜，才来到孙士毅大营。孙士毅按乾隆旨意，令其袭封国王，并遣人护送内投王眷返回安南团聚。

从扶黎改为亲阮

孙士毅进军安南一切顺畅，仅月余长驱千里，渐渐有些轻敌，因此想乘胜进兵广南，彻底摧垮阮文惠势力。而乾隆却表现得格外稳健，早在孙士毅出关前夕就指出，让他收复黎城、敕封黎氏后，就撤军回内地，不宜久驻。十二月初，捷报抵京，乾隆一方面为这次“超越千古”的胜利而高兴，另一方面提醒孙士毅帮助黎维祁“振作自强”并派遣有能之人防守，不要“功届垂成之际，转滋疏纵，致殆后患”。

不久，广西巡抚孙永清和云贵总督富纲都说人员和劳费已不够用了。军粮筹运困难，乾隆更感到撤兵的必要。他说即使消灭阮文惠势力，但如果黎维祁不堪重用，三五年之后又会有像阮文惠一样的人出现，到时候还要天朝屡次出兵平定？但孙士毅拒绝撤军，竟说“不为进取之势，恐贼匪窥探官兵不复进讨，未免观望迁延”。

此时，黎维祁与孙士毅的处境正趋恶化。黎维祁复位后，残酷无仁，睚眦必报，波及宗室，致人心涣散。孙士毅驻军黎城待机南进，因内地粮运不继，只好催促黎朝筹措，甚至疏于管教，肆意行走抢掠，引起安南百姓的反感。

孙士毅轻敌失策给了阮文惠可乘之机。吴文楚退回广南清花后，极力描述清军声势壮大。阮文惠却不张皇，假意驰书投降、麻痹清军，暗地称帝于彬山，招兵买马准备反击。乾隆五十四年（1789）正月二日，当清军欢庆春节之际，黎维祁怀抱幼子跑到清军大营，声言阮文惠要来报复，请求孙士毅送他们出境投奔清朝。孙士毅知情况紧急，召集许世亨诸将商议对策，决定由总兵张朝龙率精兵三千名屯驻河洄、玉洄一带防御，许世亨领一千五百名为第二梯队，孙士毅则留兵一千二百名驻大本营策应。清军由攻转守，丧失主动权。

正月三日，张朝龙部与阮文惠军接仗，因众寡悬殊，清军溃围而出。许世亨部继续迎击，整个战斗极为激烈，双方伤亡惨重。总兵尚维异带领驻扎在富良江南岸的三千清军，从他路赴援许世亨。在大营的孙士毅听闻四方吃紧，无心恋战，带几百人拔垒渡河而走。为阻止阮文惠追兵过河，他还令随从士兵斩断浮桥，置南岸激战的清兵于不顾。许多突围清兵冲到江边，见浮桥已断，只得重新杀回黎城，致使伤亡惨重。事后，孙士毅谎称众将因自己为总督怕有熟虑，再三劝阻而退，以掩饰临阵脱逃的可耻行为。这一仗，清军阵亡或失踪士兵多达五千余人，提督许世亨，总兵张朝龙、李化龙，参将杨兴龙、王宣等也身亡。而黎维祁在战斗打响后，携母逃过富良江，正月七日进入关内，被送南宁安顿。

乾隆对孙士毅的辩解深信不疑，认为从军打仗不能总是一往顺利；考虑若不给予处分，恐廷臣和诸将不服，于是撤回前封公爵及所赏红宝石帽顶，由福康安接替两广总督之位。

阮文惠驱逐清军，残害清朝提拔官员，自知闯下大祸；而且新国初成，人心不齐；广南阮映福有东山再起之势，北部黎氏旧党潜谋复辟，兄长阮文岳也容不下他。因此，阮文惠在双方兵戈未息之际，就急于谋求改善与清朝关系，数月之内，几次遣使臣奉表入关，恳求谅解，乞请册封。

乾隆处理清与阮、黎关系，很是尴尬。经过再三考虑，决定从扶黎改为扶阮。乾隆认为如今劳民伤财，收复后“山高皇帝远”不好管理，而且贡赋入不敷出，所以他嘱托办理此事的福康安及仍留边关的孙士毅，若阮文惠“悔罪乞降”，宜“示以严厉”，等到再次恭顺恳求时，“朕自当相机而行”。

乾隆五十四年（1789）正月二十二日，阮文惠派遣使者到谅山乞降，怕清廷不准，就先让通事去镇南关试探。孙士毅认为，阮文惠没有将内地官兵先行送出，就贸然奉表称藩，于是命守关将领左江道汤雄业将表文掷还。乾隆觉得阮文惠要想乞降，须将所俘官兵先行送出，并将杀害提镇大员的人绑缚交出，然后福康安才能代为转奏。阮文惠见清方所列条件并不苛刻，立即查出杀害提镇大员的人予以正法，又分批送出所俘官兵。

二月九日，阮文惠派陪臣呈表，表文称阮氏无意与官兵抗拒，“乃官兵杀戮太多，势难束手就缚，迹似抗衡，臣不胜惶惧，现在已将对垒之人查出正法。伏唯大皇帝体天行化，栽培倾覆，一顺自然，恕蛮貊无知之过，谅款关吁奏之诚，树牧立屏，用祈篯命，俾臣得以保障一方，恪共候服，则事有统慑，民获义安，皆出大皇帝陛下帱覆之仁”。乾隆因其表文“情词恭顺”，传谕福康安“开以一线之路”，为其陈奏。三月十九日，阮文惠的侄儿阮光显代表安南出席受降仪式，双方就阮文惠输诚纳款之事初成定议，但册封一节，乾隆坚持阮文惠要亲自前来谢恩。

此时，乾隆见安南无事，于是降旨撤回广东、云南的军队。恰逢孙士毅受湿患疾，乾隆让他回京担任兵部尚书，福康安移师南宁或桂林休息。五月初，阮文惠再派阮光显入关，恳请进京觐见，并声称等到安南国事稍定，阮文惠定亲自到京瞻觐。乾隆对阮文惠不亲自乞降，就想“仰邀封号”有些不满，认为有背天朝体制，所有贡物，便未收纳，并要求阮文惠应于明年八月乾隆八旬万寿庆典之际来京，阮光显可于今年七月二十日左右到热河朝觐，届时可与蒙古诸王公台吉同邀筵宴之荣。六月，福康安又呈进阮文惠表文二道，乾隆见其内容“极为恭谨”，决定封阮文惠为安南国王，以“正名定分，明示宠荣”，“所有封爵敕印，俟阮光显入觐返国时，即令赍回”。嗣后凡有呈进表词及本国行文之处，均允其书写国王名号。

十一月，阮光显觐见乾隆后返回安南，途经广西，总督福康安受命自粤东起身，前往梧州照料出关事宜，正好碰上自安南宣封回来的成林。福康安了解具体情形后，具折转达阮文惠的两点请求：一是求天朝颁示正朔；二是恳请重开水口关，准令商贩出入。乾隆令用快递将乾隆五十五年（1790）时宪书发往镇南关，由该国镇目转交国王，嗣后每年按此例办理；如今安南国王已就藩封，自然恢复贸易。

乾隆五十五年三月，阮文惠自义安动身，赴热河觐见乾隆。随行有次子阮光垂及吴文楚、邓文真等一百五十余人。四月，他们途经谅山。福康安遣成林前往慰问。七月初，阮文惠到达直隶。七月十一日，乾隆在卷阿胜境接见阮文惠，两国重新恢复了友好关系。

乾隆与阮氏政权修好，同时对黎氏旧臣、宗族实行人道主义。部分不肯降阮的黎氏旧党，陆续入关请求庇护，乾隆批示：“将求进内地之人，就边地远近，酌量安插。”凡帮助过清军作战的有功人员，分别以千把总、守备等官录用，生员入内地儒学深造。为使不曾脱出的黎氏宗族旧臣免受阮文惠的戕害，又令福康安晓谕安南新政权能网开一面，使之入“内地存活”。另外，担心黎氏人数较多，生计拮据，特饬令地方官拨给房屋养赡，赏银二百两。

乾隆五十四年（1789）三月，乾隆令将黎氏旧人视同本朝平民。五月，又令黎维祁等人薙发，改用天朝服色，还指示福康安，当阮光显赴热河觐见途经桂林时，应顺便去看视黎维祁。黎维祁说："我已为天朝百姓，与他无可言语，相见有些勉强。"但是，黎氏政权的部分旧人，如黎侗、李秉道、郑宪、黎值四人拒不薙发，不甘俯首听命于乾隆安排，一心复国。福康安对此极为恼怒，建议将抗旨者发往新疆。乾隆念其忠心，又恐其中另有情节，命将四人送京师以备垂问。之后，乾隆又令黎维祁及其属下，全部迁入京师，拨归汉军旗下。

安南因政权更迭而纷争，本是安南内政，而乾隆以宗主国之尊，出兵干预，实属侵犯。开始支持黎氏，继而改为亲阮，为堵塞"为德不终"的非议，撰《御制安南记事文》，说"兴灭继绝"也要"奉天道"，"黎氏近代以来，鲜有能为自强之君，或天厌其德乎！"然而，乾隆确实是武装干预了邻国主权。

CHAPTER 第七章 7
乾隆皇帝与和珅的渊源

和珅，一个家喻户晓的名字，他是贪官的代名词，然而却备受乾隆重用，甚至赐名给和珅的儿子为丰绅殷德，并将最爱的十公主和孝许配给他。和珅与乾隆有着不解之缘，从初见和珅、重用和珅，到最终倚仗和珅，可以看出和珅有着非凡的政绩，然而最终逃不过贪官的悲剧命运。

和珅颇具传奇的一生

和珅为清代大贪官，职位最高的他最终以“贪鄙成性，怙势营私，僭妄专擅”而被诛杀。

和珅是八旗子弟中出类拔萃者。

和珅，字致斋，姓钮祜禄氏，生于乾隆十五年（1750），满洲正红旗人，出身于一个中等武官之家。其五世祖尼雅哈纳巴图鲁在清军入关的争战中，以军功获三等轻车都尉世职；父亲常保除袭世职外，曾任福建副都统。

和珅童年时期曾在家中与弟和琳一起接受私塾先生的启蒙教育，十岁左右被选入咸安宫官学读书。博闻强记的他，不仅满、汉文字水平有了很快提高，还学习了蒙古文和藏文，为日后通晓汉、满、蒙、藏四种语言打下了坚实基础。和珅的书法、诗词、绘画也有不同程度的提高，在众多的八旗子弟学生中，和珅是出类拔萃者。

和珅踏上仕途是在乾隆三十四年（1769），年仅二十岁承袭三等轻车都尉，二十三岁时被授为三等侍卫，负责皇帝出巡等仪仗事宜。不久，他被调到銮仪卫充当侍卫，有了接近皇帝的机会。乾隆四十年（1775），和珅被擢为乾清门御前侍卫，兼副都统。

和珅府邸——恭王府

和珅一年六次擢升，飞黄腾达。

乾隆四十一年（1776）正月，和珅二十七岁，任户部右侍郎，协助尚书管理全国疆土、田亩、户口、财谷之政令；三月，擢军机大臣，开始步入中枢政务；四月，兼内务府总管；八月，调任镶黄旗副都统；十一月，充国史馆副总裁，赏戴一品朝冠；十二月，管内务府三旗官兵事务，赐紫禁城骑马，全家旗籍从正红旗抬入正黄旗。可见，和珅提升的快速和被器重程度，这在清朝官吏中是罕见的。

和珅从乾隆四十年（1775）至嘉庆四年（1799）的二十四年中，担任军机大臣二十三年；以军机大臣兼步军统领二十二年；以军机大臣、步军统领兼户部尚书十五年。在宫廷事务方面，他掌管内务府、圆明园、茶膳房、造办处、上驷院、太医院及御药房等事务。在经济上他除了任户部尚书外，还将崇文门税务监督大权牢牢控制在手。

在军事上，他虽一窍不通，但常出任领军委以钦差，镇压农民起义。和珅长期担任京师步军统领等职，并控制着健锐营和火器营。文化上他曾担任《四库全书》正总裁及《钦定热河志》《钦定大清一统志》《清三通》《清字经馆》《石经》《日下旧闻考》等书的正总裁、总裁。他还担任经筵讲官、教习庶吉士、殿试读卷官、日讲起居注官、翰林院掌院学士等职。

在长达二十多年的时间里，和珅逐渐掌握了清廷的宫廷事务、行政、财政、军事、外交、文化、教育等大权，成为乾隆的左膀右臂。

那么，和珅何以受乾隆如此宠幸呢？

从入宫侍奉乾隆开始，和珅便给了皇上一个很好的印象。野史说，和珅长相酷似被乾隆赐死的一个妃子，且不论其真实与否，和珅长得五官端正，说起话来声音洪亮却是事实。和珅首次侍奉乾隆，其“奏答甚合上意，奏对皆称旨”；乾隆问及其功名出身、乡试试题时，他边走边背，对答如流，“矫捷寻常”，深得乾隆赞许，“其知遇实于此”。在以后的日子里，和珅善于揣测主子心事，办事干练，自此“恩礼日隆”。

在封建专制体制下，大臣的进退，唯皇帝的个人意志是举。“忠君”为封建帝王用人的第一标准，和珅的言行举止正符合这条标准。据《朝鲜李朝实录》记载，和珅对乾隆“言不称臣，必曰奴才，随旨随令，殆同皂隶”。即使是后来位居大学士后，和珅仍像当年做御前侍卫那样恭谨用命，“皇帝若有咳唾之时，和珅以溺器进之”，与那些正人君子的大臣相比，古稀之年的皇帝自然更喜欢和珅这样殷勤周到的臣子，自觉不自觉地将其视如知己。

晚年的乾隆，眼睛里只有自己文治武功的业绩，蒸蒸日上的盛世；耳朵里只喜欢听歌功颂德、粉饰太平的声音。和珅正是抓住了乾隆暮年“喜谀而恶直”的心理，投其所好，以博得皇帝的欢心。为此，和珅尽其所能，大事可以化小，“唯将吉祥之语入告”，甚至像镇压白莲教起义这样的大事，和珅明知是乾隆的一块心病，但从未将实情相告，而以“蒇功在即”蒙蔽皇帝。

此外，和珅确实有出众的才华和能力。和珅是处理少数民族事务的得力助手。通晓汉、满、蒙、藏四种语言的和珅，具有处理民族事务的独特优势。据《八旗通志》记载：“去岁用兵之际，所有指示机宜，每兼用清、汉文。此分颁给达赖喇嘛及传谕廓尔喀敕书，并兼用蒙古、西番字。臣工中通晓西番字者，殊难其人，唯和珅承旨书谕，俱能办理秩如。”

和珅从乾隆四十五年（1780）起兼任理藩院尚书，时时陪伴乾隆身边。乾隆每年到热河避暑山庄，常常接见各少数民族的王公贵族及其他上层集团人物，和珅每每在场。他多次帮助乾隆处理西藏、新疆以及西南地区少数民族事务。

乾隆四十五年六月，六世班禅觐见乾隆，和珅参与接待。乾隆命在热河建庙，以备六世班禅来时居住。和珅参与筹办，负责将“热河各庙及新建须弥福寿庙仪仗换新”。是年七月，六世班禅到达承德，乾隆在避暑山庄澹泊敬诚殿接见他。而后几日乾隆与班禅会晤讲经、赐印颁敕、筵宴赏赐等，和珅均陪同参与。

九月初，班禅到达京师，乾隆准备为班禅贺寿。孰料十月二十八日班禅病倒，十一月初二，六世班禅圆寂。乾隆前往凭吊，并亲自处理善后，和珅成了他的得力助手。

英人称和珅为“成熟的政治家”。

乾隆四十五年以后，和珅多次负责接待朝鲜、英国、安南（今越南）、暹罗（今泰国）、缅甸、琉球（今日本冲绳）和南掌（今老挝）等国的使臣，负责全权处理与朝鲜及英国的外交事务。

乾隆五十七年（1792），英国派遣有丰富外交经验的英国驻孟加拉国总督马戛尔尼勋爵担任使团正使来华，目的是完成英国国王和政府的使命，在中国“取得以往各国未能用计谋或武力获得的商务利益和外交权利”，“设法增加我们对中国的输出，以及经常运送其他为中国人所喜爱的大不列颠及我们印度领地的产品和制造品”。

马戛尔尼配备了精于军事和精通科学与技术的人员共七百余人及大批礼品而来。清朝官员开始并不了解其真正意图，还以为是恭祝乾隆皇帝万寿的“贡使”。乾隆谕令“至接待远人之道，贵于丰俭适中，不卑不亢”。

马戛尔尼使团于乾隆五十八年（1793）六月十八日到达北京。由于此时乾隆正在热河行宫避暑，特令使团赴热河谒见。双方首先在觐见皇帝的礼节上发生分歧。清朝坚持贡使觐见皇帝必须行“三跪九叩”的礼仪，英使坚持以谒见英王陛下的单腿下跪礼代之。双方都不肯让步，谈判几乎破裂。和珅与英国特使进行了艰苦的谈判和交涉，最后使英使同意按清廷礼仪行礼。事后英国特使评论和珅说，和珅在谈判中“保持了他尊严的身份……态度和蔼可亲，对问题的认识尖锐深刻，不愧是一位成熟的政治家”。

八月十三日，乾隆八十三岁生日的那天，在热河避暑山庄澹泊敬诚殿举行庆寿典礼，英使马戛尔尼由和珅等带领，“由避暑山庄宫门右便门进呈殿前阶下，向上跪捧恭递表文”（乔治三世女王国书），乾隆接受了表文，并向英国国王和使团正副使臣回赠了礼物。宴后，和珅陪同使臣游览了避暑山庄。

当英国国王向乾隆祝寿的表文译出后，和珅立即向乾隆报告英王有“遣使留住京师”之意。乾隆摆出种种理由，认为“其事断不可行”。其实在此之前，马戛尔尼曾与和珅进行“短暂的会晤”。但马戛尔尼发现和珅“虽然和蔼可亲，谦虚有礼”，却不肯答应他的要求，使马戛尔尼毫无办法。马戛尔尼千方百计想把谈话引入正题，但始终不能如愿。马戛尔尼后来回忆道：“我对中堂（和珅）的机智不能不深表钦佩。那天，我绞尽脑汁要求他讨论正题。他却总是竭力回避，每当有可能与我谈及正题时，他立即巧妙地躲闪过去，设法把我的注意力引向周围的景物，请我欣赏湖光山色，向我们讲解秀丽的山庄和亭台楼阁。”

八月二十六日，英使团回到北京后，马戛尔尼以英王的名义，通过和珅正式向大清皇帝表明了来华的真实目的：要求在舟山或宁波经商，在北京设立货栈，在舟山附近拥有一个小岛或空地保存商品，英商人长居广州，对英国商船和商品免税，允许英国人自由地在中国传教。

这时的和珅以“惯常的机敏”回避就英方提出的要求进行讨论，并向马戛尔尼解释皇上让他“立即启程”，是出于对他“健康的关心”。第二天，马戛尔尼再次会见和珅，和珅“惯常的客气踪影全无”，“他摆出一副毫不掩饰的持重和冷漠的神态”。马戛尔尼再次提出前述要求时，和珅以不给对方留下任何指望的口气，让他写成文书呈来。

八月三十日，乾隆连降敕谕，对马戛尔尼的要求逐条批驳，并发出廷寄上谕一道，认为英国人“递呈禀有越分妄请施恩之事”，马戛尔尼的行为是“无知”之举。这就是清政府在这次外交活动中的认识和收获。九月初三，马戛尔尼向和珅辞行。据英人自己记述，马戛尔尼使团此行受到了清政府“最礼貌的迎接，最殷勤的款待，最警惕的监视，最文明的驱逐”。英国政府的美梦破灭了。和珅杰出的外交才能在接待英使的过程中得到了淋漓尽致的发挥，既维护了国家的尊严，又不失一位大国权臣的风度。

和珅握有财权，借机敛财自肥。

和珅于乾隆四十五年（1780）任户部尚书，后又任内务府大臣和崇文门税务监督，实际操持着清政府的收支大权。在位期间通过税关、“议罪银”等渠道手段中饱私囊，敛财不计其数，可谓富可敌国，因此民间有“和珅跌倒，嘉庆吃饱”之说。

嘉庆四年（1799）正月初三，乾隆病逝，嘉庆亲政，次日和珅即被革职拿问。初七，和珅被拿交刑部严讯，京中家产被抄。十一日，嘉庆发布上谕，历数和珅二十条大罪，谕众知之。两天后，和珅着“加恩赐令自尽”，时年五十岁。

和珅家族与皇室的联姻

和孝公主，是乾隆的小女儿，长相颇似其父，深得乾隆喜爱，视若掌上明珠，从小养育在身边。在她十三岁时，破格被封为固伦公主。按清朝体制，皇后所生之女才能封为“固伦公主”，品级相当于亲王；妃、嫔所出或由皇后收养的宗室之女，只能封为“和硕公主”，相当于郡王。

乾隆四十五年（1780），乾隆赐六岁的和珅长子名丰绅殷德，并把自己最心爱的年仅六岁的小女儿和孝固伦公主许配给他，“待年行婚礼”。至此，和珅是又喜欢、又得意。他认为他的地位更巩固了，也是乾隆对他的最大信任。

乾隆五十三年（1788），十三岁的和孝公主，破格晋封为固伦公主，并同年三月二十日起留起头发，准备下嫁。据清代档案记载，乾隆在这一天赏赐给她一批绫罗绸缎、珠宝玉器。三月二十六日，又下谕赏给她金镶松石如意一柄、伽南香念珠一盘、汉玉扇器四件。同时还赏给丰绅殷德金镶松石如意一柄。

和孝公主

乾隆五十四年（1789），和孝公主与丰绅殷德将要举行指婚礼。闰五月初二日，乾隆又下谕旨说：“凡下嫁外藩固伦公主，例支俸银一千两。如系在京住者，即照下嫁八旗之例支给。从前和敬固伦公主，虽系在京居住，而俸银、缎匹仍照外藩之例支领，年久未使截减，是以降旨仍许照旧关支。今和孝固伦公主，系朕幼女，且在朕前承欢侍养，孝谨有加，将来下嫁后，所有应支俸禄，亦著一体赏给一千两，以昭平允，而示嘉奖。”这就是说，和孝公主的俸禄是最高一级的，与下嫁外藩的固伦公主相同，显然这是乾隆对她的偏爱。

与此同时，乾隆还下谕旨：“命固伦额附丰绅殷德在御前行走。”后又被授予散秩大臣。

同年十一月二十七日，刚刚十五岁的和孝固伦公主和丰绅殷德举行了婚礼。乾隆除了赏给她大量的土地、庄丁和奴仆外，还赏赐了一大批妆奁；另外也赏赐给丰绅殷德大量礼品。

此外，乾隆还赏给丰绅殷德额驸头等女子四名、二等女子四名、三等女子四名。每名女子各赏有皮、棉、夹衣、丝缎衣料、银项圈、铜耳坠等物。并赏给户口男、女人各十一人，户口管领二人，也各赏有衣物等。

乾隆觉得这些礼品还不太够，又格外赏给和孝公主和丰绅殷德额驸做衣服、被褥和帐幔等物用的绸、缎、纱等八百五十九匹，其中包括：大卷八丝缎一百七十六匹，妆缎二十二匹，小卷八丝缎二匹，锦十一匹，倭缎四匹，小卷闪缎十六匹，大卷纱六十九匹，等等。

此外，在和孝公主举行合卺礼后六月，按清朝礼节和孝公主与丰绅殷德额驸还要进宫举行回门礼，那天乾隆又赏赐给和孝公主和丰绅殷德一大批礼品。

据当时目睹和孝公主下嫁情景的朝鲜使臣记载：“皇女于归，特赐帑银三十万。大官手奉如意珠贝，拜辞于皇女轿前者，无虑屡千百，虽以首阁老阿桂之年老位尊，亦复不免云。”

朝鲜使者还把和孝公主与和嘉公主下嫁福隆安时的情景做了比较，他说：“乾隆对和孝公主宠爱之隆，妆奁之侈，十倍于前驸马福隆安时，自过婚日，辇送器玩于主第者，论其值，殆过数百万金。”这还不算，乾隆又借着和孝公主过生日之际，赏给她一批礼物，其中主要有：紫檀嵌玉如意一柄，汉玉开璧磬一件，上拴青玉鸠一件，紫檀架白玉仙山一件，紫檀座汉玉葵花洗一件，紫檀座碧玉双孔花插一件，茜牙座青玉海棠洗一件，紫檀商丝座青绿双官瓶一件，紫檀座青花白地敞口瓶一件，紫檀座玛瑙葵花碗一件，绿晶蕉叶花插一件，紫牙白檀座八成金五两重金锞九个，藏香九束自鸣钟，五十两重银元宝九个，等等。

由此可见，乾隆肯把自己最心爱的小女儿和孝公主下嫁给和珅的儿子丰绅殷德，并赏赐给他们极其丰富的妆奁，这是乾隆对和珅的极大宠幸，也是提高和珅身份地位的一个手段。另外，和珅从此与乾隆结成了儿女亲家，彼此关系更进了一步，这是其他官僚所望尘莫及的，和珅实际上成了第一权臣，是别人高不可攀的国戚勋贵。

和珅与皇帝有亲戚关系的其他例子，一个是和珅的女儿也嫁给了皇族的一位贝勒做福晋，另外一个就是和珅的侄女，即和琳之女嫁给了乾隆的孙子绵庆，这是和珅一手操办的。

绵庆为永琛的第六子，“乾隆五十五年袭质郡王，嘉庆九年薨。谥曰恪”。“绵庆幼聪颖，年十三，侍高宗避暑山庄校射，中三矢，赐黄马褂、三眼孔雀翎。通音律，体孱弱，嘉庆九年薨，年仅二十六。仁宗深惜之，赐银五千，谥曰属。”

此外，朝鲜使臣也记述了和珅与皇家联姻之事：“吏部尚书和珅，去年（指乾隆四十九年）升为军机大臣，子尚皇女，女配皇孙，权势日隆。皇帝遣内侍轮番共第，势焰嚣天，缙绅趋附。”

由此可见，和珅家族与皇室关系是非常深的，也体现了乾隆对他的宠爱之情。

乾隆宠信和珅的七大理由

大清王朝，清高宗乾隆是一代英明君主，大贪官和珅是一个奸佞小人。英明睿智的乾隆，为何任用和珅长达二十余年，和珅究竟是如何得到如此赏识的呢?

第一，和珅具有真才实学，他从官学毕业后考过一次科举，但落第之后就听从其岳父的意见去选了侍从，有一次乾隆用《论语》中一句话“虎兕出于柙”来下旨，当时在场大臣都不明白什么意思，和珅启示说是皇帝要追究看守人的责任，被乾隆赏识。

还有一次就是乾隆在看《孟子》。天色已暗，乾隆看不清书上的注，就命和珅掌灯，当时和珅就问皇上是哪一句，乾隆告诉他之后，和珅就把书上的注全部背了出来。可见和珅有才是乾隆重用的一个原因。

第二，据说和珅名字中的“珅”字，与乾隆三阿哥的名字颇为相似，而三阿哥永珅英年早逝，乾隆一直对他有一种愧疚之情，故而重用和珅。

第三，和珅擅长迎合圣上，在乾隆日益昏聩的老年，越来越听不进忠言，又好大喜功，自诩十全老人，认为自己能够及得上祖父康熙、父亲雍正，而和珅就以“报喜不报忧”来奉承乾隆。

而且，和珅知道乾隆深深地爱戴他的母亲皇太后。所以和珅就竭尽自己的浑身解数来讨好皇太后，特别是在皇太后归天的时候，和珅不是像其他大臣一样说几句无关痛痒的话，而是时刻陪在乾隆身边，痛哭流涕，接连数日，从而赢得了乾隆的好感。

第四，和珅被乾隆重用初期，办事能力出众，比如审判李侍尧，在乾隆心中留下了清正廉洁的印象。而且和珅在官学内苦读，掌握了汉、满、藏、蒙语，在处理番邦以及外交方面，关键时刻总能发挥作用，深得乾隆喜爱。

第五，和珅的敛财技巧炉火纯青。晚年的乾隆大肆花销，享受盛世的荣耀，但是私人钱财不够，而和珅能为老年乾隆的无限制挥霍提供财源，在乾隆晚年几次下江南中，和珅的捞钱本领给乾隆带来了意想不到的好处，因此很得乾隆赏识。

第六，乾隆与年贵妃的故事传言。雍正皇帝的太子弘曆，有一次见到年贵妃，就被皇娘的美貌打动，他想调戏年贵妃，就从后面去蒙年贵妃的眼睛。年贵妃以为是哪个宫女戏耍，拿起梳子往后一挥，右臂贴近弘曆前额。弘曆急忙抓住年贵妃的玉臂，年轻美貌的年贵妃回头一看，见是风流倜傥的太子，就势倒在太子怀中。这一情景正好被弘曆的母后和随行的宫女们看见。他母后想，这个消息要是传出去，会影响皇家的名声，说皇太子戏弄皇帝的妃子。这个女人一旦勾住了弘曆的魂，说不定还会闹出更大的事来，直接影响儿子弘曆继承皇位，因此为“杀一儆百，以绝后患”，就背着雍正皇帝，赐年贵妃三尺白绫自尽。

待弘曆赶来之时，年贵妃已经自缢气绝身亡了。他抱着年贵妃捶胸顿足，连声说：“是我害了你呀！是我害了你呀！”年贵妃的贴身宫女上前跪下说：“太子，贵妃自缢前托奴婢转告太子一句话，二十年后在人间与你相见。”弘曆听说此话，更加悲痛，他抚着年贵妃的脸说：“年妃，如果我们俩真的有缘，二十年后相见；如果此生不能相见，来生一定相见。相见时以此为记。”说完，咬破中指，在年贵妃的额头上点了一记朱砂。

二十年过去了。当乾隆皇帝第一次见到和珅的时候，就发现和珅长得酷似当年死去的年贵妃，且额头上也有一块红记。乾隆忘情地连喊了三声“年妃”，希望“二十年后相见”之人能在和珅身上找到一点儿线索。乾隆问和珅：“你家里有姐妹吗？”

和珅的回答令乾隆十分失望：“回禀皇上，奴才家中只有兄弟二人，和珅只有一个弟弟叫和琳。”

乾隆失望之余，随口问起和珅的年纪，和珅的回答令皇上大为震惊——和珅出生的那一年，正巧是年贵妃死去的那一年。更巧的是，和珅额头上也有一处和当年自己点在年贵妃额头上的位置、大小、颜色都一模一样的朱砂记。

于是乾隆认定和珅就是年贵妃转世，就把和珅留在了身边，朝夕相伴，解除思念年贵妃之苦，同时把应给予年贵妃的恩宠加倍地给予和珅。和珅虽不明此意，但他善于曲意迎奉，官也就越当越大。

第七，和珅之所以深得皇帝的宠信，最重要的一条是揣测上意，能够时刻替皇帝赴汤蹈火，把皇帝的事情当成自己的事情办，皇帝烦心的事情，和珅来办。久而久之，老年的乾隆自然就把和珅当成自己的拐杖和依靠，凡事都倚仗和珅来办，因而更加重用和珅。

CHAPTER 第八章 8

多种手段除贪务尽

乾隆是一个喜欢玩乐的君王，诗词书画、古玩玉器无一不通。老年的乾隆对于玩乐更加贪图，私欲变得更加强烈，贡品也就想方设法地索要，使得本就“除贪务尽”的朝纲，变得更加腐败。自信盛世的存在，恼怒诤言的奏折，也注定了最终发生社会大动荡。

和珅与议罪银

乾隆是一个爱玩、爱面子的皇帝，因此他的皇家虽然钱财无数，但是花钱的地方也实在不少，仅仅通过贡品是不能满足乾隆花销的。比如说礼尚往来：通过收受贡品的方式收藏民间珍宝，但是乾隆很“讲究”，除了回赐一些虚衔外，更多的是丰厚的赏银。此外，身处富贵的帝王家，乾隆的眼光高，凡事精益求精，加重了内务府为庞大的宫廷的开销。然而祖制规定，皇帝的个人开支不得加重百姓负担，所以这些费用的来源并非国库，必须由内务府自筹，而内务府的财源实在有限。

为了开辟财源，乾隆曾经动过很多脑筋。他曾派内务府官员到恰克图采买俄罗斯皮货，想贩卖到内地大赚一笔，但是内务府官员不善经商，获利无多。另外，皇帝还允许内务府对商人发放高利贷，出售部分特许商品的经营权，以牟取暴利。但是没有一个理财能手，即使拥有权钱交易的最大便利，内务府的收入还是增加得很慢。

晚年的乾隆有两个困扰：一个是想大权独揽，奈何身体日渐衰弱；另一个就是物质需求的欲望，但又不能增加百姓负担。因此，在乾隆急需大量财富支持庞大的开销时，当苦苦“致富”无果时，理财大臣和珅为乾隆策划了“议罪银”。

和珅，众所周知的大贪官，名副其实的“富己超国”。然而，对于晚年的乾隆，他是拐杖、秘书、理财大臣，而且最重要的是俯首帖耳、忠心。

乾隆四十年（1775）秋天，出巡旅途寂寞，就和蔼地和身边一位骑马随行的新任侍卫聊起天来，从姓名、年龄到进宫时间、职位等。新任侍卫，风度翩翩，谈吐得体，娓娓道出自己是钮祜禄氏，叫和珅，二十六岁刚被选为乾清门侍卫。恭敬从容的态度让乾隆起了兴趣，便问起他的功名出身。和珅说自己十八岁那年曾参加乡试，没能中举。乾隆问道："当年的卷子，还能记得几句吗？"和珅说能，于是边走边背，一会儿工夫，居然把八年前的卷子从头到尾全背了下来。乾隆对此大为惊异，很是欣赏年轻人的干练和活力。于是乾隆试着派他办了几件事，和珅将自己的机敏达练、善解人意表现得淋漓尽致，乾隆龙心大悦，对和珅赞赏有加。

一年之后，乾隆四十一年（1776）正月，二十七岁的和珅被任命为户部右侍郎，成为二品大员。三月，又成为军机大臣；四月，兼内务府总理大臣，赏戴一品朝冠。

从此之后，他一直稳稳地高居政治最高层，从男爵到公爵，从户部右侍郎到吏部尚书、文华殿大学士、太子太保，其拔擢之快，任事之繁，总揽之巨，在清代绝无仅有。和珅得罪身死前的三天，回顾平生，曾写有诗句："星辰环冷月，缧绁泣孤臣。对景伤前世，怀才误此身。"他确实当得起"才华横溢"四个字，乾隆被他的处事果断、理财有方所折服。

咸安宫学，以招生条件严格和教育质量出众而闻名，教书先生均是翰林学士和举人。能考进这里，也能说明和珅天姿出众。和珅精通满、汉、蒙、藏四种语言，经史典籍无不涉猎，文字功夫出众，并且武功骑射基础也相当不错。

"兼通清汉"是和珅的一项重要政治资本。乾隆朝最重要的政治文书，都是用满文写成的，这实际上就把许多汉大臣排斥在了最高决策圈之外。乾隆朝汉大臣张廷玉，也精通满文，身居权要。等到乾隆晚年，大臣中文兼满汉且既有眼光又有见解的，唯有和珅一人了。

和珅的情商比智商高，总能深知老皇帝的想法，说出让乾隆爱听又舒服的话；他办事干练，嘉庆也不得不承认他"精明敏捷"，乾隆多次褒奖他机敏果断。最重要的是，晚年的乾隆需要的是大量的财富，这让商业头脑发达、理财观念超前的和珅大肆发财，为皇帝谋财。

传统观念是把流动资产化为固定资产、"入土为安"，而和珅却深知现金流动起来后的巨大威力，因此在谋财方面，开设当铺以及众多行业的店铺、备有大马车从事运输、租赁房屋、契约借贷及采矿业等，只要可以赚钱就会有和珅的身影。

乾隆四十一年（1776），和珅出任内务府大臣。前文提到，这个负责皇室财政的机构经常是入不敷出，“本府进项不敷用时，檄取户部库银以为接济”。而在和珅上任不久，亲自督察一分一厘的去处，使得内务府焕然一新，以前的赤字被填补，渐渐又出现了盈余。乾隆四十三年（1778），皇帝加派他充任崇文门税务监督，在他的经营下，这个税关收入一下子跃居全国三十多个税关的前几位。这两件事的反响，让乾隆对和珅的理财本领刮目相看，所谓“晚年依毗益笃”。之后，所有与财政有关的部门渐渐都划归和珅一人把持，他先后任户部侍郎、户部尚书、管理户部三库、内务府大臣，“伊竟将户部事务一人把持，变更成例，不许部臣参议一字”。

和珅的理财本事不是吹的，乾隆都是看在眼里的。出人意料的财源，让晚年的乾隆更加倚仗和珅，“议罪银”的制度化，就是和珅为乾隆谋财的其中一项措施。

议罪银是由“罚俸”演化而来的，在古代，对于官员的轻微过错，就以扣除官员几个月至几年的俸禄为惩罚。随着乾隆中期施政愈苛执法趋严，觉得罚俸数额太少，不足以警诫其心，又法外加罚，所罚动辄上万，改称“议罪银”。乾隆加大惩罚力度，不过是想让官员以此为戒，并没有想把它制度化为一项财源。

和珅当政后，马上发现了议罪银的妙处。罚俸的决定权在吏部，款项由户部承追，银两要上缴国库，过程公开透明。而议罪银并非国家定制，因此可以绕开吏、户两部，由军机处负责，不纳入国家财政，而是归于皇帝的私人财产，并且过程及数额都可以不公开。因此，在和珅的建议下，乾隆批准将议罪银制度化，并且大大扩展了罚银的范围，从财政亏空之类的重大错误到在奏折中写错几个字，都可以进行罚银处理。

议罪银制度化以后，聪明的大臣很快反应过来：这是皇帝缺钱啊！于是，不少大臣主动要求交纳议罪银。比如，河南巡抚毕沅以“未能迅速搜获要犯”，内心不安，自请罚银两万两；陕甘总督勒尔谨以失察客商走私玉石自行议罪缴银四万两；还有河南巡抚何裕城有一次不小心，把香灰弄到了朱批奏折上，因此“惶惶不可终日”，积极要求自请罚银三万两。这种因小过而甘愿重罚的现象，冠冕堂皇的理由就是大臣们“严于律己”，实际上是暗地充实皇帝的私人金库、变相贿赂皇帝。

被动交纳议罪银的大臣多了，乾隆的开销有了一定的来源，自然内心高兴不已。然而有的官员也发现，自从议罪银制度化之后，他们的钱包随时有被和珅以各种借口打劫的危险，凡居官任上，难免不犯错误。犯了错误就有可能被罚银。至于罚多少，那往往要由和珅掂量这个官员家产的多寡而定，久而久之也成了乾隆联合和珅充实自己私人金库的一项。比如，巴延三因为辖内百姓谭老贵自缢身亡，被强令交纳议罪银八万两；而特成额同样因为辖内老百姓余方得自缢，交两万两就可以过关；李天培则因为管理监狱不善，导致“遣犯脱逃，重囚监毙”而交纳四万两，而明兴因“历城县监犯越狱”交纳三万两。

议罪银制度化，也就有了以银代罪，“法外开恩”之义。比如，前内务府总管西宁，因为替皇帝做生意时“办理不善，商人拖欠甚多”，乾隆大怒之下，要砍他的头。最后通过和珅从中巧言以“人头卖不了钱”之理，议定西宁交八万两罚款了事。这八万两刚好是西宁的所有家产，议定如此准确。西宁事后还要因为保住了脑袋而给和珅寄信表示感谢：“天高地厚，深恩于生生世世矣，伏乞中堂代奏，宁不胜悚激切之至。”

在和珅的运作之下，议罪银制度为晚年皇帝谋取了大量的钱财。仅从现存的《密记档》统计，在短短十三年中，重大的议罪银案件即有六十八件，平均每年五件。其中，督抚认议罪银有三十七人次，即全国平均不到三个督抚中就有一个人认议罪罚银。此外，布政使、盐政、织造与关差等认议罪罚银的有二十六人次。罚

堆银子的房间

议罪银少则万两，通常在三万两上下，见于记载的最多一次高达三十八万四千两。

乾隆帝对议罪银制度的说法是“以督抚等禄入丰腴，而所获之咎，尚非法所难宥，是以酌量议罪，以示薄惩”。表面看起来对国家没有什么损失，既没有增加百姓的负担，又充裕了皇帝的手头，另外还能警诫那些不法官员，是件一举多得的事情。然而仔细想想，这本质上就是一件恶政。首先，以银代罪导致法律成了空头支票、形同虚设，朝政更加腐败；此外，官员被罚的钱财由何而来？在腐败的体制下，大多数官员通过收受贿赂、搜刮下属、百姓而敛财，如果被罚，倒霉的只能是底层的平民百姓。

古往今来，有“拿钱办事”之说。乾隆帝在享受花钱快乐的同时，对于那些踊跃交纳议罪银的官员不可能不高抬一点儿贵手，许多所谓“法所难宥”的大罪，只要交纳的银两足够多，就可以免罪。因此议罪银实际上没有起到惩戒作用，反而变相地使贪污侵占合法化，为犯罪提供了保护伞、“免死牌”，贪官们以此壮胆，变本加厉地贪污受贿、为非作歹。反正大不了找和珅通融通融，罚钱了事。正如尹壮图所说：“罚银虽严，不唯无以动其愧惧之心，且潜生其玩易之念。”

这一制度让官员们贪腐起来更有动力。在积累多年的家业被罚光后，官员们的第一选择往往是更加疯狂地搜刮，有时候，因为议罪银数量过多，无法交纳，官员们的第一选择也是通过“犯罪”来获取“议罪银”。比如：闽浙总督陈辉祖的弟弟要交三万两议罪银，向他求助。他于是非法侵吞了一千六百两银子，交给弟弟；乾隆四十七年（1782）山东巡抚国泰向属员们勒索了白银八万两，而一年前国泰的父亲文绶交纳的议罪银恰是八万两。

议罪银滋长了贪官的本性，贪污腐败成风。然而，乾隆晚年对此漠不关心。在和珅帮他解决了钱财问题后，乾隆才能有精力去应对天下的问题。贪腐政治一个不变的规律是，个人从贪腐中所得的，与给国家造成的损失相比，往往微不足道。同样，乾隆晚年从议罪银制度中得到的几百万两零花钱，给大清王朝造成的损失要以亿万计。

腐败集团化

专制社会体制下，是默许官员在一定程度下贪污的，因为“低薪制”的制度让部分官员依靠灰色收入来生活。所以，想根除贪污就如同让大海停止波动一样不可能。大部分时候，贪污之所以能被限制在一定范围之内，原因有二：一是儒学价值观、人格操守的约束；二是从上而下的政治高压，即统治者的反腐决心。在乾隆晚年的不断打击挫辱下，官员们渐渐放弃了人格操守，追求现实利益；另外，晚年乾隆精力不济、“多从宽厚”，甚至带头腐败。至此，约束的两个条件均失去了作用。

乾隆前期，经济迅速增长，人口也从一亿增长到近三亿。中国经济总量占世界第一位，对外贸易长期出超，其中可以搜刮、聚敛钱财的基数比以前扩大了数倍。仅仅十余年间，乾隆朝就完成了从前期政治纪律严明到后期贪腐无孔不入的转变。繁荣盛世的表象下，已是千疮百孔的大清王朝。

乾隆中后期，腐败呈现三大特点：

第一，涉案数额从小到大，腐败案件由少到多。乾隆前期，继雍正肃杀之后，贪污案件极少发生，即使个别也是数额较小，比如提督鄂善收贿银千两，就被处死。到了中后期，接连爆发腐败案，数额竟成数十倍增长，动辄数万、十万、数十万。乾隆三十四年（1769），一个小小的贵州知州刘标就侵吞公款二十四万两；第二次金川之役中，一个小小的松岗站站员侵占公款近九万两。

第二，腐败官员由底层向高官发展。我们知道，官职越往上越难爬，因为选拔制度难了，对官员的人格素养、政治思想等都要求严格了。乾隆初期，因腐败而被处理的高级官员，不过三五人而已；然而中后期，形式完全逆转，从州府到省级大员，甚至首席军机大臣，都落入腐败的深坑。据统计，乾隆中后期二十多年间，省部级高官被处理者达二十多人。乾隆帝自己也不得不承认："各省督抚中廉洁自爱者，不过十之二三。"

第三，官商勾结，腐败呈现集团化。康雍两朝，大力治贪，举朝视为仇敌；到乾隆时期，人们已经见怪不怪了。经济的迅速发展，权力市场化，花钱办事、心照不宣的潜规则逐步完善。如果不贪污，一个人的关系网和生存都可能无法保障，更不要说建功立业了。

为了自保，腐败者在政治上拉帮结派，经济上相互牵连，结成群体利益同盟，即"窝案""串案"。在这样的关系网下，可谓"牵一发而动全身"。乾隆四十六年（1781）到四十九年（1784），一连查出五起贪污大案，都是"办一案，牵一串；查一个，带一窝"。常常是一人犯案，会导致一省官僚体系瘫痪。

这三个特点，在"甘肃冒赈案"中得到充分体现。

乾隆四十六年（1781），甘肃人苏四十三率回族起义。事出突然，派兵进剿的兵饷一时难以筹集，当时甘肃布政使王廷赞为了表现自己，主动表示"臣甘愿将历年积存廉俸银四万两，缴贮甘肃藩库，以资兵饷"。聪明反被聪明误，乾隆看到奏折的第一反应是心中一愣，甘肃向来较穷，官员收入很低，一个布政使哪来这么多钱？

查！一边布置战争，皇帝一边派人密查王廷赞家产来源，于是就有了轰动全国的"甘肃冒赈案"。

调查有了结果。乾隆三十九年（1774），山西人王亶望任甘肃布政使，他上疏说，甘肃这些年连年大旱，不少百姓饿死，因此建议在当地开展捐粮运动，捐得多的富户可以取得"监生"资格。乾隆一向大力支持救灾，就同意了。等到开始捐粮时，王亶望却只收银子，不收粮食。数年之间，就筹集了上百万两白银，而且命各级政府编造假账报销后，与各级官员私分掉了。

王亶望宣扬"丰功伟绩"以及赞扬朝廷的话语，让不明所以的乾隆心花怒放，并于乾隆四十二年（1777）五月将其调往浙江升任巡抚。王廷赞接任布政使，效仿继续贪污。据事后统计，从乾隆三十九年（1774）至四十六年（1781）初，甘肃省共有二十七万多人捐了监生，收银一千五百多万两，全省官员合计侵贪赈银二百九十余万两。

可见这次贪污案件的严重性，也反映出大清政治体制的许多致命问题。

首先，监察机制等同虚设。清朝有规定，赈灾过程发放粮米，官员必须亲自到场，每日发放后，官员要亲手签字画押，作为凭证。全部发放完毕之日，还要在发放册首尾签上总名，通册加骑缝印记，以备上司检查。同时，张榜公布发放数目、具体领取人名字、数额，让百姓监督。很明显，王亶望以及全省官员自行捏报灾情，将报灾、勘灾、监放规定均视为一纸虚文。数年之间，无人检查核实，无人举报揭发。

赈灾捐粮不是小事，乾隆四十二年（1777）初，乾隆曾派人到甘肃开仓查粮，以防捐粮过程徇私，可是甘肃各州县官员串通作假，在粮仓的下面铺架木板，木板上面撒上谷物，造成“粮仓满囤”的假象，欺骗朝廷。

另外，贪腐由局部发展到全部，牵扯甘肃省官员二百余人，县令以上官员几乎一网打尽。这些官员面对这样明目张胆的罪行，居然无一拒绝，形成了一个有组织的贪腐集团，案前有预谋、有计划，案中有分工、有组织、有步骤，案后有攻守同盟。这样一个涉及全省的巨案，甘肃省甚至是全国都为人所知，但最终还是贪污者自我暴露。类比其他省市官风，乾隆皇帝也不禁叹息：“甘肃此案，上下勾通，侵帑剥民，盈千累万，为从来未有之奇贪异事。”

其次，地方与中央互通，腐败已经蔓延到政治中枢。

王亶望当初向朝廷建议开捐之时，乾隆本来有过犹豫。但是朝中管理户部的大学士、首席军机大臣于敏中在旁边不断怂恿，不断说王亶望的好话，才最终获得批准。乾隆四十二年皇帝派人查粮，被甘肃官员所骗，显然是朝中有人为之通风报信。

于敏中在乾隆四十四年（1779）故去，生前号称廉洁，死后家人却为分财产而闹得沸沸扬扬。乾隆知道后，以帮助分家为名，查出于氏财产居然达二百万两之多，相当于现代的两亿。皇帝一直没弄明白这庞大的资金是怎么来的，直到甘肃冒赈案发才恍然大悟。可见，贪腐的水深已达首席军机大臣。

嘉慶八年新例隨時續纂

大清律例全纂

集成彙註

大清律例

按大清律例，甘肃全省处级以上官员几乎全部杀头，但甘肃省政府也就无法运作了。因此，乾隆不得已定下两万两的死亡线。即使这样，前后被处死者仍达五十六名之多，其中有总督勒尔谨、两任布政使王亶望和王廷赞等五十六名贪官正法，免死发遣四十六人，革职、杖流、病故、畏罪自杀数十人，于敏中的牌位被撤出贤良祠。

盛世中发生如此巨案，朝廷颜面尽失，但又引发了另一场不堪的笑话。

乾隆七十大寿时，王亶望曾向皇帝进贡了一份厚礼，件件精美绝伦，乾隆尤为喜爱其中造型别致的一对玉瓶和一座玉山子玉料。等到回礼时，有进九回三之成例，乾隆考虑再三，才忍痛割爱，将这两样东西退还给王氏。退回之后，乾隆就后悔了，对这两样东西是朝思暮想。

这回王亶望被抄家，其财务收归国库，乾隆期待的“玉瓶”“玉山子”也理应到自己手了吧，甚至指不定还有什么更好的奇珍异宝。乾隆特意命闽浙总督陈辉祖细细查抄，抄家后上报，王氏原籍山西阳曲、临汾二县共查出房屋七十五所，铺面房三十三间，地一千零九十五亩，当铺一座，共估值银九万八千五百四十八两五钱。此外还有金器近四百两，珍珠五千余颗，玉器四十三件，铜器十七件，瓷器二十五件。浙江住所抄出银九万余两，金叶、金器、金锭、金条近五千两，金珠宝玉衣物等共五百六十五箱。

一个月之后，数十辆大车抵达京城。望着堆积如山的几百个箱子，乾隆按捺不住心中的期待和喜悦，亲自开箱验看。开箱结果令他大失所望，不但没有发现那对玉瓶和那座玉山子，就连其他珠宝也是“大率不堪入目”。

疑惑的乾隆帝命人把浙江省抄家官员记录的第一手档案呈上，准备细细查对，结果大惊失色。原来，抄家册上一百多件上等珍宝根本没有运进京里，而上面没有的东西，在皇帝面前却多出了八十九样。显然被人调包了，这简直是奇闻，从未听说过有人敢当面偷骗皇帝的宝物。

盛怒之下，乾隆命自己最信任的两名大臣阿桂和福康安，放下手头的河工重务，星夜兼程赶往浙江，会同闽浙总督陈辉祖查办此事，严令他们一定要查个水落石出。在乾隆看来，应该是经手的小吏甚至仆从们无知者无畏，一时利欲熏心调包侵吞。然而事情的结果让他大跌眼镜，罪证指向堂堂闽浙总督陈辉祖！陈辉祖抄家时对这些宝物垂涎不已，因平日多有贪赃枉法，胆子越来越大，甚至敢欺骗皇上，明目张胆地调包，而且没有修改抄家底册，败露在所难免。

陈辉祖是活不成了，不过皇帝与大臣为了争夺一个犯官的财产，一个期待，一个偷窃，也可谓中国政治史上的荒唐可笑之事了。

尹壮图的奏折

乾隆五十五年（1790），乾隆帝的八十大寿，庆典实际上连绵不断进行了三个月，全国各地进行了盛大热烈、花样百出的庆祝活动。就在各种庆祝活动都消歇了之后，年迈的乾隆帝被一纸奏折所激怒，这就是尹壮图上疏说的废止“议罪银”制度。

尹壮图说，这个制度弊端极大，因为它实际上助长了官员们违法乱纪之风，纵容他们贪污腐败，而且一些地方已经出现了财政亏空。议罪银制度让素来贪污之人更可以胆大妄为、盗用公款，日后被查出，只是以罚点银子了事；而清廉官员因为财政紧张，难保任内不出现亏空，因此不得已曲意结好属下，以求身后出现亏空时得到他们的帮助。尹壮图请求皇帝“永停此例”。

乾隆帝也知道议罪银制度确实存在弊端，但是和珅能够帮他支持庞大的开销。另外，乾隆帝真的老了，越来越喜欢报喜不报忧，自信心膨胀，认为自己的英明一如既往，能够把这个制度的弊端降到最低限度。因此“大为不悦”的乾隆，只是简单表个态说他有见地。

此外，乾隆说有理要有据，要尹壮图为自己的进言提供一两条事实证据。乾隆也知道官员们往往既图敢言之名，又不肯得罪人，所以其议论读起来慷慨激昂义愤填膺，细究起来却不言明具体人与事。

让无职无权的京官去抓地方官们的犯罪实据，这是不现实的。稍微能揣测皇帝批复之口风的官员，都明白乾隆这是有些不高兴，就会乖乖推说自己并无证据，建议也有些荒唐，经圣主教育已经恍然大悟，等等。虽然丢了面子，却可以安全保身。

而尹壮图却很固执，复奏说自己确实是看到了这个情况。三年前，他老父亲去世，他丁忧（家中亲人去世，自己的服丧期）回了老家云南，守孝期满，又从云南回京任职，往返数千里，穿越大半个中国。而旅途中，见证了大清王朝的腐败：百姓怨声载道，无不在诉说当地官员如何贪污腐败；贫民遍地，财政匮乏，远不如想象中那么富庶繁荣。因此，尹壮图上疏说如今天下百姓对大清痛心疾首，官员们贪污腐败的花样，几乎闻所未闻。不过作为一个丁忧官员，他没有时间、权力和职责去调查取证。如果皇上不信，奏请派一个信得过的满洲大臣，和他一起去各地密查，一定可以迅速取得证据。

事实上，尹壮图毅然上疏，完全是出自一片拳拳忠君爱国之心。在朝为官二十载，听闻官方的宣传，说大清王朝盛世发展、蒸蒸日上，就如诏书中所写：“虽非大当，可谓小康”“纪纲整肃，吏治肃清”“万民欢悦，四海升平”；在京城官场上，虽然也会有些灰色现象，比如和珅结交权贵、收受贿赂等，他和乾隆一样都认为是个别的、局部的现象，无关宏旨。

然而，他头脑中的盛世场面在丁忧往返一路见闻之后，就彻底粉碎了。原本以为朝廷恩泽普及、天下人人称颂，不料无论是乡绅故旧在酒桌上闲聊，还是与贩夫走卒们在路上交谈，几乎所有的人都在咒骂官场，叹息时事。甚至他还发现，地方财政大多处于亏损运行状态之中，仓库亏空的现象不胜枚举，上报给皇帝的仓库存粮存银的数量，十有八九是各级政府虚报而来。尹壮图不禁想到，一旦发生全国性的突发事件，后果不堪设想。

尹壮图积极上奏，但第一次他并没有谈及他的这些具体感受。一方面是因为这些大多是听闻，没有实际证据；另一方面他也意识到这些风闻交织出的图景，与政府平日描绘反差太大，公布出来这些黑暗事件会造成不良影响。乾隆说他勤恳、忠朴没有错，所以他觉得不能只罗列现象发怨气，决定究其原因才是重中之重。只是第一道“议罪银”的折子就令龙心不悦，后来受到乾隆刺激，情急之下尹壮图全盘托出自己的感受。这样也好，他希望自己揭开这个黑暗的盖子，能引起皇帝的震动和猛醒，并力挽狂澜。

尹壮图的复奏，让乾隆真的动了气，提笔颤抖着在一旁批道：“竟似居今之世，民不堪命矣！”乾隆认定他千辛万苦打拼来的盛世之际，居然有人进行如此颠倒黑白、匪夷所思的攻击。如果说当今天下一两个省有亏空，一两名官员存在腐败行为，这本在意料之中，毕竟金无足赤，再辉煌的盛世，也会有阴暗面。但尹壮图几乎将全国各省的总督、巡抚一网打尽，说所有的封疆大吏都“声名狼藉”，说所有地方都“吏治废弛”。这岂不是指责皇上的无能，让大清子民深陷黑暗之中；全国商民皆“蹙额兴叹”，这岂不是说人民对他的统治强烈不满，要推翻清政府？

乾隆本来以为尹壮图是一个不折不扣的老实人，虽然才干不算特别突出，但胜在勤恳。为什么会对大清政局进行如此荒唐而猛烈的攻击？情绪激动的皇帝当天就下达了长篇谕旨，公开了他和尹壮图的来往文字。乾隆认为“自御极以来，迄今已五十五年”，“自谓勤政爱民，可告无愧于天下，而天下万民亦断无泯良怨朕者”，“若如尹壮图所奏，则大小臣上等皆系虚词贡谀，面为欺罔，而朕五十余年以来，竟系被人蒙蔽，于外间一切情形，全无觉察，终于不知者”。

乾隆决定，如尹壮图所请，令户部侍郎庆成，带着尹壮图前往直隶、山西、山东、江苏等省，盘查仓库。皇帝要公开和尹氏打一个赌，那就是大清的官员队伍到底是好是坏，粮仓是满是空，查出结果，要他心服口服。大小官员都争相看着这个尹壮图注定必输的赌局如何继续下去，尹壮图最终结局如何。

那么大清帝国的政治形势到底如何呢？尤其是在乾隆五十五年（1790），为何尹壮图却上疏言明这样的现象？事实真的如八十岁的乾隆帝所想象的那样的“盛世”吗？

事实上，大抵在乾隆四十五年（1780）前，也是乾隆朝中前期，大清王朝确实处于盛世顶峰，因为乾隆年轻气盛、精力十足，国势稳定、政治清明，官僚体系效率极高，基本上像乾隆的判断那样。然而，乾隆五十五年（1790）时的大清政局，已经沧海桑田，不复当年模样。

朝鲜使臣于乾隆五十五年到中国进贡，之后回国向国王是这样描述的：“（清帝国）大抵为官长者，廉耻都丧，货利是趋，知县厚馈知府，知府善事权要，上下相蒙，曲加庇护。”等到乾隆六十年（1795），评价升级为：“货赂公行，庶官皆有定价。”

这只是描述腐败、上下欺瞒的表面现象，而在乾隆驾崩后，翰林院编修洪亮吉这样说：“十余年来，督抚藩臬之贪欺害政，比比皆是。”章学诚也批判：“自乾隆四十五年以来……上下相蒙，唯事婪赃渎货，始加蚕食，渐至鲸吞……贪墨大吏胸臆习为宽侈，视万金呈纳，不过同于壶箪馈问，属吏迎合，非倍往日之搜罗剔括，不能博其一次，官场如此，日甚一日。”

可到乾隆晚年，官员普遍腐败，清廉官员只有十之一二，而这部分却被评价为“不善自为谋”，因而沦为笑柄。因此，再结合尹壮图所见、所言，乾隆五十五年后确实是形成了腐败的官僚体系。

那么，问题就出在乾隆四十五年（1780）到五十五年（1790）之间，为什么短短十年，就让乾隆所创造的盛世走到如此腐败？那么，天翻地覆的变化应该归根在哪儿呢？

大规模动荡的前奏

乾隆五十五年（1790），二十五岁即位的乾隆帝已经八十岁了，“白头搔更短，浑欲不胜簪”，乾隆爷是真的老了。在历代帝王中，乾隆的身体是非常不错的，六十岁后“虽弓力渐减而不下三四力”。一生操劳，却从未得过大病，直到老年，都堪称健康。

贵为天子，也不能阻挡生老病死的自然规律。中年之后，乾隆的身体不可避免地出现种种老化的征兆。乾隆八十五岁时，曾自说在四十五岁以后左耳听力就有所下降；六十五岁以后，左眼视力也明显下降；在七十岁古稀之后，他身体衰退之象就更加明显。

身为皇帝，没有人敢耻笑他，但乾隆有自知。年过七十之后，“昨日之事，今日辄忘；早间所行，晚或不省”，而且也会出现多次索要早膳的情况。另外，清制礼帽有凉暖之分，上自皇帝下至臣民，同日更换。一次乾隆从热河回京，因天凉就戴了暖帽，群臣纷纷效仿；几天后天气又暖，又戴凉帽，大臣们也忙着换帽子。乾隆就纳闷大臣们为什么这么换来换去，仔细一想才恍然大悟，苦笑着说：“不怨大臣，是朕年老所致也。”

人老了，精力也就跟不上了。曾经军务紧急之时，从早上五点钟起床，一直到晚上十二点看刚刚送到的情报，不知疲倦；现在只有早上一两个小时头脑可称清楚，能够处理复杂的政事，之后就半睡半醒了。乾隆四十九年（1784）之后，又增了失眠之症，“年高少寐，每当丑寅之际，即垂衣待旦，是以为常”。

精力衰退，大脑也运转渐为缓慢、迟钝。年轻时，读书过目不忘、理事丝丝入扣，对于政事，往往能引经据典，做出迅速的判断和结论；晚年时大脑的各项机能下降，处理政事就显得力不从心了，不知从何下手，如同翻找于混乱

老年乾隆像

的仓库，偶尔也许才能找对，效率降低，甚至是出错。

帝王可谓终身制，即使是在晚年，政务和职责都没有减少，但此时的乾隆，精力、健康和智慧只剩年轻时十之一二。八十岁的公公挑担子，是心有余而力不足。

生理的衰老，乾隆的心理也悄然转变。壮岁之时，心雄万夫，积极进取；老年之余，力不从心，求稳怕乱，被动随和。

上文提到乾隆中年时左眼视力就差，晚年还老花，但他不愿戴老花镜，对大臣进献的也是“屏而弗用”。并且因此写了一首《戏语》：“半见还当半不见，半听亦可半不听，此虽俗语合至理，执两用中法舜经。”虽然是玩笑，但可见乾隆遵循“差不多”的“中庸”之道，反映他不再明察，而是难得糊涂的心态。

在批阅奏章时，乾隆也感觉不堪重负。曾经是斥责官员们奏事不细不明，如今要求语言简明，奏事琐细“徒滋烦扰”；喜好清静，希望地方官在地方上不要主动挑起矛盾，大处着眼，小处放过，以不扰民、不生事为要。此外，处理政务的时间大大缩短。乾隆四十九年（1784）九月，他以“优眷老臣”为名，准三品以上官员年过七十者日出后进朝；乾隆五十六年（1791）十月以后，下谕“俱著于卯正到齐，亦不为迟”。

晚年的乾隆，心态越来越趋向平和，乐于施恩原谅，乐于听感恩颂扬之声，早已不复当年疾恶如仇、峻烈无情。乾隆中前期，会因随意赏银牌而对将士呵斥；晚年，却“赏宜从厚，从不肯使勤劳者稍有屈抑”。嘉庆也曾表示：“近年皇考圣寿日高，诸事多以宽厚，凡军中奏报，小有胜仗，即优加赏赐；其或贻误军务，亦不过革翎中饬，一有微劳，旋经赏复。虽屡次饬催，奉有革职治罪严者，亦未惩办一人。”

老年皇帝也不再大力镇压民间宗教。乾隆四十八年（1783），江西巡抚郝硕奏报破获一起民间宗教案件，案中诸人，聚众吃斋念经，案情严重，建议皇帝严惩。本以为能得到皇帝嘉奖的郝硕，却被皇帝批评："该抚既经查出，应将经忏等件烧毁，无令仍前吃斋念佛，使其改悔，不必过事追求，致滋烦扰。各省地方遇有此等案件，如果实系邪教传斋徒众及有违碍字句者，自应严行查办，灭绝根株；若止系愚民吃斋求福，诵习经卷，与邪教一律办理，则又失之太过。所有案内人证即著概予省释，经卷等全行销毁。"自此之后，普通民间宗教案不再是重案，善男信女自由活动，"人人感念皇上天恩"。

死刑，乾隆一向从严把关，朱笔扫过，人头落地。但乾隆四十八年（1783）后，实行"仁政"，曾将六千多名死刑犯都免死发落；乾隆五十七（1792）年，又将乾隆五十五年（1790）来的八千多名死刑犯免死。

执法不再严厉，却加大了施恩的手笔。乾隆末期财政十分紧张，但仍然大肆减免税收。乾隆五十五年，普免天下钱粮二千七百余万两；乾隆五十九年（1794），普免八省钱粮；乾隆六十年（1795），免各省当年地耗正粮一千七百万两。可谓"皇恩浩荡"，举国称庆。

乾隆晚年，官僚腐败，更是有"议罪银"制度，使得一些贪官无法得到严惩，或拖着不惩，或以"不为已甚"为辞，加以宽纵。比如，乾隆五十二年（1787）五月，内外文武大臣中竟有多人连续被革职、革任十余次而后却仍然留任原职者。

朝鲜使臣描述晚年乾隆政风的变化时说："皇帝近年颇倦，为政多涉于柔巽，处事每患于优游；恩或多滥，罚必从轻；多滥故启幸进之门，罚轻故成冒犯之习。文武恬戏，法纲解弛，有识者颇以为忧。"

黑格尔对中国式专制政治是这样说的：在中国，皇帝应该是整个帝国"那个不断行动、永远警醒和自然活泼的'灵魂'"；"假如皇帝的个性竟不是上述的那一流——就是，彻底地道德的、辛勤的、既不失掉他的威仪而又充满了精力的——那么，一切都将废弛，政府全部解体，变成麻木不仁的状态。"

这段话准确描述了乾隆晚年的政局，国家面貌取决于统治者的心境。皇帝的勤奋进取，经过官僚系统的层层传导，最后抵达社会的可能只剩百分之十；然而皇帝的松懈懒惰，却会被官僚系统层层放大，抵达基层，会扩大十倍百倍。

地方官应当坐堂提审、处理民间纠纷，然而乾隆晚年的官员们“终年以坐堂审事为苦”，“民间呈状俱由宅门投递批准，不审，终年延搁。小民拖累不堪，赴控，上司批查，亦屡催不复”。官员都喜欢清静无事，也就恨百姓“越级上访”，就想方设法打击“上访者”却不审案。因推诿逾期，也是乾隆晚年官员普遍受处分的原因之一。

乾隆四十三年（1778），湖北江陵县发生了一件抢劫案。一个富有人家，遭到附近一群农村流氓抢劫，被抢人家事后当即报官。此案证据确凿，条理清晰，很好定案。可是当时的知县汤廷芳虽然派人抓到了两个嫌犯，却懒得审理，将嫌犯取保了事。之后相继接任的四任知县在十年内“均不严究”，有监察使司催促，也是置之不理。这样一个小小案件，换了五任地方官，居然还没有结案。乾隆听说后，十分恼火，说：“足见湖北吏治废弛已极。”

无独有偶，乾隆五十三年（1788）二月，直隶建昌县发生土匪马十等人抢劫一案，事发后整整两年，地方官称头绪复杂、一时审不明白。乾隆听闻后大怒，命将犯人押到山东行在，亲自审理，不到一个月就揪出了正犯。皇帝说：“可见外省废弛积习，大抵相同。”应该还有类似案件，或是更严重。

实际上，京师风气都这样互相推诿。“至六部等衙门办理事务，虽有限期，由各道御史汇奏，但事有关涉两部者，亦每至彼此推诿，行查不以为要，吏胥等得以藉端沈阁，百弊丛生。其驳查外省事件，又每以一驳了事，或竟有驳至屡次，往返耽延，经年屡月，并不勒限严催。”

乾隆晚年，宽仁为政；因此官员们纷纷效仿，结果在处理案件时，“于一切审拟案件，有意宽减”。更有甚者，连抢盗重案也“多所迁就，致凶顽不知惩创”。而夹在各方当事人之中的地方官，摇曳不定，他们“既畏民，又畏生监，兼畏胥役，既不肯速为审断，又不欲太分皂白”。

剥削与压榨是专政政治的经济原则，而操作秘诀就是控制与压迫。皇帝控制着官僚体系，官僚体系压迫着整个社会。乾隆晚年，随着官僚体系的废弛、人口压力越来越重，国家处于半瘫痪状态，社会矛盾和危机越积越深，其中最明显的表现就是游民的大量出现和形成组织。

自乾隆三十九年（1774）起，各省流民在生存压力下大量入川，四川各地出现了名为“啯噜”的游民组织，三五成群，忽聚忽散。乾隆描述这些游民团伙的形成说：“乃有一种强壮游惰之人，不务生业，三五成群，数十为党，呼朋引类，有师有徒，有首有从，各占地方，聚居古庙荒亭，沿村逐乡勒索钱米，遇有婚丧之家，劲讨酒食，不满其欲，辄肆咆哮，动以放火劫窃，出言恐吓。乡民畏之如虎。甚至恃众抢夺奸淫，谋故杀人，无恶不作，种种贻害，不可枚举。”

乾隆四十六年（1781）后，地方官员“一味因循畏葸，于地方全无振作”，游民活动进入高潮。据《剿捕档》记载：“川省啯匪近年每邑俱多至百十余人，常川骚扰，并有棚头名号，戴顶、坐轿、乘马，白昼抢夺淫凶，如入无人之境。通省官吏罔闻，兵民不问，甚至州县吏役，身充啯噜，如大竹县役之号称一只虎等语。”

乾隆晚年，湖北武昌还出现了盘踞山区、专门靠抢劫为生的家族，“屡经惩创，怙恶不悛”。山西的社会治安也相当不稳，“民情尚气好斗，嗜酒佩刀，因事相争，动辄挥刃，积习相沿，已非一日”。

南方沿海，也出现了猖獗的海盗。乾隆五十二年（1787），海盗在距厦门十余里的地方，“纵横无忌，行劫兵船”。乾隆六十年（1795），皇帝总结南方海盗形成原因时说：“闽省近年以来，吏治废弛已极……各海口地方，盗匪仍复肆行出没，甚至五虎门近在省会，而盗船即在彼停泊叠劫，毫无忌惮，以致商贩闻风裹足，皆由该省督抚等平日漫无整理所致。”

社会动荡的前奏已然敲响，只是等待大规模爆发的时机。

帝王私欲

对于“孔孟之乡”的山东，乾隆似乎有着特殊的兴趣，一生十一次光临，其中六次是南巡经过，五次是专门来访。乾隆四十一年（1776）初，是乾隆第四次东巡山东。

前几次东巡，只是河北、山东的地方大员全数到来。而这一次明显不同，附近的蒙古王公、几处盐政织造，甚至远在湖广、四川、广东的封疆大吏也聚集于此，一路上熙熙攘攘，十分热闹。

这样宏大的场面，既非乾隆召见，又不是山东举行什么重大活动，只是为了满足老皇帝愈演愈烈的一个喜好：收受贡品。因此这回进贡也成了各地大臣们的赛宝大会，珠光隐隐、宝气四射的车队随处可见，都是大臣“上穷碧落下黄泉”，为乾隆搜寻的“玩意儿”。史书上记载了这次短途乾隆收到的礼物：

二月十六日，在黄新庄暂住时，蒙古阿尔善亲王罗卜藏多尔济进了“金六十锭”，净重五百九十二两。亲王说，这是预备皇帝一路上赏赐他人之用。

六天后，在黄新庄，河南巡抚徐绩给皇帝进了：贡缎袍五十端、贡缎套五十端、宁绸袍五十端、宁绸褂五十端、杭绫一百端、汴绫一百端、貂皮一百张、乌云豹一千张、银鼠一千张。解释一下，“乌云豹”指生于沙漠地带的野生沙狐颌下的那一小块皮；银鼠即白貂，毛色银白而富于光泽，历来价值极其昂贵。可见，这些布料的惊天价值。

五天后，皇帝行至宝家营，等候在此的湖北巡抚陈辉祖，进献：“洋磁小刀三十六把、海龙帽檐五十副、象牙火镰包三十六个。”

总之，由北京到山东的路上，几乎每个驿站都有大量的贡品进献，内务府派出大量接收人员，源源不断地将这些贡品装车运回大内。贡品单不计其数，其中记载有：

三月初八，在德州，河东河道总督姚立德恭进“曹扇一百柄、鼻烟壶一百个”。

三月十五日，在泰安府，九江关监督全德恭进“三十喜鼻烟壶二十个、套蓝表式鼻烟壶二十个、玉堂春富贵鼻烟壶二十个、锦地洋花鼻烟壶二十个、洋彩竹黄扳指二十个、花斑石扳指二十个”。

三月十七日，在泰安府，广东总督李侍尧恭进“象牙朝珠五十盘、蜜蜡斋戒牌五十面、子儿皮钉花扳指套五十个、象牙扳指五十个”。

四月初九，在德州，广东巡抚熊学鹏恭进“黄羽纱马褂三十件、大红呢雨褂三十件、葡萄青呢雨褂三十件、程乡茧三十件”……

想必回京路上，满载而归的乾隆，在御辇之内一路把玩，心情一定非常愉快。

“进贡”是专制时代的一项定制。《尚书·禹贡》孔安国序云：“任土作贡。”也就是要求各地官员以及各藩属国以土特产贡献给天子，既满足了天子之需，又沟通了上下感情，致使皇帝和各地都乐此不疲。

从一定程度上说，清代皇帝的生活质量与贡品直接相关。

在清朝，公私财政分开，户部掌管国库，内务府掌管皇帝的私人财政。皇帝私人财产主要来源于三个方面：一是内务府管理的皇家庄园的收入，二是内务府通过经商、放贷等方式谋利，三是各地的进贡。大清帝国经济繁荣，并不代表和保证皇帝日常消费水平的水涨船高。一般说来，皇家庄园的规模有定制，内务府经营水平也有限，国家税收就算再高，皇帝个人的收入也基本不变。

进贡场面热闹非凡

如果皇帝物质欲望日益高涨，只能通过收受贡品，尤其是奢侈品。皇家最是奢侈，但也最忌讳奢侈，尤其是帝王，而且更不能让民众所知。另外，皇帝没有钱大量购买，派人到市场上与商人讨价还价购买奢侈品，也显然不妥。所以，皇帝的生活质量直接取决于官员们进贡与否、进贡多少、质量如何。

事实上，乾隆初政时，是以拒绝进贡而闻名的。

即位之初，乾隆曾下诏，说自己身在丧中，无心享乐，要求各地大臣在三年之内停止进献各种贡品。而在三年守孝期满，仍然不收贡品，这也体现出乾隆对物质享受的峻拒态度。乾隆想要励精图治，下谕说："君臣之间，唯在诚意相孚，不以虚文相尚。如为督抚者，果能以国计民生为务，公尔忘私，国尔忘家，则一德一心，朕必加以奖赏，若不知务此而徒以贡献方物为联上下之情，则早已见轻于朕矣。"

那么何以晚年的乾隆会一反初衷呢？一是晚年高枕无忧，二是身处富贵帝王家，虽然禁欲，但是对物质享受情有独钟，而且品位高档。

中年之后，乾隆已经身居皇帝位十余载，顺风顺水，建立盛世。盲目自信，让他自认为有能力兼顾事业和生活，没有必要再苦行僧般苦着自己。

乾隆十六年（1751），首次南巡，又恰逢太后六十大寿，皇帝下旨说，因两逢盛典，许多大臣一再要求进献贡物，以表微忱。如果他一概拒绝，似乎不近人情。进贡大门从此而开，也注定愈演愈烈。

专制体制下成长起来的大臣一个个都是揣度上心、投其所好的能手。事实上，他们用在琢磨皇帝好恶上的精力远多于用在工作上的心思，因此贡品就成了沟通皇帝的重要手段。时间不长，他们就摸清了乾隆喜爱钟表、字画和古玉，另外扳指、鼻烟壶、小刀等，也容易被皇帝收下。

乾隆二十二年（1757），粤海关提督李永标、广州将军李侍尧进献了一批贡品，尤其以"镶玻璃洋自鸣乐钟一座"和"镀金洋景表亭一座"最为特别。一般来说，送礼应该是礼物自定，皇帝不便发表意见。而此次贡品送上之后不久，乾隆罕见地表示："此次所进镀金洋景表亭一座，甚好，嗣后似此样好看者多觅几件。”从此，广州西洋八音匣等售价因而猛涨，有英使记载：“这些东西虽然没有什么实际用处，中国官吏们却醉心追求，示意他们的下属不惜任何代价收买。”

乾隆书法作品

众所周知，乾隆文化修养极佳。九岁开始练习书法，十九岁开始学画。因而对于珍品字画，一样钟爱，必欲得之而后快。另外，皇帝对古玉的兴趣也十分浓厚，他一生御制诗文共四万余首，其中涉及玉器的篇目即达八百余，并常常摆弄评定甲乙丙丁。目前故宫收藏的上万件古玉，多数是在乾隆时期由各直省督抚一级官员进贡的。事实上，乾隆皇帝也是中国历史上最大的收藏家。

中年时期，乾隆物质生活的品位之高，排场之大，要求之细致全面，均远过于前代帝王。不过此时他进取心尚炽，对物欲仍有节制，所以他的日常享受可称讲究，尚不能说奢侈。

人到晚年，优点往往前进一步，突破分寸，转化成缺点；而缺点则往往变本加厉，从抑制收敛状态变成肆无忌惮。历代进贡在资格和时间上都有严格的规定。清代成例，仅督抚们有进贡之权，进贡的时间也只限于三节：冬至、中秋，还有皇帝生日。

步入晚年的乾隆，无心进取，贪图享乐，这些规矩也逐渐被打破。地方上的布政使、按察使直至京中的内廷翰林也开始进贡；一些普通百姓也可以将家中珍藏通过大臣转贡给皇帝，进贡演变成皇帝搜刮民间珍宝最主要的途径。为了迎合皇帝，除了三大节，端午节、上元节、重阳节，大臣们也都可以踊跃进贡。此外，大臣们开动脑筋，集中智慧，创造出了无数进贡的新名目：皇帝出巡，经过地方，大臣迎驾进贡，称“迎銮贡”；皇帝每年去热河避暑，称“木兰贡”；进京觐见皇帝，称“陛见贡”；皇帝提拔加恩，称“谢恩贡”……有时，皇帝想要某种东西，又实在没有借口，就干脆称“传办贡”。

根据上述，乾隆四十一年（1776）这次东巡所收贡品，应该归为“迎銮贡”。但是不仅沿途官员，远在湖广、四川、广东的巡抚官员们也都千里迢迢来进献，从侧面也说明乾隆帝无节制地索求贡品。

随着老皇帝越来越失态，越来越多的封疆大吏把其他政务推到一边，集中精力为皇帝购买制造奢侈品。越到后期，官员们进贡的次数越多，物品越丰。史书记载，乾隆五十九年（1794）这一年，长芦盐政徵瑞进贡十五次，福建巡抚浦霖进贡九次，闽浙总督伍拉纳进贡十一次，这几乎是无月不贡，可谓奇观。

如此多的进贡理由，更不用说到了皇帝的生日时，简直就是贡品的万国博览会。乾隆四十五年（1780）七十大寿时，据朝鲜使臣记载所见闻：北京附近，各地进贡的大车据不完全统计多达三万辆。除大车外，那些珍贵怕碎的贡品以人担、驼负、轿驾，更是多不胜数，好不气派。

进贡之风的兴起，被认为是打开乾隆朝政治腐败大门的钥匙。

官场上，礼尚往来是人之常情，“自行制办，联上下之情”；但如果礼品价值过限，就是腐败。同样，按定制收受贡品，自是帝王维持正常生活的必需，而乾隆晚年无节制地索取，送给皇帝的“土特产”，几乎件件超出官员们的承受能力，直接导致官僚体系腐败不堪。

进贡之风的盛行，乾隆年间的官场上出现了“帮贡”一词，即有权进贡的大臣令下属帮助其“购买物件，孝敬皇上”，实际上却成了贪污腐败的新方式。因为送给皇帝的礼物，从采购置办到送进大内，往往过程不公开、账目不清楚，云里雾里，机关多多。事实上，送到皇帝手里的一万两，可能意味着督抚们从州县官员那里剥削了十万两，而州县们则完全有可能从民间剥削了百万两。

在查处的贪腐大案中，都牵出过背后的进贡问题。比如闽浙总督伍拉纳勾结串通属下官员，贪污库存银八万五千万余两进行私分。案发后抄家抄出白银四十多万两，伍拉纳自供其巨额财产中就有一部分是来自勒令下属“帮贡”所得。另外还有李侍尧、国泰、王亶望、勒尔谨、陈辉祖、郝硕等，而这类败露的大案充其量不过是冰山一角，整个官僚体系通过进贡这个借口直接获得的财富，不知其多。

进贡过程中有贪腐，而更为严重的是，皇帝对物欲不加节制的追求，给天下树立了“奢靡之风”和“送礼之风”的“榜样”。

乾隆晚年，社会风气日趋奢靡。官场之上，官员们整日攀比谁家的厨子好、谁请的戏子高明、谁收藏的古玩稀奇。据说当时在江南一带的仕宦社会中，人们有“三好”，即“穷烹饪、押优伶、谈骨（古）董”。这也可以说是整个乾隆时代官宦、士人阶层平日爱好的一个缩影。

乾隆晚年，歌舞升平、花天酒地的现象也是遍地弥漫，甚至是官衙之中。典型代表是河道总督衙门，每次兴办治河工程，大量置办玉器、钟表、绸缎、皮衣，甚至请娼妓优伶；在堵塞衡口工程时，“工次奢侈挥霍，开廛列肆，玩好生色，无所不有”。

另外，送礼之风由进贡而兴起。

乾隆早年，对进贡送礼之弊察之甚详，规定官场之上，不得以送“土特产”之类的名义给上级送礼。并下诏说：“持廉之道莫先于谨小慎微，督抚为一省表率，既收州县土宜，则两司、道府之馈遗又不可却，而州县既送督抚土宜，则两司、道府之馈送又不可少，层屡递及，督抚之所收有限，而属员之费不赀。”

然而到了晚年，乾隆对自己早年这个规定却视而不见，公然索取重礼，导致官场之上请客送礼之风盛行一时。章学诚说：“印官上任，书役馈送辄数万余，督抚过境，州县迎送必数千金。”

乾隆六十年（1795），福建巡抚浦霖贪污案发，乾隆命令查抄其家，最终查出“三镶玉如意大小共一百五十七柄”，因此惊叹“此与唐元载查籍家财胡椒至八百石何异”。乾隆是身在局中而不自知，胡椒至八百石，可能吃不了，百数十柄如意却是稍有头脸的臣子必须常备的，除了给皇帝的贡品以及皇太后圣寿、阿哥成亲、公主下嫁的需要以及进京面圣，四通八达的关系维持，哪一项应酬少了“如意”能如意？

乾隆晚年，官场上无钱不办事。王亶望任职甘肃时，全省流传的一句顺口溜：一千见面，二千便饭，三千射箭。意思是说，送一千两银子给王亶望不过能见上一面；送两千两银子，王大人赏脸的话，有望留吃一顿便饭；送三千两银子，王大人高兴，会和送礼的人一起拉拉弓、射射箭、练练骑射，以示关系更近一层。从见面到吃饭，再到共娱共乐，都是需要白银来将关系拉近。

乾隆四十六年（1781），甘肃布政使王亶望冒赈案发，就揭露出一个新的职业："坐省长随"，就是把"贴身长随"派去做驻省城的联络员。据后来接任甘肃布政使的王廷赞说，王亶望在任时，令各下属州县专派出自己的贴身"长随"守候在省城，建立"办事处"。这些人在省城，就专门负责交朋友，拉关系，探听信息。凡有属员馈送王亶望金银时，就装入酒坛内，用泥封好，由这些"坐省长随"送进。王亶望交代说："我遇有需索时就令人通知坐省长随，以便送信给各州县，所以各州县有馈送我的东西全由坐省长随经手。"王亶望在短短数年间聚敛了三百万家财，其中大部分是通过"坐省长随"来完成这些"交易"。

乾隆晚年，私欲至此，官僚体系的腐败蔓延，奢靡成风、民众苦不堪言，也预示着大清王朝即将走向灭亡。

CHAPTER

第九章 铁血手腕平定边疆 9

俗话说“天高皇帝远”，边疆是最不让人省心的。乾隆也知道这个道理，所以在每次平定边疆的时候，他都会考虑新的政策去治理边疆。铁血手腕是必不可少的，要征伐、要建功就要付出代价，更要让敌人闻风丧胆，而后通过怀柔政策安抚、加强对边疆的管理，才能更好地治理边疆。

讨伐达瓦齐

乾隆五年（1741），清朝与准噶尔部息兵和好的局面，维持十余年后，终因准部内乱而受到破坏。

乾隆十年（1745）九月，准部噶尔丹策零去世，留有三子一女。在选择继承人的惯例上，类似汉族传统，有嫡立嫡，无嫡立庶长。噶尔丹策零长子喇嘛达尔扎，因不是嫡出，所以年仅十二岁的次子策妄多尔济那木扎勒即汗位。然而，策妄多尔济那木扎勒贪玩成性，整日里屠狗取乐，忠奸不分，朝政荒废；他的姐姐乌兰巴雅尔略加规劝，反遭幽禁；曾支持他立位的大宰桑纳庆、活拖洛、博活尔岱也先后受迫害，许多失望的宰桑及部分王室成员，开始考虑寻求新可汗。准部的上层阶级，以乌兰巴雅尔的丈夫赛音伯勤克为首，经过周密策划，为稳定准部动荡，在乾隆十五年（1750）春除掉策妄多尔济那木扎勒，立其庶兄喇嘛达尔扎为汗。

对于喇嘛达尔扎即位，部分准噶尔贵族对他寄予厚望。但即位不久，他就原形毕露了，而且手段比他弟弟更加凶狠暴戾。这时，原准部渠师大策零敦多布之孙达瓦齐开始与辉特部台吉阿睦尔撒纳结成同盟，试图说服喇嘛达尔扎幼弟策妄达什出面谋位，由于事情泄露，策妄达什惨遭毒手。

讨伐达瓦齐

乾隆十六年（1751）九月，达瓦齐率众投清受阻，只好避居哈萨克；但哈萨克阿布赉汗迫于喇嘛达尔扎的压力，不敢久留他们，他们不得不悄悄回到过去的游牧地。生死存亡之际，达瓦齐"计无所出，日夜涕泣而已"。他的盟友阿睦尔撒纳积极鼓励他，"与其束手待擒，何若铤而走险，兵法所谓往阨其吭者也"。达瓦齐依言冒险行事，仅以一千五百多名士卒成功偷袭伊犁，使整个局势发生了戏剧性的变化。

阿睦尔撒纳的才能、胆识远优于达瓦齐，他却全力辅佐达瓦齐上位，视其敌人为己敌。查考阿睦尔撒纳的为人及当时的复杂社会背景，阿睦尔撒纳不能自立，当有难言之隐。

首先，在准噶尔社会也是讲究门第出身的，他身世较低微，身价不如达瓦齐。阿睦尔撒纳的祖父曾是显赫一时的和硕特拉藏汗，父亲丹衷由西藏入赘准部。当策妄阿拉布坦入侵西藏杀死丹衷父子时，阿睦尔撒纳还未出生；不久，他母亲作为封建政治的牺牲品又被嫁给辉特台吉纬征和硕特，所以他是作为辉特部人出生的，长大后游牧于雅尔一带。与他不幸又复杂的身世相比，达瓦齐幸运得多，他与喇嘛达尔扎是近族，同出台吉巴图尔辉世系，又恃祖父大策零之功，"为国人所向"。所以，魏源说阿睦尔撒纳"以己和硕特种，国人未附，乃推立达瓦齐为汗"。

其次，达瓦齐的支持者及手中实力明显超过阿睦尔撒纳。达瓦齐原游牧于额尔齐斯沙喇泰地方，地险人众。后来小策零敦多布之孙讷默库济尔噶尔率众归附，使其力量又增。因此，当攻下伊犁夺得汗位时，一般准噶尔人都认为达瓦齐立为台吉是理所当然的事。

最后，哈萨克及沙俄都是支持达瓦齐的，这让阿睦尔撒纳在心理上又多一层压力。达瓦齐逃至哈萨克时，曾得到阿布赉汗的帮助。沙俄野心勃勃，一向关注清朝西北战事，而且明令边境将军争取达瓦齐、招抚阿睦尔撒纳。

对于上述内外种种不利，阿睦尔撒纳只好暂时放弃夺权。

胜仗之后就是利益的分配，昔日攻打喇嘛达尔扎时，达瓦齐曾许诺事成之后，将伊犁以北地区让给阿睦尔撒纳来管理，他自己管理卜罗塔拉以南；乾隆十八年（1753）十月，阿睦尔撒纳派人要求兑现无果，双方发生争执，矛盾公开化。

达瓦齐忌恨阿睦尔撒纳，担心功高震主，无法控制；但同时又离不开阿睦尔撒纳，“每遇急难，必邀阿逆至，与之调停”。若即若离的情形，达瓦齐也只是私下里抱怨：“彼虽才能，终为我之臣仆，何敢以臣凌君，而忘其已为所立也。”

达瓦齐反复无常，阿睦尔撒纳不得不为自己准备后路。决裂之前，他派人向哈萨克阿布赉汗请求提供四千匹马和骆驼，一万只绵羊，结果出乎意料地顺利；因此他进一步邀请哈萨克出兵协助袭击达瓦齐的牙帐，也未遭拒绝。哈萨克方面的态度让阿睦尔撒纳决心一搏；此时，达瓦齐也预感到决斗的到来，对部众说：“不诛阿某，祸终未艾。”

乾隆十九年（1754）六月，达瓦齐领精兵三万直奔额尔齐斯，又命骁将玛木特带乌梁海兵八千东西两面夹攻。敌方来势汹涌，阿睦尔撒纳准备不足，只得率部向内地迁移，且战且退；七月抵喀尔喀蒙古境内，在获得清政府同意之后，于八月进入卡伦，其属下兵丁、妇女人众计二万五千余名。乾隆先后命官员前往酌情安排。

乾隆十五年（1750）九月，原达什达瓦旧部宰桑萨喇尔因不满喇嘛达尔扎的残暴，愤然率部千余户投奔清朝，乾隆立即召见并详细询问有关准部近来局势的演变。萨喇尔坦诚地分析喇嘛达尔扎残暴不仁，不久就会覆灭。所言果然应验，但乾隆这时对西北用兵不甚动心。乾隆十八年（1753）八月和十二月，乾隆先后诏谕军机大臣：“堂堂天朝，不肯乘衅发兵攻取”，并令边关将士做好两件事：一是接纳“穷蹙来降之人”；二是严密注视边卡动静，静观其变。

时隔数月，得知阿睦尔撒纳来降的乾隆，萌生勘定准部的意向。乾隆深知清朝西北地区的安定与否，关键在于能否遏制准部割据势力的膨胀，而且也想寻求机会，以完成祖上“积年未成之功”。乾隆十九年（1754）五月初四日，乾隆对廷臣宣布：“朕意机不可失，明岁拟欲两路进兵，直抵伊犁。”

此时西北大乱，汗位之争激烈；另外蒙古诸部也多次受到准部的侵扰。这两方面让以“天下共主”自居的乾隆看到了希望，他积极安排内附人员。乾隆十九年（1754）三月，得知阿睦尔撒纳要来归附，乾隆这时也是箭在弦上，明智地选择出兵西北，以求一劳永逸。

朝中上下对乾隆的决策持有怀疑态度，只有大学士傅恒不“牵于浮论”，赞同出兵。

其他大臣认为达瓦齐对清朝并无恶意，对改善与中央政府的关系很有热情。乾隆十八年（1753）八月，舒赫德建议派使臣与达瓦齐修好，结果遭到乾隆训斥。次年，达瓦齐主动派贡使到北京，极尽恭顺，希望享受和平时代噶尔丹策零同样的待遇，允许赴藏熬茶等。乾隆断然拒绝：“堂堂大清，中外一统，而夷部乱臣，妄思视同与国。”朝中大臣不希望边境战争，因此达瓦齐的恭顺态度引起了他们一定的同情，要求维护与准噶尔部的和议。而乾隆心中，认为准部内斗激烈，达瓦齐又失人心，正是勘定西北边陲的大好良机，岂可坐失。因此，他拒绝了一切要求维持和平局面的建言。

从乾隆十九年五月开始，清朝积极备战。乾隆指示，由阿尔泰山与巴里坤分西、北二路进兵，征调各地兵丁组成北路军三万名，西路军二万名，战马共十五万匹；诏谕各地，筹集粮饷，查勘进兵路途。另外，乾隆还接连赏赐、欢宴蒙古各部，尤其是刚刚率部归附的，争取合作征讨达瓦齐。

乾隆知道阿睦尔撒纳是这次征准不可缺少的人物。乾隆十九年七月，他对前去办理边务的大臣策楞说：“阿睦尔撒纳乃最要之人，伊若来降，明年进兵大有裨益。”对阿睦尔撒纳颇为了解的前准部宰桑萨喇尔也及时进言指出：“其为部众所畏服，正可资以前驱，迅扫残孽。”同年十二月，乾隆匆匆赶往热河，急召阿睦尔撒纳一行，共商进兵计宜。十二日，降清者在避暑山庄御行殿受到庄严、隆重的接待，王公大臣皆往陪宴、从容抚慰，清朝皇帝的雍容气派和威严，让边远来客大开眼界。

对于阿睦尔撒纳降清的诚意，办理北路军务的舒赫德及定边左副将军策楞，向乾隆提出两条处理意见：一是不宜将阿睦尔撒纳的部众留居乌里雅苏台附近，附近是军营粮饷、军器、马匹等，又是通准噶尔的大路，怕泄露明年进兵之事；二是将阿睦尔撒纳等留在军营，而将其老少子女迁至别处。乾隆指责他们见解“甚属错误”，“远方归顺之人，尚未知内地作何安插，乃甫经归命，即将其父母妻子发遣，留伊本身于军营，伊心岂有不生疑惧？”当然，乾隆知道阿睦尔撒纳为人狡诈，他只是从进兵策略上需要一个引路人而已。

乾隆十九年八月，清政府修订原派兵计划，喀尔喀兵由六千改为二千五百，以新降阿睦尔撒纳、讷默库等所率二千三百名厄鲁特兵替补；绿营兵丁原定一万名裁至六千，减去宣大两镇炮手一千名；同年十一月，拒绝闽浙总督喀尔吉善主动请命随征。乾隆此时的指导思想相当明确，少用满洲兵丁，围绕“以准制准”的原则，乾隆还决定任阿睦尔撒纳为定边左副将军，率所部出北路，萨喇尔为定边右副将军，率所部出西路。另外，赞赏和准许阿睦尔撒纳沿用昔日旧旗，以使“彼处人众，易于识认”。

年底，阿睦尔撒纳提出，原定二十年秋季出兵不妥，因为双方兵马都处于强势期，应该提前到春季，攻其不备。因此，乾隆定于二十年二月大军开拔。

清政府在积极备战的同时，乾隆于十九年（1754）十一月，亲拟诏书，以冠冕堂皇的措辞，从大义出发，阐明噶尔丹策零的恭顺及达瓦齐的弑主不仁，又暗示平定准部、恢复和平的目的和政策。

清军一切准备就绪，北路定于乾隆二十年（1755）二月十五日由乌里雅苏台拔营。因哈萨克人先行抢掠达瓦齐辖区，阿睦尔撒纳奉命提前三天于二月十二日动身，随行的有参赞大臣额驸色布腾巴尔珠尔、郡王品级青滚杂、内大臣玛木特、奉天将军阿兰泰等。二十四日抵达库卜克尔，三月一日到齐齐克淖尔。将军班第紧随其后，于三月三日带大队人马经过库卜克尔，与先头部队仅差九天的行程。十九日，当后续官兵抵额尔齐斯之西喇托辉时，前后之师已旌旗相望。

这时乾隆反而担心能否充分发挥阿睦尔撒纳的作用，毕竟阿睦尔撒纳是准噶尔的知名人物，让他带兵前行，难以收服准夷人众；如果不重用阿睦尔撒纳，就不能发挥其长处，于行军也不利。可见，乾隆对阿睦尔撒纳的借重。

阿睦尔撒纳的前锋进展顺利，几乎没有遇到有力的抵抗。第一批降人是达瓦齐手下的大宰桑阿巴噶斯、乌斯木济、哈丹等人，乾隆特别吩咐要另行办理安插事宜。四月九日，额米尔河集赛宰桑齐巴汗迎清军于途次，十七日，噶克布集赛宰桑达什车凌率二千户望风归顺。二十一日，阿睦尔撒纳听说达瓦齐驻兵察布齐雅勒地方，遂轻骑突进，二十八日，抵达尼楚滚，正好与西路前锋萨喇尔互为掎角。

西路军虽比北路晚十三天起程，沿途进展速度却不慢。萨喇尔于三月七日抵准部边界扎哈沁游牧地，木齐巴哈曼集率所属三百户迎降。九日，宰桑敦多克以一千二百余户来归。十日，阿尔噶斯旧宰桑德济特之弟普尔普及子衮布带六十余户叩迎。十二日，准部最有势力的大台吉之一噶勒藏多尔济投降清军，乾隆不胜欣慰，封他为绰罗斯汗。十三日，布鲁特之得木齐巴拉、诺海奇齐等三十余台吉，辉特台吉托博勒登族弟巴朗，噶勒杂特得木齐博勒坤、车凌们绰克俱相继款附。十四日，巴尔玛得木齐伯克勒特，收楞额库鲁克等率旧宰桑噶齐拜之子图尔塔默特属户归顺。二十九日，萨喇尔途次罗克伦，新降噶勒藏多尔济请求随营效力。四月五日，招抚吐鲁番回民一千户。二十七日，尾随达瓦齐踪迹，驻登努勒台地方，与阿睦尔撒纳军营相隔仅二十余里。清军自进入达瓦齐辖地，两路直插准部腹地，如入无人之境，几乎天天都可不战而胜，其建功之易也是乾隆始料未及的。

达瓦齐没想到清军会提前行动，等到清军进入准部，部下不战而降，为摆脱西、北两路锋线的压力，不得不移师伊犁西北格登山地区。

四月三十日，阿睦尔撒纳、萨喇尔齐头并进，沿途百姓夹道欢迎。五月五日，渡过伊犁河，逼迫达瓦齐退守格登山。达瓦齐拥军过万，但军械不整、人马疲乏、人心离散，仅凭地势险要作困兽斗。十四日夜，阿睦尔撒纳派兵二十余名往探敌营。阿玉锡出其不意，神出鬼没，达瓦齐惊魂未定，以为清军发起总攻，率二千余人逃走，其余辎重及人员均被阿睦尔撒纳所获。格登山告捷，证实乾隆用人恰当、指挥无误，自然得意的他，欣然赋诗：

太学碑

敉宁西极用偏军，天与人归敬受欣。

每至夜分遥檄问，所希日继喜相闻。

有征已是无交战，率附常称不变芸。

达瓦齐逃出格登山，翻越奎鲁克岭，南走回疆，身边仅剩百余骑。六月八日，本想投奔向来交好的乌什城阿奇木伯克霍集斯，结果误入罗网。十四日，班第派人提解达瓦齐，二十五日，遣哈达哈押送他入京，十月十七日献俘京师。

论功行赏，傅恒以襄赞之力，加封一等公，班第封一等诚勇公，萨喇尔封一等超勇公，阿睦尔撒纳晋双亲王食双俸。达瓦齐因对清廷并无恶意，免死加恩封亲王，入旗籍，赐第京师，得善终。这充分展示乾隆怀柔远人的用心。随后，乾隆御制平定准噶尔告成太学碑，以永昭后世，是为第一次平定准噶尔之役。

平定阿睦尔撒纳叛乱

达瓦齐已经俯首听命，而准部地区无人掌权，对于准部的未来，想来乾隆和阿睦尔撒纳的期望是背道而驰的。

鉴于准部强盛，曾抗衡清朝数世，故平准之后，乾隆欲“众建而分其力”，重建厄鲁特四部的统治秩序。当达瓦齐手下大宰桑噶勒藏多尔济来降时，即被封为绰罗斯汗，又以策零为杜尔伯特汗，阿睦尔撒纳为辉特汗，班珠尔为和硕特汗。

阿睦尔撒纳志在全境统辖准部，以为在征达瓦齐战役中屡立战功，清朝会让他做珲台吉，总管四卫拉特。他对班第说，如果无人统领四卫拉特，怕是人心不一，又生变乱。另外，他还纵容亲信大造舆论，四处宣称说乾隆必封阿睦尔撒纳为总汗，又仿效噶尔丹策零时期行文用专用小红钤记，不用清廷颁给的副将军印信和所赏黄带孔雀翎，私自占有达瓦齐拥有的马驼牛羊，擅自杀害投诚的台吉宰桑，逼迫不听他指使的宰桑远离伊犁。

乾隆二十年（1755）五月，乾隆降谕，待擒获达瓦齐，阿睦尔撒纳赴热河觐见，再行加恩。得到班第等人进谏阿睦尔撒纳不法行为的密折后，于是以阿睦尔撒纳忘恩负义，决定先发制人。六月，乾隆催促阿睦尔撒纳驰赴热河，同时密令班第，如果阿睦尔撒纳不肯动身，就以会同防范哈萨克为由，诏萨喇尔、鄂容安设计将他一举擒获，就地正法。班第因为兵力单薄，不敢贸然下手。乾隆又密令阿桂等带兵赶往塔尔巴哈台地方将阿睦尔撒纳的妻子及亲信拿送解京。

六月中旬，被派往监视阿睦尔撒纳的额驸色布腾巴尔（勒）珠尔奉诏先回皇宫，阿睦尔撒纳与额驸相谈甚欢，因此私下想让他代为奏明总领四部之意，如果皇上同意，就约定七月下旬相见。其实阿睦尔撒纳并无兴趣入觐，他只关心奏请之事能不能成功，而且有约在先，所以进京时，他格外小心且行进缓慢。

六月二十九日，阿睦尔撒纳在扎萨克亲王额琳沁多尔济陪同下，动身入京觐见。尽管他本人并不知道乾隆的意图，却早有心理准备。

八月，阿睦尔撒纳到乌隆古，仍未得到额驸消息，这时他明白将要发生什么事。乌隆古邻近阿睦尔撒纳旧游牧地区，于是他便留下乾隆所给定边左副将军印，不辞而别。

阿睦尔撒纳叛走后，联合旧部攻击进入准部地区的清军。八月二十三日，伊犁宰桑克什木、都噶尔、巴苏泰率兵攻掠伊犁，班第、鄂容安等不敌，于次日带守军向崆吉斯方向退却；二十九日，被围于乌兰库图勒。班第、鄂容安战败自杀，副将军萨喇尔突出重围不久也被擒。此时，定西将军永常拥兵五千驻穆堡，听说伊犁不守，本应该派兵接应北路幸存官兵，但他因害怕遭到阿睦尔撒纳暗算而疑惧不前，终成大错；刘统勋驻守巴里坤，因轻信谣言，退守哈密，失去救人机会，乾隆念其一介书生，军旅之事非他所长，不加究责，仅拈诗嘲讽：

集赛伊犁历一过，珠崖请弃竟如何？
我非勤远唯观火，卿误养奸作止戈。
究胜寒蝉原所谅，堪称老马无可讹。
犁牛骑进阳关矣，只恨难为叩角歌。

准部得而复失，清军西、北两路损兵折将，乾隆不得不重新调整人事安排，任命额驸策楞为定西将军，富德、玉保、达瓦党阿为参赞大臣，又命兆惠驻巴里坤办事。

二十一年正月，玉保挂任先锋，追寻阿睦尔撒纳的踪迹，沿途进展颇为顺利。一日，清军行至特克勒河，此处距阿睦尔撒纳营地不远，玉保正准备下令追击，侍卫福昭突然来报，说台吉塔尔布、固尔班和卓、伯什阿噶什、巴图尔乌巴什等已将阿睦尔撒纳擒获。玉保信以为真，驰报策楞，策楞也因立功心切，未经查证，飞章京师告捷。

显而易见，这是阿睦尔撒纳玩弄的花招，借此迷惑清军，争取脱身时间，率残部越库陇癸岭，逃往哈萨克。二月十三日，乾隆在动身赴孔林前，得知此事，内心激动，于是改去泰陵感谢祖先的“默垂庥佑”，并降谕封策楞为一等公，玉保为三等男。二十六日乾隆又获策楞奏折说，之前所报为虚，大怒的乾隆降旨将玉保、策楞革职，解京治罪。同年五月，乾隆任命达瓦党阿接替策楞定西将军之职，富德副之，巴里坤办事大臣兆惠以定边右副将军衔协助军务。

达瓦党阿奉命走西路，哈达哈走北路。阿睦尔撒纳与西路清军相遇，战败后逃入哈萨克人的帐营。这时他故技重施，遣哈萨克人前往假称阿睦尔撒纳“即欲擒献，但需汗至，乞暂缓师待”，结果又一次金蝉脱壳。与此同时，北路出击的哈达哈遇阿布赉汗哈萨克兵千余，听说其已逃走，无心追剿，因此两路清军无功而返。

阿睦尔撒纳逍遥遁去，准部形势进一步恶化。郡王青滚杂卜乘机擅自撤回所守台站卡座，使清政府北路台站从第十台到二十六台处于瘫痪状态，联络中断。受清朝册封的准噶尔绰罗斯汗、辉特汗、杜尔伯特汗皆因家属被留在热河，实际上成为人质，心生不满而作乱。得知各地台吉、宰桑纷纷构乱的阿睦尔撒纳，从哈萨克出山，与他们会盟于十罗塔拉河畔，自立为梦寐以求的四部总台吉。

乾隆二十一年（1756）九月，定边右副将军兆惠曾奉乾隆之命进驻伊犁。等到阿睦尔撒纳又叛变，伊犁势单力薄，乾隆唯恐兆惠有失，密令他火速退回巴里坤，同时调拨察哈尔、吉林兵各一千，索伦兵二千，阿拉善兵五百，前往巴里坤待命支援。十一月二十五日，兆惠从济尔哈朗东行，于次年正月五日到达乌鲁木齐，不幸遭到叛军的攻击；二十二日，疲惫不堪的官兵在特讷格结营自保，期待救援；三十日，负责接应的兆惠侍卫图伦楚及时赶来解围。二月二十三日，清军返抵巴里坤。

在兆惠来之前，乾隆就在巴里坤集结军队，准备反攻。三月，将军成衮扎布出北路，右副将军兆惠出西路。遵照乾隆指示，清军本以为会打场恶仗，结果行军顺利无阻。原来此时的准部又陷入混乱，叛乱的台吉噶尔藏多尔济被他侄子扎那噶尔布袭杀，而宰桑尼玛接着又密谋擒杀扎那噶尔布；另外，厄鲁特各地痘疫流行，很多人染病，幸存的四处逃亡，叛军不战自溃。

兆惠进入厄鲁特地区的首要任务，就是打探阿睦尔撒纳的行踪。五月一日，他派人带兵去额布克特地方侦察，终于从游牧人口中得知阿睦尔撒纳已潜逃巴雅尔。六月，哈萨克阿布赉汗请降，遣使纳贡，且誓言帮助擒获阿睦尔撒纳。而阿睦尔撒纳偷越边境逃亡俄罗斯。

阿睦尔撒纳逃亡俄罗斯

清军在境内搜捕不到阿睦尔撒纳，兆惠等猜测他可能已进入俄罗斯，但俄方一口否认。二十七日，驻扎在阿尔察图的阿布赍汗派人告称，本月十九日阿睦尔撒纳来投，阿布赍："告以明早相见，因先散其马匹牲只。"阿睦尔撒纳察觉情况有变，同数人步行遁去。兆惠等据此更加确信阿睦尔撒纳藏身俄境。

俄方为搪塞清政府，谎称阿睦尔撒纳已淹死在额尔齐斯河，顺德讷一行便沿河打捞十几日，揭穿其谎言。八月十五日，顺德讷提醒俄方必须遵守双方约定，归还逃犯。俄方再次否认，但兆惠、富德已从俘虏的口供中证实阿睦尔撒纳在俄罗斯。

乾隆获知阿睦尔撒纳遁入俄罗斯，缉拿叛匪的态度仍十分坚决，说："是逆贼一日不获，西路之事一日不能告竣。"他谕令理藩院行文笋纳特衙门，要俄方"遵照原定不匿逃犯之条，将阿睦尔撒纳送来"，但沙俄拒绝交出叛匪。

沙俄庇护叛匪，当然是希望用阿睦尔撒纳来分裂中国，染指西北。但是，乾隆二十二年（1757）九月，阿睦尔撒纳这位民族的罪人因患痘疫暴死他乡，于是沙俄于十一月一日，命西伯利亚总督将其尸体运到恰克图。次年正月，俄罗斯遣人通知清朝验看尸体。经乾隆派人前往验看，断定阿睦尔撒纳确死无疑。乾隆于是放心地说："俄罗斯将阿睦尔撒纳之尸解送与否，均可不必深论。"

对准噶尔地区的善后措施

准噶尔地区几经兵火，残破不堪。耕地、牧场荒废，城镇、村庄被毁，人口更是急骤减少。有关资料表明，战前准部有宰桑六十三，新旧鄂托克二十四，昂吉二十一，集赛九，共计二十余万户，六十万余口。战争中死亡惨重。据史书记载，阿睦尔撒纳给准部人民带来了极大的损失：有混乱之中战死的，有被无辜杀害的，有染厄鲁特痘疾死亡的，也有部分幸存者逃亡俄罗斯、哈萨克等地，可谓“数千里内遂无一人”。

平定准部叛乱之后，乾隆面临的就是西北地区的繁荣重建。

早在乾隆二十年（1755）正月，乾隆指示军机处拟定西北地区善后若干事宜。他们提出七条大纲：

一、查四卫拉特台吉户口，授扎萨克及编列旗分佐领，设官。其四卫拉特之人，应安置各原驻附近地方，不必将一姓聚处。

二、回人岁纳贡赋税准噶尔，今准夷底定，除岁供喇嘛外，余赋悉蠲，贡赋也应议减。

三、现收之乌梁海既编列旗分佐领，有续收者应照办，一同移置各原地，其管辖人令班第选奏。

四、扎哈沁人众，应移于喀尔喀游牧之外，厄鲁特台吉所住之内，则阿尔泰山内藩篱愈固。

五、大兵撤回，于满洲蒙古兵内留五百名随班第等驻扎伊犁。

六、伊犁既驻大臣，应择形胜地驻兵为声援，西路吐鲁番、鲁布沁地方膏腴可耕，驻兵一千，再瓜州、乌鲁木齐俱可屯田、驻兵，则伊犁、鲁布沁声息相通，亦展疆土。

七、准夷既平，喀尔喀游牧应加恩展宽，喀尔喀、厄鲁特游牧以阿尔泰山梁为界，乌梁海所居游牧不动，所有阴坡令喀尔喀游牧居住，阳坡则令厄鲁特居住，喀尔喀北界俄罗斯，西界厄鲁特，派京师满洲蒙古兵数千前往屯驻，一如蒙古授产安插，以靖边境。

这七条大纲，体现了乾隆最初围绕“以准制准”“众建而分其力”原则的制边思想。对于四卫拉特各部基层组织，他设想参照喀尔喀蒙古之例，设盟长、副将军务一员，有事报驻扎大臣转奏朝廷。乾隆二十年（1755）六月，下令等到所有即将担任盟长及副将军的人在热河入觐后，量才而定。同年九月阿睦尔撒纳等叛清已成事实后，乾隆重新分封四卫拉特汗，其中绰罗斯汗、杜尔伯特汗不变，和硕特汗由沙克都尔曼济、辉特汗由巴雅尔分别接替。

然而，西北局势变化太快。平定阿睦尔撒纳叛乱后，乾隆只好改由政府直接统治该地区，引进内地郡县政治体制，迁移人口，大兴屯田，开台设卡，驻兵换防，开创清朝统治边疆地区的新局面。

乾隆二十七年（1762），清政府在伊犁设置了伊犁将军府，最高长官伊犁将军由皇帝任命，下设都统、参赞大臣、办事大臣或领队大臣，另在部分地区辅之以州县制。乾隆朝陆续建置的有迪化直隶州（在乌鲁木齐）镇西府（在巴里坤）、昌吉县、奇台县、吉木萨尔县、玛纳斯县等。至于准部地区以外的诸多民族，仍沿用旧制，分封其世袭王公贵族。

如今要戡定准部，还要大力推广屯田。当时屯田方式主要有兵屯、户屯、遣流犯之屯及回屯四类。

乾隆二十一年（1756），乾隆调拔出征兵士留哈密附近的塔纳沁地方屯种，开兵屯之始。乾隆二十三年，命雅尔哈善、黄廷桂等筹备伊犁屯事。乾隆二十五年，办事大臣阿桂奉旨自阿克苏率满洲、索伦兵五百名、绿营兵一百名、回人三百名到伊犁驻屯。至乾隆三十四年，由内地陆续增调屯兵二千五百名。乾隆四十三年，将军伊勒图奏准所调屯田兵由单身改为携眷属，定额三千，除五百名职镇守，其余分二十五屯，人均种地二十亩，此为长屯驻守之始。乾隆四十七年，因屯粮过多，伊勒图裁减十屯一千名；乾隆五十四年，将军保宁奏准增加七屯，这一屯数终乾隆一朝没有变更。

户屯有民户、商户、绿营眷兵分户的区别。乾隆三十七年（1772），将军舒赫德奏准客民庄世福等四十八户编入屯田户籍，每户给地三十九亩，官府借给耕牛、种子、口粮，三年内将借项清还，每亩纳租银六分。乾隆三十九年，又加入张成印等二十三户；乾隆四十六年，王已兴等三十户加入，共耕种三千零三十亩地。

商屯始于乾隆二十八年（1763），主要由商人招募流亡垦荒种地，规模大于民屯。绿营眷兵分户之屯始于乾隆四十五年（1780），由驻防绿营兵分户子弟组成，官给土地数目与民屯相似，但科征以所种实物为主，其规模也小于商屯。

有组织地征遣流犯屯田西北乃乾隆首创，始于乾隆三十八年（1773），最初是给犯罪较轻或发配为奴的人；等到乾隆末年，因屯田缺额较大，就将年轻力壮的重犯发往其地，之后再由轻犯更替。用流犯屯田生产，集中反映了准部地区人口匮乏。尽管乾隆朝遣流屯田规模不详，但可以肯定它是作为屯田的权宜之计。

乾隆二十五年，办事大臣阿桂自阿克苏北上伊犁，带三百名回人屯田。同年，陕甘总督杨应琚奏请在哈拉、沙拉、库车、库尔勒四处招集回人“有愿垦荒者，令搬移前往”。乾隆三十二年，清政府先后从乌什、叶尔羌、和阗、哈密、吐鲁番等地调集六千回户屯田。乾隆三十八年，伊勒图奏准分回户为九屯耕种，每户交粮十六石，年计九万六千石，乾隆末年达到十万石左右。

对比来看，其中回屯的规模显然较大。据统计，到乾隆四十年（1775）止，新疆南北两路屯田面积近一百万亩，屯丁十余万人，成绩斐然。

除了屯田之外，乾隆还在准部地区辽阔的草原上实行屯牧，开辟马、牛、驼、羊等畜牧业基地。到乾隆五十八年，共计有马二万八千五百九十多匹，牛八百多头，骆驼四千一百多峰，羊十四余万只。

乾隆这一系列恢复生产的措施颇见成效。乾隆三十六（1771）年，陕甘总督文绶视察新疆，秋后抵达巴里坤时，他看见城外田地广阔、庄稼良好；城关内外，店铺民房比邻而立，商贾云集。他再往西行到木垒河一带，看见该地连年招民垦田，良田多达三万四千余亩，内地商贾、艺业民人都来谋生，一片祥和的景象。到乌鲁木齐，“天气和暖，地土肥美，营屯地亩日以开辟，兵民众多，商贾辐辏，比之巴里坤城内更为殷繁”。再往西走，“其地肥水饶，商贾众多，几与乌鲁木齐相似”。巡查期间，据内地前来的佣工反映，新疆地广粮贱，佣工一月可得银一二两，生活有余。文绶所写的视察见闻，或许稍微夸张，但也看出北疆的社会经济正逐渐恢复和发展。

乾隆经营西北边疆，主要精力还是防务。乾隆二十一年（1756）派兵屯驻塔勒纳沁，乾隆二十五年，阿桂又奉命带满洲、索伦兵及绿营兵屯驻伊犁。次年九月，增兵屯驻于俄罗斯、哈萨克交界的塔尔巴哈台。早期驻军均是当年出征西北的将士。从乾隆二十七年开始，清朝陆续抽调东北、直隶、陕甘等地区的绿营兵、满洲蒙古八旗兵、锡伯营兵、索伦兵、察哈尔兵及降清厄鲁特士兵参于驻防。屯驻新疆的军队按其需要可分为驻防与换防。驻防时士兵可携家眷随军，常年驻守防地或参加军屯；而换防则为临时性驻防，任务不变，只是时间较短，一般为三年或五年一换，不许带眷属。至于驻军布防情况主要视各地位置而定，伊犁是西北中枢，乌鲁木齐为新疆门户，巴里坤、吐鲁番都是清军据点，是故皆以满洲绿营驻防为主；其下属各镇、台、卡伦则以换防为主。随着经济的复苏，人口增多，其防卫以伊犁为中心开始向纵深发展。以伊犁为主体形成八城环状驻防，乌鲁木齐所属也先后建防迪化、巩宁等城镇。乾隆四十五年（1780），新疆"城郭林墟无殊内地"。

乾隆在厄鲁特地区还模仿八旗制度，建立上三旗和下五旗。从乾隆二十五年（1760）起，将陆续招抚厄鲁特人及由哈萨克布鲁特投出的厄鲁特人编为右翼。乾隆二十九年，又将自热河携眷移驻达什达瓦的厄鲁特官兵编为左翼。乾隆三十二年（1767），经将军阿桂奏准，将左翼列为上三旗，右翼列为下五旗，各设总管，副总管一员，每旗佐领一员、骁骑校一员。乾隆三十七年，将军舒赫德奏请将投诚土尔扈特内安插伊犁的沙毕纳尔人归入下五旗。他们游牧种地自食，闲时操演，清政府时常赏赐钱粮以资补助。

乾隆经营新疆乃寓兵于政、寓兵于农、寓兵于牧，既增源节支，又达到保卫边疆的目的。

对乌梁海人的直接管理

在加强西北治理的过程中，乾隆帝还注意到乌梁海的治理问题。乌梁海人以其各部所居地方而得名，唐努乌梁海居唐努山一带，在外蒙古西北、叶尼塞河上游，地理位置最为紧要；实际上是南北朝鲜卑的后裔，其语言、风俗习惯、宗教信仰都与蒙古人相似。

清朝议及乌梁海事务始于康熙。康熙五十四年（1789），准部首领策妄阿拉布坦侵扰喀尔喀蒙古，康熙命散秩大臣祁里德督大军赴吹河防御，随同出征的扎萨克图汗博贝认为，准噶尔东部全凭借乌梁海人，进可攻退可守，若招降乌梁海人，就可以遏止准噶尔的气势，让喀尔喀免受其害。康熙从其议，命扎萨克台吉济纳尔达、阿里尔、根敦罗尔藏三人前往招降。九月，乌梁海头目和罗尔迈率属归顺，皆安插于博贝之下。

雍正二年（1724）正月，博贝进京觐见，雍正帝询问其生计，得知博贝曾从祁里德处借饷银一万八千余两补贴各户，特下诏准其不还。四年，雍正命博贝所部千余人随清军前锋统领驻唐努山南面的特斯地，防御准部的侵扰，同时传谕乌梁海自修战备，以防不虞。雍正五年（1727）十月二十一日，清政府与俄罗斯签订《恰克图条约》，正式规定将乌梁海纳入中国版图。

康雍两朝仅接触到部分唐努乌梁海，而且采用委托管理，致使内部不稳定，甚至经常出现逃人现象。乾隆七年（1742），乾隆命博贝次子额琳沁承袭父命，继续帮助清朝管理乌梁海。乾隆十六年，乾隆诏额琳沁议定乌梁海出入汛界例，禁止越境与准噶尔及回人私下贸易。乾隆十八年，准部降清宰桑萨喇尔奉命对阿尔泰乌梁海进行剿抚。次年二月，乾隆又谕成衮扎布让额驸策楞把军营由塔密尔移驻乌里雅苏台。三月，萨喇尔、额琳沁等招降乌梁海宰桑达克车根。二十年正月，乌梁海降人察达克招包沁种人来归，乾隆论功授其内大臣职。班第在进军伊犁途中，遣车布登负责搜捕乌梁海人。七月，车布登与副都统敦多卜率兵三百越萨勒巴什岭往收该处居住的乌梁海，宰桑敦尔卓辉鄂木布等偕众听命。另外，还有旧属准噶尔的乌梁海散居汗哈屯处，察达克等往招，宰桑哈尔玛什、玛济岱、纳木札勒、保衮、莽噶拉克、纳穆克布、珠库鄂木等相继归附，自是阿尔泰乌梁海略定。

对于新纳入的乌梁海人，乾隆一改前朝做法，将所收人户编设旗分佐领，让其旧部担任各处总管，任命熟悉乌梁海的青滚杂卜为总理其事。阿睦尔撒纳叛乱后，乾隆令青滚杂卜率乌梁海兵随参赞大臣哈达哈出征。乾隆二十一年（1756）五月，清军追剿乌梁海作乱者，青滚杂卜私自率部退回牧地，并派人赴乌里雅苏台军煽众喀尔喀，清军攻势严重受阻。乾隆二十二年正月，青滚杂卜伏诛，九月，乾隆命乌梁海降人察达克领兵四百前去招降阿尔泰淖尔乌梁海，其宰桑特勒伯克、札尔纳克闻风归附。十二月，授特勒伯克为总管，暂定乌兰固木为杜尔伯特牧地，另以科布多为乌梁海牧地。乾隆二十四年八月，诏赛音诺颜亲王成衮扎布安抚乌梁海。这时，乌梁海的察达克以科布多产貂不多、生计艰难为由，请求迁往阿尔泰山以南额尔齐斯之源采捕，乾隆准其所请。乾隆二十七年十二月，乾隆命铸乌梁海左右翼总管印，分别颁授察达克、图布新，从此乌梁海人开始了新的生活。

乾隆招抚乌梁海人数不详，从各部所设佐领来看，当属唐努乌梁海最多，有四十五佐领，阿尔泰乌梁海次之，有七佐领，阿尔泰淖尔乌梁海最少，仅两个佐领。对待他们，乾隆不仅在政治上加强统治，同时在经济上免其贡赋，引导他们屯田放牧，在军事上开汛界、设卡伦，以确保乌梁海的安定。

乌梁海人数虽不多，但地处西北边陲，为重要军事位置；要安定西北，乌梁海人的安定不可或缺。强化对乌梁海的治理，是乾隆经略西北的重要组成部分，清人何秋涛曾高度赞扬说：“乌梁海部落虽小，然金山剑海之间古为用武之地。自天威远震，疆以戎索，而卡伦以外辟地千里，所谓无形之金汤也。”

大小和卓木叛清

西北阿睦尔撒纳叛乱刚定，回部大小和卓又发生叛清分裂的严重事件。

回部是指天山南路回教徒居住的地区，古有袁纥、乌护、回纥、畏兀儿等不同称谓。据传唐朝以前，其民信仰佛教；元朝时，伊斯兰教向东蔓延，百姓改而从之。伊斯兰教在中国有回教之名，因此通称其地为回部。

回部旧汗是蒙古成吉思汗次子察哈台的后裔。明末，伊斯兰教第二十六世孙玛木特迁入喀什噶尔，并在政治上和宗教上逐渐取代了蒙古人的统治地位。17世纪以来，回教内部“白山宗”与“黑山宗”两个教派对立，逐渐演变为政治斗争。17世纪末，“白山宗”首领阿法克彼迫于排挤，北上投靠准噶尔。康熙十七年（1752），噶尔丹趁机进兵天山南路各部，立“白山宗”哈资拉忒阿法克为首领，控制了回部地区。从此半个多世纪，回部上层受准部统治者压制，下层则受其剥削。为防止南路反抗，准噶尔贵族把有影响、有威胁的回部首领都弄到伊犁做人质。阿布都实特之子玛罕木特，原本深受回人尊敬，曾受命总理南部各城。他身居叶尔羌，广收人心。噶尔丹策零将他迁入伊犁，之后其两个儿子即大、小和卓木兄弟同样留在伊犁。

回部贵族命运尚且悲惨，更不用说普通回人了，据《平定回部勒铭叶尔羌碑文》描述，在噶尔丹策零统治时期，仅叶尔羌一地每年得纳贡赋十万腾格，还不算不如意时被抢掠；另外，准噶尔统治者还强迫大量回人去伊犁从事耕作，受役者若奴佃。许多地方回人不堪其扰，死绝逃亡。

顺治三年（1646），吐鲁番首领遣使奉表入贡，算是清朝与回地正式往来的开始。后来河西回民丁国栋等联合哈密、吐鲁番抗清，清政府下令关闭嘉峪关，往来断绝。顺治八年（1651），叶尔羌头目主动送还所掠内地民人，取得清廷谅解，重开贡道与贸易。噶尔丹入侵南路后，强行阻断回部地区与清朝通贡。

康熙三十五年（1770），被准部当作人质的回部首领阿布都实特自拔来投，为避免哈密、吐鲁番两地回人受准部的骚扰，清朝将两处部分回人移居内地。康熙六十年（1795）五月，厄鲁特宰桑和勒博斯额穆齐率兵五百围攻投清的回人，抚远大将军允禵令发兵二千赴吐鲁番。雍正三年（1724）四月，大兵撤还，朝廷议徙吐鲁番回人于内地，自愿迁内地者共六百五十人。雍正九年（1731）三月，再次晓谕回人，“伊等倘自揣力不能敌，不妨仍为移避之计”。雍正十年（1732）十二月，回民一万余口内附安插于瓜州，皇帝命总督刘于义、巡抚许容妥善处之，协助其筑堡、造房，给予口粮、牛种等项。

乾隆初，尚未解决准噶尔问题，对回政策仍是防护与迁移兼顾。乾隆十二年（1747）七月，命将金塔寺一百余户回众移居哈密种地。征准前夕，又遣官赴瓜州编旗队，设立管旗章京等。乾隆十九年，清军准备两路出击，横扫回疆北路。此举得到各地回众的支持和配合，趁机逃离准部的人，或为向导，或参军。乾隆二十年五月，伊犁贸易回人阿达莫米木等十三宰桑共率二千余户来投，又组织熟悉地形的回军三十余名帮助追擒叛首达瓦齐。

清军攻下伊犁，回部地区摆脱了准噶尔贵族的残暴统治，大小和卓木兄弟也得以解脱。这时乾隆就面临如何妥善安排回部地区以及大小和卓木兄弟。

乾隆二十年六月，定北将军班第提出，让两和卓木返回南疆招服回众。乾隆同意，并补充：让两兄弟尽快进京觐见，同时把这事告知他们，让他们心存感激。本以为回部地区归顺是指日可待之事，没有想到养虎为患。

乾隆二十一年四月，他风闻回部有投诚之意，便派策楞带兵晓谕南路，“即准其归降，其如何安插纳贡之处，奏闻靖旨”。十月，别有用心的小和卓木派人来北京城里试探风声，乾隆高兴地以为回部诚意归附，“果能遵谕贡赋，即不必加以兵力”，并下旨召见大小和卓木，意欲通过施恩加宠，从而抚定回部。

然而，小和卓木并不想就这么轻易让回部纳入清朝版图。当时恰好阿睦尔撒纳在北路叛清，这无疑使野心勃勃的回部强人受到鼓舞，决定脱离清朝，参与阿睦尔撒纳的叛变行动。不幸转眼间阿睦尔撒纳叛乱被平定，小和卓木逃回故居，开始策划反清。

大小和卓木叛乱攻入库车城

起初，大和卓木对弟弟的行为颇有疑虑，规劝说：“从前受辱于厄鲁特，非大国兵力，安能复归故土，恩不可负，即兵力亦断不能抗。”小和卓木不以为然，劝说其兄说被准噶尔禁锢多年，现在如果还听大皇帝圣旨，当与禁锢何异？其实，他真正担心乾隆会追究其“率众助逆”之责，他觉得这里远离朝廷，内地兵马往来疲乏、粮草也难运输，如今准噶尔已被灭，四处无强邻，可以占领数城自立。

对于小和卓木的狂悖叛逆行为，乾隆渐有所闻，因此耐心逐渐消失，乾隆二十二年正月，指示军机处：“令波罗泥都（大和卓木）等酌定贡赋章程，前来陈奏，伊等遵行则已，倘稍有拒犯，俟剿灭厄鲁特后，再派兵前往办理。”同年四月，他再谕军机大臣，如果不即刻归降，应当派兵擒拿；还强调，即使归降，也要擒拿来京问罪，否则予以剿灭。

乾隆二十一年（1756）秋，阿敏道奉右副将军兆惠之命，率索伦兵一千名、厄鲁特兵二千名及投诚的回部伯克（意即总管）鄂对（回部汗的部属），前往南路招抚两和卓木。由于侍卫托伦泰的文书报告内容失实，兆惠误认为“回城地方并无事故，毋庸多带兵前往”，而阿敏道也因此丧失警惕，随行的伯克鄂对曾提醒他注意小和卓木的阴谋，但他不听，仅带领满兵百人闯入库车城内，结果被拘留，于乾隆二十二年五月被小和卓木杀害。

阿敏道被杀，小和卓木正式叛清。乾隆愤怒地说，决不能“忍心于死事之臣，而不为之复仇也”，于是命雅尔哈善为靖逆将军，统兵征讨。

平叛和卓从挫折到胜利

叶尔羌和喀什噶尔是大小和卓木的叛乱基地，这里有他们祖父阿布都实特的党羽与亲戚故旧。小和卓木说服哥哥叛清，回城内云集响应，传示各城整备鞍马器械。除叶尔羌、喀什噶尔、和阗等所属数十万回户外，其余所属中有部分回人也受其惑。一时间，天山南路大军云集，大有割据分裂之势。

乾隆二十三年（1758）四月，乾隆降旨调平准主帅兆惠返京休整，令雅尔哈善代兆惠总理回部事务。

雅尔哈善，文人出身，在征准战役中，因剿杀降人沙克都尔曼济立功，授参赞大臣、兵部尚书等职，旋又以靖逆将军挂帅征回。《啸亭杂录》作者昭梿说："雅固书生，未娴将略，唯听偏裨等出策，令不画一。"乾隆知道雅尔哈善的弱点，但他忽视了回部现有力量，以为雅尔哈善一人足矣！一念之间，后果严重。

乾隆二十三年五月，雅尔哈善率万余满汉官兵在旧库车阿奇木伯克引导下，由吐鲁番进攻库车。和卓木兄弟闻讯，带鸟枪兵万余由阿克苏戈壁捷径来援。六月，领队大臣爱隆阿半途截击，先后于和托鼐、鄂根河畔斩杀数千，和卓木兄弟收余众退保库车城中。雅尔哈善自以为敌人自投罗网，于是用兵围困，待其力竭而降，自己却整日下棋，不巡查也不出击。阿奇木进谏说贼人有可能在城西渭干河涉浅渡或北山口向阿克苏戈壁逃逸，于是请求在两处各布置伏兵千余，雅尔哈善却不予理会。

二十四日凌晨，索伦兵听到城中驼鸣负重之声，潜告雅尔哈善，雅尔哈善仍不相信。两和卓木及伯克阿布于是从西门由北山口逃走。把守西门副都统顺德纳得报告说，天亮才发兵追击，已为时过晚。事后，雅尔哈善将责任推给顺德纳得。库车城墙以沙土、柳条筑成，十分坚厚，且依山傍水，易守难攻。提督马得胜令绿营兵挖地道，因匆忙而被守城回兵知道，反而在城外建立防御沟壕，以火燃草烧之，六百余名清军化为灰烬。雅尔哈善又把失败的责任推给马得胜。

库车之役从五月持续到八月，一无所获。当乾隆再次接到雅尔哈善弹劾他人的奏折时，尖锐地指出他是推卸责任，类同上次；于是让兆惠将一干失职人员押解来京。乾隆二十四年正月，雅尔哈善在京伏法。

库车之败，让乾隆冷静下来，于是让兆惠重新出山。事实上，兆惠一直在回部地区伺机行动，等到兆惠受命移师回部，小和卓木早已放弃库车，退至阿克苏。

乾隆二十三年八月二十日，兆惠军至阿克苏城下，回众头目颇拉特、和阗伯克霍集斯先后请降。兆惠办理回务不久，乾隆得知各地回城首领受抚的消息不时进京，激动之余又错以为功成在即，于是下令停止续派清军，令喀尔喀士兵、厄鲁特兵丁返回游牧地和驻地，副将军富德则奉命等候兆惠消息。就在兆惠带兵四千名，兼程向叶尔羌突击时，清军停止后续增援，让兆惠陷入困境。

当时小和卓木已经坚固堡垒、收清粮食，让清军无所得；又于叶尔羌城东北五里掘壕筑土台，与大和卓木据喀什噶尔相掎角。十月六日，兆惠兵临城东，派两翼夺据土台，击败回军数百名骑兵。由于叶尔羌城周十余里，四面十二个门，兆惠因兵少只得在城东隔河有水草处结营自固，等待援师。

葱岭北河流经喀城外，葱岭南河流经叶尔羌城外，当地回人称北河为赤水河，南河为黑水河。兆惠屯营处即南河岸边，他一方面派副都统爱隆阿分兵八百守住喀什噶尔来援之路，另一方面积极谋求物资以充军实。十三日，侦知奇盘山下有回人牧群，于是率兵千余由城南夺桥过河。清兵刚过四百余，桥忽断，敌方先出四五千骑堵截，万余步兵随后，对清军前后夹击、两侧冲杀，致使分散各自为战，伤亡众多，总兵高天喜等均阵亡。至此，兆惠不敢轻易复出。十七日夜，派五名精明强干者分路赴阿克苏告急，舒赫德将紧急军情飞章入奏乾隆。

回军虽数倍于清军，但素闻兆惠带兵凶悍勇猛，不敢强取，只是沿清军营垒别筑土台，打算长久围困。回人素有掘地藏粮之俗，据说过去是为了逃避准噶尔人的搜刮。兆惠令清军在营中林地挖掘，意外得粟数百石；回军又引水灌营，反供清军水源。回军鸟枪所射铅子夹于树叶间，清军伐树得数万以回击。清军以此坚持了三个月之久。

当时正值布鲁特人攻打喀什噶尔城，清军乘机纵火攻打回军大营，大和卓木怀疑布鲁特人是应清军之邀前来夹击。所以使人见兆惠议和，兆惠提出必须以缚献小和卓木为条件，和议失败。

副将军富德在北路得知兆惠困境，即率新到的索伦、察哈尔兵二千名及北路厄鲁特兵一千余名冒雪驰救。乾隆二十四年（1759）正月六日，与回部五千名骑兵在呼尔璊开战。九日，渡叶尔羌河，距黑水营尚有三百里，但因沿途均有叛军阻击行军缓慢，却正好碰上巴里坤大臣阿里衮带兵六百名，合爱隆阿之兵一千余连夜赶到，三路奋进，直驱黑水营。大小和卓木兵败遁走，兆惠与援军合师，整军退回阿克苏休整。

清军得解，功在兆惠，将损失降到了最低，然而他却上疏请罪，与雅尔哈善推责诿过形成鲜明对比。乾隆以兆惠忠诚勇敢，晋升武毅谋一等公，加赏红宝石帽顶，四团龙补服。

黑水营解围之后，兆惠准备厚集兵力，由阿克苏、和阗两路出击。他与阿里衮及参赞大臣巴禄等领兵驻候马驼粮饷外，分兵一半，令参赞大臣爱隆阿前往乌什驻扎，筹备口粮，兼防喀什噶尔一路。如今回酋鄂斯瞒等进犯和阗，眼前马力疲乏，兆惠先挑官兵数百名，令瑚尔起、巴图济尔噶勒前往，沿途捉生询问军情。若和阗守御如旧，即会同守军内外夹击；如已失守，则等粮饷马匹到后，派富德、巴禄即领兵接济。而兆惠自己等办足五千兵粮马，再策应富德，并从和阗往取叶尔羌。

乾隆二十四年二月，乾隆获悉兆惠等人计划，不满地责问道："兆惠身为将军，为何自己不救援和阗？如今黑水围既解，何以不速驰和阗？兵分两路，均以叶尔羌为目标，那回部两和卓木另一个根据地喀什噶尔该如何？"因此，乾隆令兆惠从阿克苏取叶尔羌，富德由特穆尔图诺尔或乌什取喀什噶尔。

四月，富德抵额里齐，和阗所部携酒跪迎，和阗之危解除。由于此时各路清军位置已有变更，乾隆改命兆惠往取喀什噶尔，富德就近攻叶尔羌，巴禄由巴尔楚克向叶尔羌方向移动，呼应富德。同年闰六月二日，小和卓木自知孤城难守，放弃叶尔羌，逃往英吉沙尔。城内以喀玛勒二卓为首的大小首领情愿请降，富德即遣鄂博什等人率兵五百名持檄往谕。十八日，富德自南门进城，城中百姓争献果饵，对清军态度极为友好，叶尔羌和平收复。与此同时，另一路兆惠于同月十四日带兵抵喀什噶尔城，回民"献牛羊果饵，歌舞庆幸"。攻下大小和卓木两个大本营，乾隆表示很满意，两个叛贼应该也是指日可擒。

小和卓木放弃叶尔羌，遣阿布都克勒木传信大和卓木，将喀什噶尔属下各城回民移往巴达克山，并相约六月二十四日在提斯衮会师。清军从俘获回人口中得知他们的去向，参赞大臣明瑞率前锋一千余骑追至霍斯库岭，斩敌五百名。

七月十日，清军在阿尔楚山与回军决战，戮贼一千余，获兵械器具无数。

三天后，两和卓木败至巴达克山界的伊西洱库河。大和卓木护送家属先走，小和卓木以万众据北山及迤东诸峰负隅顽抗。富德令阿里衮由南岸趋西岭追大和卓木，自己全力攻打小和卓木军。这一战收降回众一万二千余人，牲畜万计，两和卓木携妻儿及三四百人逃入巴达克山。富德一方面派遣伯克霍集斯、侍卫额勒登额等带兵一百名向巴达克山汗索勒坦沙索取两和卓木，另一方面将上述情况驰奏。

八月二十五日，富德强硬限巴达克山汗索勒坦沙在三十天之内将两和卓木交出，生者缚送，死者验尸，逾期不至，即行加兵。为杜绝后患，索勒坦沙将两和卓木诛杀，并通知清军。九月初九日，经验看属实，十月初二日，富德自巴达克山凯旋。至此，征回战役宣告结束。

戡定回部叛乱之后，西北局势基本稳定。乾隆先后戡定准部与平定回疆，目的是阻止西北分裂，维护国家统一。他总结平准、征回两役，甚是得意。十月二十四日，颁《御制开惑论》宣示中外。十一月五日，又作《御制平定回部告成太学碑》《御制平定回部勒铭叶尔羌碑》《御制平定回部勒铭叶什勒库勒诺尔碑》等，将用兵准部、回部本意及成功始末刻石以诺之。

CHAPTER 10 第十章 清政府闭关锁国的外交

清朝末期，从乾隆的后期腐败开始，他的盲目自大，让世界看在眼里；闭关锁国政策的实施，丧失了进军尖端科技的机会。虽然一定程度上打击了沙俄扩展的野心、遏制了英国的贸易野心，但是也同样封闭了自己，让之后的中国饱受世界的侵略与摧残。

马戛尔尼入觐

18 世纪，由于社会制度的变革，西方科学技术有了突飞猛进的发展，殖民主义国家对外扩张的势头愈演愈烈。他们十分觊觎发达强盛的中国，一方面要求开放港口，加强通商；一方面派出传教士传播西洋文化，进行渗透。

为防止境外商人扰乱中国市场，乾隆皇帝坚定一口通商政策，“向来洋船进口，俱由广东之澳门等处”入内，不许开通其他口岸，同时加强对西方商人的防范，严加限制出口商品品种和数量，不许“夷欠”，减少贸易争端。这些措施在当时的中国，对于控制西方国家的经济浸透、稳定国内市场、规范经济秩序，是积极有效的；但从另一角度来说，它也阻碍了中国当时经济的发展，降低了西方国家的对华贸易。

在借鉴和讳避西方文化上，乾隆皇帝一方面悉心学习洋为中用，一方面坚决抵制并大力清除。他毫不讳言地承认中西方文化的差距，他说：“从天文学、绘画、科学、技术来说，中国人与西洋人如果相比较，中国人还不过是个幼童。”因此，开始他非常赞成西方传教士来华传授科学技术，并制定许多优惠政策招来愿意来华效力的西方传教士，他自己也非常认真地学习天文、数理、音乐、植物、医药和科技等方面的知识。

然而之后，一些未经允许私自潜入内地的西方传教士越来越多，他们甚至进行秘密的宗教活动，纠合地方势力，干涉中国内部事务，引发了多起事件和反清起义。乾隆皇帝便颁布上谕，严厉取缔国内邪教，决定所有来华传教的疑犯，“俱著加恩释放。如有故意留京城者，即准其赴堂安分居住；如情愿回洋者，著该部派司员押送回粤”，全面实施禁教活动。

乾隆面对西方殖民侵略采取强硬的态度，断然拒绝殖民者的无理要求。对于诚意遣使来华的国家，乾隆则采取友好态度，但仍然一律拒绝通商。

整个 18 世纪中叶，乾隆面临着日益强大的西方列国和不断增长的国际贸易的压力，但依然盲目沉浸在自己“中央之国”的地位中。在这种情况下，中英两国一次较大的文化冲突来临。

乾隆五十七年（1792）九月，由前驻俄公使、孟加拉总督马戛尔尼率领的由科学家、作家、医官及卫队等九十人组成的使团，携带天文仪器、车船模型、纺织用品和图画等六百箱礼品，乘船自朴次茅斯启程。使团带有英王庆贺乾隆帝八十三岁寿辰的信函和国书。

乾隆帝对英使首次来华极为重视。1793 年 7 月，马戛尔尼一行抵达大沽，旋由接待大员陪同经北京前往热河（今河北承德）行宫。关于觐见礼节，马戛尔尼拒绝行跪拜礼。军机大臣和珅在热河约见使团，马戛尔尼称病不见，只派副使斯当东前往要求举行谈判。乾隆帝称该使“妄自骄矜”，对其来华别有所图，更具戒心，但仍表示可“顺其国俗”，行免冠屈一膝深鞠躬礼。

九月十四日，马戛尔尼在承德避暑山庄万树园觐见乾隆帝，正式递交国书并参加万寿节活动。马戛尔尼多次想与乾隆帝讨论两国贸易和建交问题，均无结果。

十月三日，英使提出书面要求六点：准英商在舟山、宁波、天津等地贸易；准英商在北京设货栈；于舟山附近指定一小岛，为英商停泊、居留、存放货物之所；在广州附近辟一地，准英商享有与上款相同的权利；英商在澳门、广州内河运货得免税或减税；粤海关除正税外悉免其他一切税收，中国应公布关税额例，以便遵行。

马戛尔尼拜谒乾隆

乾隆以所请与“天朝体例”不合，一一驳回，并说“天朝物产丰盈，无所不有，原不藉外夷货物以通有无”，警告英人不得再到浙江、天津贸易，否则必遭“驱逐出洋”。至此，马戛尔尼的使命归于失败。十月七日，使团一行乘船由运河南下杭州，然后改行陆路至广州离境，于次年九月回到英国。

在马戛尔尼回程路上写的“纪事”中，他说：“我们的许多书里都把汉族和鞑靼族混淆了，好像他们是一个民族。可是清君却在时刻关注着这权力的诞生地。”“在热河，鞑靼皇帝从他们祖先的传统中汲取营养。这时他们并不是完全在中国，也不仅仅只是在中国。”“两个世纪过去了，换了八个或十个君主，但蒙古人还是没有变成印度人；过去的一个半世纪也没有把乾隆变成一个中国人。”

马戛尔尼归国后将自己清朝一行写成游记，内对乾隆治下人民生活穷困，思想愚昧多有记载，其得出结论：“清政府的政策跟自负有关，它很想凌驾各国，但目光如豆，只知道防止人民智力进步。满洲鞑靼征服以来，至少在过去一百五十年里，没有改善，没有前进，或者更确切地说反而倒退了。当我们每天都在艺术和科学领域前进时，他们实际上正在变成半野蛮人。一个专制帝国，几百年都没有什么进步，一个国家不进则退，最终它将重新堕落到野蛮和贫困状态。”清朝“不过是一个泥足巨人，只要轻轻一抵就可以把他打倒在地”。

应该指出，乾隆帝坚持闭关锁国政策，并以天朝自居，使中国科学技术与欧洲差距更大，以致他逝世四十年后，尤其是鸦片战争之后，中国人民饱受残害百余年。

处理英商洪任辉事件

乾隆曾下令限制欧洲商人在华贸易活动，但这并不能遏制西方商人有扩大对华贸易的欲望，尤其是英国。18 世纪中叶，英国取代荷兰成为海上霸主，另外东印度公司已逐步在印度获得统治地位，并以此为根据地，扩大对华贸易。雍正九年，英国在广东设立分公司，派驻代理商，努力开拓在华市场。

对于乾隆限制只在广州交易的规定，视为罔闻，一切从自身利益出发，选择可以赚大钱的地方作贸易港口。于是实行闭关政策的清政府，与欲开拓市场的西方殖民者产生了矛盾，而乾隆二十四年（1759），英国商人洪任辉第三次闯入宁波港，正好激化了这一矛盾。

清朝之前已宣布禁止外国商船进入宁波港，因此洪任辉此次赴浙贸易，采取了更加巧诈的伎俩。首先他自己一行十二人先行探明情况，另由大班率大货船随后；其次，如果浙江方面阻止进港，洪任辉就以在广州受清朝官员勒索且被行商拖欠货款为理由，要求入宁波港向清朝投递呈词。五月三十日，洪任辉船至四礁洋面，果然被清兵船拦截至双歧港停靠，并责令其驶回广东。

洪任辉按其预先策划好的方案行事，回答说，“回广东生意不好，想要来浙交易”。这一要求被拒绝后，洪任辉又说，“我有呈词一纸，要众位收去，我即开船，否则仍须赴宁波投递”，随即递交了呈词，六月一日驶离宁波。

洪任辉并没有回广州。六月二十九日，直隶总督方观承上奏，在大沽营海口炮台外，发现一艘小洋船，内有一稍知官话者洪任辉供称是英吉利国四品官，一直在广东澳门做买卖，因行商黎光华欠他本银五万余两不还，曾在关差衙门告过状不准，又在总督衙门告状也不准，又曾到浙江宁波海口呈词也不准，今奉本国公班衙派他来天津，要上京申冤。

洪任辉还说：“我只会眼前这几句话，其余都写在呈子上了。”乾隆接到方观承奏折后，传谕两广总督李侍尧，要他约束和明示宁波禁止贸易；要浙江巡抚庄有恭留心察访，浙江省是否有内在接应之人。六月二十九日，又降旨解任审讯洪任辉呈词中所指控的粤海关监督李永标。

正当本案在审理之时，闽浙总督杨廷璋报告，七月二十八日在双岐港又发现英国商船，船上有水手一百名，在大班味啁率领下，装载着番银货物来宁波贸易。清水师告以宁波奉禁不准贸易，应速回棹。味啁托词不知情，且以篷帆破坏、食物用完为由，要求宽停几日。等到八月二十九日，因赖在浙江洋面不走，浙江地方官又传唤味啁，味啁只好道出洪任辉闯宁波、上天津是东印度公司所指使。

乾隆得知后，态度坚决：可以审理指控的案件，但是不能开放宁波港。八月二日，新柱和李侍尧在乾隆的指示下，在广州召见英国、法兰西、荷兰等六国商人代表，宣布说圣上宽以待人、体恤你们，所以你们要安静守法，不能妄听人言滋事，新柱还答应外商可以安心交易。这次召见，对于安定广州的外商起了一定作用。

九月四日，新柱等人将审讯结果奏报乾隆，内容包括：

一、李永标本人没有索贿，只是“到任以来，毫不实力查察，以致家人役恣意滥索，咎实难辞”，本应照“不枉法赃杖一百，流三千里”，因是旗人，照例枷六十日，鞭一百，解部发落。

二、关于行商欠款问题，查明实情，悉数归还。

三、洪任辉状告保商挪移外商货银，其目的无非是要给保商横加罪名，而后逼清政府取消保商制度，力图摆脱清朝的控制；新柱等人认为不能以“夷商一面之词逮易成规”，坚持了保商制度。

对于新柱等人的判决，以及修改过的洋船进出口规定，乾隆均表示认同。新规定减少了近一半的规礼银，显示出清朝在改善外商进出口管理方面的诚意。

此外，而有关呈词的执笔人问题，乾隆甚为注意，新柱也着力查究。洪任辉一口咬定，是福建人林怀在船上写的。此人住噶喇吧年久，于“今年三月坐船入关，五月已回噶喇吧”。又说，他在宁波做买卖，认识福建人郭四观、李受观、辛文观，这几人不是在国外就是已故，无从对证。闽浙总督杨廷璋也上奏说，浙江既然没有内奸，那么就出在广东。

新柱等人将在广州与洪任辉做买卖的人加以审讯，查出四川籍商人刘亚匾，“始则教授夷人（洪任辉）读书，图骗财物，继则主谋唆讼，代作控词”。乾隆决定公布此事，让外商知道天朝的制度，他指示一面新柱等人召集广州的外保商人，一面密传洪任辉。之后当众宣布谕旨：将刘亚匾“明正典刑”；洪任辉因勾结奸民，且违背港口规定，被判“在澳门圈禁三年，满日逐回本国”。另外，向外商宣布清朝对外贸易的基本方针：“论（中国）内地物产富饶，岂需远洋些微不急之货。特以尔等自愿懋迁，柔远之仁，原所不禁。今尔不能安分奉法，向后即准他商贸易，尔亦不许前来。”

在此次处理洪任辉事件中，乾隆不仅整顿了广州海关对外贸易的管理条例，更重要的是维护了国家主权。往来贸易的商人，必须尊重一个主权国家的法令，国家有权决定港口开放与否。但是，我们知道对外贸易也是互惠互利的，而乾隆以天朝富饶自居，并没有看到国外的先进之处，所以这也是乾隆实行闭关锁国政策的一个弊端。

洪任辉事件，让乾隆帝对来华贸易的西方商人产生了警觉。乾隆二十四年十二月，他批准了两广总督李侍尧上奏的防范外夷条规。

一、禁止外商居留广州越冬，即使有行欠未清，亦令在澳门居住，行商如有意捎留压滞货款，按律处治；

二、外商到粤，宜寓歇行商馆内，由行商管束稽查，非官充行商，不许设寓招诱；

三、禁止借领外商资本和外商雇请汉用人。嗣后倘有违禁借贷，照交结外国、借贷诓骗财物例问拟，借银查追入官；

四、严禁外商雇人传递信息；

五、外船停泊码头，应增拨营员兵丁驻防巡查。

这五项规定，规范了广州海关的外贸管理，以及对于外商的贸易和生活等。虽然有些不便，但乾隆鉴于洪任辉事件的教训，也是出于对社会稳定与大清帝国的安全考虑；同时，条例中也严格规定了对行商有意拖欠贷款的归还问题，用以保证外商正当权益。

乾隆二十四年闰六月，继关闭闽江浙三海关之后，乾隆又做出一项重大决策，即批准生丝出口。当时，江西道御史李兆鹏上折《严丝出外洋之禁》说访查到今年来，南北的丝货渐贵，是因为商贩为图重利，纷纷出口；他以国外换取之物不能补贴日用、避免日后国内急需为由，恳请皇上照贩米之例、禁止丝货出口。乾隆将李兆鹏奏折批给大学士会同部议，议论结果是同意。两广总督李侍尧提出，本年外商已买生丝，有的已搬运下船，应允许其出口，禁令请从庚辰年，即乾隆二十五年（1760）开始生效，乾隆降旨同意。

当时的对外贸易中，主要出口货物就是生丝和茶叶，每年仅湖丝出口价值就七八十万两甚至百万银两，以今天的眼光看，这巨额贸易是有利于刺激农村商品经济发展的。

然而禁止生丝出口，并没有使市场上生丝价格下降。因此，乾隆二十九年二月，乾隆又降谕解除对生丝出口禁令。经过实行这一法令，乾隆发现丝价与出口无关，而且禁止生丝出口有损于国内外人民的生计，于是决定照旧例实行，通商便民。

至此，乾隆将这一制定错的政策，及时、明智地更正了过来。

欢迎土尔扈特部的回归

乾隆非常重视和欢迎土尔扈特部回归伊犁。有的大臣却认为："自弃王化，按之国法，皆干严谴，事属可伤，实则孽由自作。"不主张抚慰。有的大臣说："以抢伊犁之故，其部众悼于远徙。"认为渥巴锡想趁准噶尔新亡，利用真空来抢伊犁，所以东归。作为清政府也有这样一种考虑，担心土尔扈特部众重返故地后，会扰犯边地，破坏边疆刚刚获得的安宁。

乾隆三十六年（1771）三月二十四日，乾隆在得悉土尔扈特部来归消息的两天后，增派正在返京途中参赞大臣舒赫德，命其"在何处接旨就此立即返回伊犁，协助伊勒图（时为伊犁将军）办事，此去伊犁，不必声张，务必谨慎，伊到彼处，真有其事，可细心从事"。

乾隆在得到舒赫德各种密报，及时得到了阿布赉汗向伊犁将军关于土尔扈特东归的报告和渥巴锡派格桑喇嘛快马向清政府说明东归的报告后，又认真听朝廷大臣的议论，在分析了这些大量材料后认为："土尔扈特部归顺，是因为俄罗斯征调师旅不息，并征其子入质，且俄罗斯又属别教，非黄教，故与全族台吉密谋，挈全部投中国兴黄教之地。”乾隆从当时土尔扈特实际处境来看：“彼已背弃俄罗斯，岂敢与我为难，是其归顺十有八九，诡计之伏十之一耳。”他指示廷臣对土尔扈特东返的意图，不必多加疑虑。

然而清朝的廷臣，民间的野吏为了维护清政府的利益，仍然是众说纷纭，不时俱奏条陈。乾隆根据得到的情报，最后做出了符合实际的判断：“明知人向化而来，而我以畏事而止，且反至寇，甚无谓也。”并进而制定了收抚土尔扈特部落的方针对策。

乾隆得知渥巴锡率土尔扈特十六万余人从伏尔加河出发，而到达伊犁仅剩七万余，不足其半，并且牲畜衣物尽失，“冻馁尪瘠之形，时悬于目而恻于心”。他感到对土尔扈特部万里来归，不能仅停留在口头上给予欢迎，而且还应当切实解决他们面临的生活困难。他说：“夫以远人向化，携孥挈属而来，其意甚诚，而其阽危求息，状亦甚惫。即抚而纳之，苟弗为之赡其生，犹弗纳也。赡之而弗为之计长久，犹弗赡也。”

乾隆说自己为此寝食不安，昼思夜想，了解困难详情，商讨赈济之方，“无暇无辍”，终于想出比较周密的解决办法。在乾隆的亲自布置下，清政府从陕西藩库贮银中调用二百万两运往甘肃购买物资。具体来讲，从游牧于伊犁、塔尔巴哈台、察哈尔的厄鲁特牧民手中购买马牛羊九万五千五百多只，又从清政府直辖的达哩刚爱、商都达布逊牧群拨出牛羊十四万，要求张家口都统常青负责将牲畜送往伊犁。又调官茶两万余封，屯田仓米四万一千石，从甘肃边内外及南疆各城购羊裘五万一千件，布六万一千匹，棉花五万九千余斤，毡庐四百余具，命陕甘总督吴达善和陕西巡抚文绶具体负责购买和运送这些物资，伊犁将军伊勒图负责物资发放事宜。乾隆要求伊勒图务必做到“口给以食，人授之衣，分地安居，使就米谷，而资耕牧”，保证归来的广大牧民建立起新的家园。以上赈济，共用白银二十万两。

此外，连续八年免除其赋税。直到1871年，国家百年未征土尔扈特部兵丁。

为土尔扈特部落回归祖国，清政府和俄国政府进行了针锋相对的斗争。早在乾隆三十六年（1771）三月，俄国政府致函清政府，如土尔扈特叛逃到大清，要求送还。乾隆作了认真考虑后指出，土尔扈特部为清朝臣子和人民，清朝理应安置，怎么能够送还呢？

理藩院在乾隆三十六年（1771）七月四日致俄国萨纳特衙门（枢密院）的咨文中明确宣称："土尔扈特渥巴锡等并非我们武力征服归来我国的，也不是我们从俄罗斯设计骗来的，是他们居住在俄罗斯忍受不了你们俄国政府压迫，希望得到我们皇帝的恩典，愿意做我国的臣民，精诚寻求来的，既然是如此恭敬顺从归附清朝，难道还有交给你们俄国治罪的道理吗？这是绝对不可行的事情。"

乾隆三十七年（1772）八月十二日，俄国萨纳特衙门再次行文清政府理藩院，要求将土尔扈特部交与俄方，甚至以武力威胁。理藩院即于乾隆三十六年（1771）七月八日复文，要点如下：

第一，俄国来文称，邻近各国，都没有容留别国属民的例子，清政府不应容留土尔扈特人。

第二，俄国政府来文称，将俄国杜丁大尉等一百五十名俘虏放回。

第三，俄国政府来文称清政府如不满足俄国的要求，就是不信守和平友好的誓言，恐怕要战争不停，人民没有安宁定居的日子。清政府答复或者用战争，或者用和平，我们清朝政府就看你们俄国政府自己拿主意了……我们清朝大皇帝只是想安慰扶养人民大众，一定不肯轻信别人说什么废除和好的信约，你沙俄如果想违背抛弃以前的协议，那就请便吧！表明清政府信守《尼布楚条约》，决不会屈服于俄国的武力威胁。

同时清政府通知伊犁将军舒赫德和渥巴锡，指出俄国政府来文的诬蔑和妄想的不实之词，说明来归的土尔扈特部人民绝对不可能再送给俄国的道理。

清政府在这次外交斗争中，义正词严，不怕威胁，致使俄国的无理要求彻底失败。

遏制沙俄吞食野心

雍正五年（1727）七月，中俄《布连斯奇条约》签订后，双方划定了喀尔喀地区的边界。第二年五月，又签订十一款的《恰克图条约》，主要内容包括：中俄中段边界以恰克图为分界点，东自额尔古讷河，西至沙毕纳依岭，界线以南为中国境，以北为俄国境，双方不得收容逃犯，俄商三年一次至北京贸易，每次人数不超过二百人，允许在京设立俄国教堂，等等。

《恰克图条约》签订后，版图上，我国贝加尔湖一带和唐努乌梁海以北的叶尼塞河上游的广大地区，均划归给俄国；经济上，俄国在恰克图建立了边贸市场，除沙俄官方商队外，还有私商往来贸易，贸易额逐年上升。18 世纪 40 年代，沙俄在恰克图贸易中周转额年五六十万卢布，18 世纪 50 年代初达八九十万卢布，乾隆二十一年（1756），仅贸易额就达六十九点二万卢布，二十四年更增至一百四十一点七万卢布，沙俄政府仅税收就征得十五点七万卢布。

清政府为谋求边境的安宁，不得已做出重大让步，签订《布连斯奇条约》和《恰克图条约》。然而沙俄政府野心勃勃，之后仍侵蚀我国东北、西北和蒙古地区。

沙俄历来垂涎我国东北黑龙江地区，尤其是 17 世纪末以来。此时，商品生产快速发展，全俄市场的形成，沙俄更急于开拓市场，因此其目标就指向了我国黑龙江流域。乾隆二十一年（1756），沙皇伊丽莎白·彼得洛夫娜派使者来华，随带俄国枢密院致清朝理藩院信件，提出俄国船只借道黑龙江的要求："俄罗斯驿递在理藩院呈递萨纳特衙门文书，内称伊国东北边界居人被灾，现造船挽运口粮，必由东路尼布楚地方阴葛达河额尔衮及黑龙江行走，求勿拦阻。"

乾隆二十二年八月，乾隆接到这份文书，以约定中无此条件，当即断然拒绝俄方的侵略性要求。为防止沙俄船只强行闯入黑龙江，乾隆一面指示理藩院行文批驳，另一面命令黑龙江边防台站官兵，“加意防范卡座，勿令私过”。

乾隆深知沙俄对黑龙江航行权赤裸裸的野心，于是决定加强防范。同年十一月，他批准蒙古土谢图汗桑寨多尔济的奏请，在蒙古车臣汗嘛呢巴达嘛部落与俄国接壤的各卡座，补足缺额兵丁。乾隆二十三年正月，又批准黑龙江将军绰勒多奏请，在靠近俄罗斯边界添设卡座，“委员巡查，日一会哨”。

乾隆三十年（1765），为了进一步摸清东北边境的河防，清朝组织力量，查勘了格尔毕河、精奇里江、西里木第河和钮曼河的河源。当年八月，黑龙江将军富僧阿上奏:“查呼伦贝尔与俄罗斯接壤之额尔古讷河，西岸系俄罗斯地界，东岸俱我国地界，处处设有卡座，直至珠尔特地方。”他建议，自珠尔特至莫哩勒克河，再添设二卡，并于索博尔罕，添立鄂博，逐日巡查。富僧阿还提出，每年六月派章京、骁骑校及兵丁巡查托克、英肯两河口以及鄂勒希，西里木第河，每三年派副总管、佐领、骁骑校于解冻后由水路至河源兴堪（安）山巡查一次，黑龙江官兵每年应巡查至格尔毕齐河河口，每三年亦应至河源兴堪（安）山巡查一次。对于这一建议，乾隆予以批准，这也有效地遏制了沙俄对黑龙江流域的蚕食。

除东北地区外，沙俄对我国的西北和蒙古地区同样是虎视眈眈。

乾隆二十一年（1756）七月，清朝准备出兵平定阿睦尔撒纳叛乱，但喀尔喀蒙古和托辉特部郡王青滚杂卜乘机叛乱，擅自撤回驻守伊犁各卡座喀尔喀兵丁，并派人抢劫第二十七至第二十九台站。叛变的青滚杂卜，企图逃往俄罗斯避难。俄国西伯利亚总督米亚特列夫得知后，立刻向沙俄外交委员会建议，为促使更多的喀尔喀部民叛逃，要收容这一小撮叛乱分子。俄国枢密院不仅批准了米亚特列夫的报告，而且还于乾隆二十一年八月十二日，在关于青滚杂卜叛乱声明所作的复文中，公然要求清政府用割让领土的方式，作为将来引渡叛匪的条件。

但是对于抓获青滚杂卜，乾隆做了周密布置。他任命赛音诺颜部亲王成衮扎布为定边左副将军，领军擒获叛匪，同时让喀尔喀协助，并要蒙古阿拉善部贝勒罗布藏多尔济派兵士至两千名以备调遣。乾隆说现在收入了准噶尔，北边就是俄罗斯境地，断不能让他逃脱远走。同年十一月二十八日，青滚杂卜在逃到沙俄边境杭哈奖噶斯地方被擒，沙俄的天真想法也成为泡影。

西北边防也要加强，乾隆二十六年（1761），参赞大臣阿桂奉命驻兵塔尔巴哈台（简称塔城）。七月，他向皇帝建议，在伊犁与乌鲁木齐之间的玛纳斯，库尔喀喇乌苏和晶河三处，“安设村庄，驻兵屯田”，又于乌鲁木齐至伊犁之间，设二十一个台站，每台站配备马兵五名，人给马两匹，绿旗兵十五名，人给马一匹，每台站再配骆驼四只。晶河以西台站归伊犁管辖，托多克以东台站归乌鲁木齐管辖。

第二年，阿桂经查勘后，又就伊犁至塔尔巴哈台之间的设卡地点，向皇帝建议，“拟自辉迈拉呼至爱呼斯、招摩多，自阿勒坦额默勒至伊犁河岸十七处，立木为记。对伊犁河四处，垒石为记。今春派护军统领伊勒图等前往安设讫”。阿桂的两次建议，乾隆均予批准。

前文说过，在平定阿睦尔撒纳叛乱前后，清朝在唐努乌梁海、阿尔泰乌梁海和阿尔泰淖尔乌梁海的管辖上，设旗分佐领，驻兵屯牧，确定贡赋。然而沙俄执意染指乌梁海，尤其是阿睦尔撒纳败亡后，更是加紧对乌梁海和额尔齐斯河上游中国辖地的蚕食。

叶卡特琳娜二世

乾隆二十七年（1762）新沙皇叶卡特琳娜二世执政，她曾叫嚷一定要制服中国。在她的支持下，沙俄军队不断侵入乌梁海地区。乾隆二十八年八月，据乌里雅苏台将军成衮扎布报告，俄罗斯在卫满河（即鄂依满河，哈屯河上游）、布克图尔玛库克乌苏（哈屯河上游）等处“造屋树栅”，这得到了乌梁海地区居民玛木特的证实。

乾隆通过沙俄这些活动，意识到其侵略的野心。九月，乾隆决定暂停恰克图地区的中俄贸易，以示对沙俄侵略行径的抗议。

恰克图贸易的停止，延续了中俄边贸中的闭关政策，但是因已成势而难以阻挡，“据恰克图往来之人及恰克图居住人皆言，俄罗斯尚通贸易”。乾隆三十年四月，乾隆重申禁贸令无效，只好重新开放。乾隆三十三年七月，俄罗斯哈屯汗派使者向清朝提出恢复中俄贸易十一款，内容包括“凡贸易悉循法令，不敢狡赖”“照旧派学生四人，随贸易人等来京学习文字”“嗣后边界逃窃事件，详定章程，严查速办”，等等。八月，乾隆降谕：“俄罗斯既知遵照章程，著准其通商。”恰克图禁贸令正式取消。

乾隆虽已看出沙俄的侵占准部之意，也采取了防御措施，但是中俄边界线太长，又远离清朝政治经济中心，防御力量自然不足，导致中国失去准部地区不少土地。同时，这也助长了沙俄野心，潜藏着更严重的边疆危机。

CHAPTER 11 第十一章 闻风丧胆的文字狱

文字狱，造就了清朝最大、最多的惨案、冤案，令人闻风丧胆。乾隆初期采用“宽仁”的态度，助长了社会的不良言论之风，对乾隆的统治造成了威胁。乾隆为保证江山的稳定，不得不采取血腥镇压，甚至是严苛的打击，到最后甚至妄想毁灭证据、消除人们对清政府残暴印象的证据。

盛世有危机

乾隆喜欢盛世，喜欢江山稳定。因此，要维护纲常的稳定，也是需要有力手段的，比如对于安分守己的“良民”，他“视如赤子”；对于不守本分的“刁民”，他则视如仇敌，必欲除之而后快。

乾隆朝确实是盛世，不过也存在危机，因为存在人口压力。人口增长本来是乾隆盛世最有力的证据，粮食总产量也创新高，但这种单纯的养育人口，甚至是以降低生活水平为代价，导致人均占有量大幅度降低，难免会发生生存危机，甚至是斗争反抗。

在这个人多地少、地租上涨、粮价上涨的时代，生存的竞争也空前激烈。据记载，乾隆初年，四川泸州的一块土地，每年向地主交租八石五斗。仅仅过了四年，地主就把地租提高到了二十四石。还有湖北黄冈的一块土地，原本收租三石，两年后，租价就上升到了六石。地租如此直线上升，使那些生活在社会最底层的佃户忍无可忍，不得不起来抗争。

乾隆六年（1742），江苏崇明等地因风灾减产，佃户老施二带头不交地主的田租，还组织周围的佃户，驱逐前来收租的地主。靖江县贫民沙九成等人“纠集多人，私立合同，喝令罢市，希图挟官报灾，免粮赖租”。另外还有拒交税收，乾隆十二年（1747），河南罗山县农民集体抗税，“刁徒七八百人各执木棍铁锨等物，并挟有草束，又复前来，公行叫喊，奉旨不完钱粮，不许差役催追旧欠”。

经济总量的扩大，经济结构发生着变化，必然造成经济冲突和经济纠纷日益增多。因此，民众的政治意识、权利意识也同步觉醒，就有了民间自我形成的组织。

虽然是政治文明的发展契机，但专制统治的乾隆第一反应是恐惧。在乾隆看来，“涓涓不绝，将成江河，萌芽不剪，将寻斧柯”。因此乾隆朝规定，严禁民间结盟、罢市、聚众殴官，如果至四五十人，那么“不分首从，即行正法”，显示了乾隆严厉打击“刁民”自发组织的风格。

闻听江苏崇明老施二抗税事件，乾隆的处理结果是“老施二依拟应斩，著监候秋后处决”。

乾隆十三年（1748），苏州米商囤粮抬价，一介布衣顾尧年和平到官府请愿，请求官员控制粮价，拯救贫民。为了表示自己对大清政府的恭顺，他特意“自缚双臂”并跪求。然而秉承乾隆不许对主动提出权利要求的百姓后退寸步这一原则的官府，竟然把顾尧年逮捕入狱。苏州百姓群情激愤，一起来到官府要求释放顾氏，官府却大加镇压，连续逮捕了三十九人。事情上报乾隆，奏折中的“聚众”二字令乾隆大为警惕。他说：“因近日聚众之案甚多，特命刑部定议，照陕甘刁民聚众之例，立即正法。”顾尧年等人因此被苏州官员杖毙于大堂之上。

平民告御状

乾隆二十二年（1756）四月初七，乾隆行至江苏与山东交界的涧头集，这时他刚结束了第二次南巡北返。初春原野碧绿，容易引发人们赞叹，乾隆对此往往诗兴大发，在心中酝酿着诗稿。

大驾突然停了下来，前面传来了喧哗声。

一眼望去，两个鸠形鹄面的人跪在路旁，手上高举两张纸，显然是灾民要告御状。

平民见天子，可谓诚惶诚恐。两个人哆哆嗦嗦地跪在皇帝面前，操着一口浓重的豫西话。乾隆费力地听着，好半天才明白，他们是河南西部夏邑县人，分别叫张钦和艾鹤年。说如今河南西部遭遇了严重水灾，夏邑知县孙默和河南巡抚图勒炳阿等官员串通、隐瞒灾情，百姓流离失所、无法生存，无奈之下只能进京告御状。

乾隆的眉头紧皱，怎么又是夏邑？

关于河南夏邑县的水灾，在这之前乾隆也是知道的。因为南巡至山东时，前江苏布政使、退休官员彭家屏在山东迎驾，以同样的说辞举报过了。

彭家屏本身就是河南夏邑人，乾隆并不很相信他的话。首先，图勒炳阿精明而听话。其次，朝廷规定退休在家的官员，应该安分守己，不得倚仗自己做过高官而干预地方公务，彭家屏举报的行为可疑。最后，乾隆很讨厌这个人，尤其是他还拉帮结党。雍正年间，他有过投靠雍正的宠臣李卫、政敌鄂尔泰的不光彩历史，所以乾隆对他印象不佳。

内心怀疑的乾隆又打量了他一番，彭家屏则表情镇定。乾隆首先判断这是图勒炳阿与彭家屏二人有矛盾，彭借机诬陷。身为皇帝，乾隆时刻提醒自己不要掉进官员们设下的圈套，成为他们斗争的工具。

既然如此，那就查吧。乾隆命图勒炳阿会同彭家屏一起，实地查勘并汇报。但同时，乾隆秘密派遣观音保化装成商人，深入河南夏邑考察。而开头的告御状，就是观音保出发后第三天所发生的。

这两个灾民的出现，让乾隆有些相信彭家屏的话了，老百姓是不可能在皇帝面前公然说谎的。按章办事，他一纸批文，把这两个人转交河南巡抚图勒炳阿，命他认真审理。

然而两天之后，行至山东邹县，突然路边又冒出一名告御状的人，同样的衣衫褴褛，同样的一口豫西口音。一问之下，同样是河南夏邑人，名叫刘元德，状告父母官办赈不实。

这一下连续两起夏邑人告状，从来没遇到过的事，这让乾隆不得不深思。彭家屏同样也是夏邑人，是巧合吗？乾隆从中嗅到了危机和阴谋，这很可能是一起有组织、有预谋的政治活动，即退休官员彭家屏在背后策划百姓不断出面，利用这次灾情来扳倒他们不喜欢的夏邑知县孙默和河南巡抚图勒炳阿。如果真是如此，很显然事情的性质就变了，不再是简单的告御状，而是官绅利用百姓、企图扳倒朝廷命官的政治阴谋，是颠覆王朝政治秩序的恶疾。

防微杜渐，乾隆坚决杜绝这种苗头。于是他命人锁拿刘元德，细细审问。他决心把那个他素来不喜欢的彭家屏从这起案件背后挖出来，最好能尽人皆知，杀一儆百。

“越级上访”不能开先例

在盛世危机的背景下，河南夏邑县多起灾民控告上司的事件，就成了无比重大的政治事件了。

果然不出皇帝所料，经过一番拷问，灾民刘元德交代，他来告御状，是夏邑县的秀才段昌绪和武生刘东震两个人共同资助的，这两个人鼓励他扳倒县太爷，说这是造福全县的大好事。

这个结果，乾隆不是很满意。他的直觉告诉他彭家屏与此事逃不脱干系，而且只有把彭家屏牵系进来，才能将案子扩大，大到震动全国。就在此时，乾隆的亲信、暗访的观音保回来了。

几天不见，观音保成了面黄肌瘦的样子，微服出行时新换上的湖绸长衫已经蒙上一层尘土。见到乾隆时，请安回道：“皇上，夏邑之灾，并非寻常水灾，而是百年不遇的大灾！”他说，夏邑和附近的永城县遭灾已经两年了，连年没有收成，而且积水未干，这一年仍无法下种，百姓怨声载道。由于多年重灾，县城里乞丐遍地，饿殍遍野；而且物价奇高，只有人价极低，满大街都是卖儿卖女的人。为了证明自己的调查结果，他还特意在灾区花了四百八十文买了两个孩子。

乾隆接过卖身契，沉默良久，一挥手：“你先出去吧。”他低估了这次的灾情，也没想到图勒炳阿和孙默欺君罔上、漠视民命达到如此程度，令人发指，必须从严以平民愤、肃官箴。但是，乾隆还有另一个疑虑，就是会造成“平民扳倒巡抚”的不良后果，甚至会极大地助长民众的自发斗争。

深思熟虑之后，乾隆将有关地方官员革职并发配，也勒令彭家屏立刻回家，以后不得以缙绅干预公务，同时让山东巡抚查出背后有没有其他主使。另外，乾隆下谕旨给河南老百姓，说这次案件并不是因为彭家屏的奏报，也不是因为“一二刁民”告御状，而是自己访查发现的。如果以后谁效仿这几个“刁民”，以下犯上，那么必然要受到国家的严惩。从这谕旨上看，乾隆是拒绝民间参与政治的。

乾隆认为，小民的智慧不可靠、言语不可全信。如果百姓表扬会促使官员步步高升，那么就会有假造民意出现；如果老百姓可以随便入京控告官员，那么，这些愚民不是很容易成为官场斗争的工具吗？因此，他全力维护农民的生存权乃至温饱权，但是决不允许农民有政治表达权，也就是不允许他的子民们告御状。

作为一个权力统一、专制控制的皇帝，乾隆最热爱的是秩序和稳定，最恐惧的是民众的自发性。虽然他也主动深入群众，比如南巡途中，他望见衣衫褴褛的百姓，会叫到驾前，细细盘问何以穷困，并加以赏赐；但是他是可以由上而下地询问，而不允许底层百姓由下而上地主动向他揭发。乾隆认为，国家政治的运转一定要在严格的政治纪律基础之上，百姓有了冤屈，应该按规定层层据实“赴上司衙门”，不应该直接找到皇帝这里；更不能采取“聚众闹事”等手段。

但这样仍会有个问题，就是底层百姓的上访，最常见的处理方法是被上级发回基层处理。如果“赴上司衙门控告”遭到拒绝，又该怎么办呢？

乾隆二十九年（1764）九月，湖南新宁县百姓刘周佑到知府处控告新宁县知县营私舞弊，代理知府不问青红皂白，将案子发回新宁县处理。新宁知县利用职权，挟私报复，收押刘周佑。县民忍无可忍，纷纷罢市以示抗议。

乾隆得知后，批示：抗官之案，虽事涉有司，应行参处，亦必首惩纠众之人。而于官员应得处分，不即汲汲究治，诚虑匪徒因此长奸，不可不防其渐也。也就是说，在以下犯上时，就要做好先被受惩的准备，即使有理也不行；而处理官员，不可过重。因为如果严惩官员，那么百姓必然得到鼓励，以后会变本加厉，助长“百姓对抗官府”的“刁风之道”。

从乾隆处理夏邑县案件来看，他正是秉承这一逻辑惩办官员和告诫百姓的。

祸水东引，文字狱大案

乾隆命山东巡抚审办刘元德、段昌绪、刘东震，山东巡抚当即发文给夏邑知县，也就是被控告的孙默，命他即刻抓捕秀才段昌绪和武生刘东震，并押解到山东。

得到命令的孙默，从中隐隐察觉到自己的乌纱帽可能不保，尽管革职的命令还没有从省里传下来。对此，他非常清楚如何办理这个案子。他没有像往常一样，派衙役抓人，而是亲自带领人马，前往秀才段昌绪家，命令全力彻底搜查段家，尤其书籍文章，一律搜出让他检查。

他知道，皇帝对文字之狱特别感兴趣。这些秀才们积习难改，平时一定会写些日记文章之类，而这些文章之内保不齐会有一两句牢骚怨望之语。如果找到一两句他们咒骂政府的证据，那么这个案子就会升级为政治案件，自己很可能就会脱身，起码也会减罪。

乌纱帽

大力搜查下，衙役们在段昌绪的卧室之中搜出了几页文书，居然是吴三桂起兵反清时的檄文抄本。这篇檄文，在八十年前广为流传，八十年后还留着，这是想造反吗？孙默如获至宝，连忙快马加鞭把这一“成果”汇报给图勒炳阿，图勒炳阿又添油加醋一番，八百里加急汇报给皇帝。

乾隆对政治上任何反清言论、行为都是十分重视的，又正好感到前两天对夏邑事件处理不妥当，因为各地密报已经传上来，说虽然皇帝各打了五十大板，但还是被人们普遍认为是“平民百姓扳倒巡抚”，可谓众所周知，因此不少地方都表示向“英雄”学习，准备进京告御状。

乾隆果断采取措施，因孙默和图勒炳阿侦破反清大案，所以就不计较讳灾这样的小事了，留任原职；命直隶总督方观承前往河南，与图勒炳阿一起彻查此大案，特别是要查清这个檄文到底从哪里抄来，背后有没有其他组织或者情由；此外，还命他们前往彭家屏家抄家，以检查是否也有这道檄文，令彭家屏进京候旨。显然，乾隆想尽办法要将他牵连进来。

四月二十六日，乾隆回到圆明园，结束了此次风波迭起的南巡。严审彭家屏后，彭家屏交代出自己家中确实存有几本明末野史，比如《潞河纪闻》《豫变纪略》《南迁录》等数种；然而他并不知道，他的侄子彭传听闻要抄家，连忙将禁书烧了，所以造成抄家结果与其交代大相径庭。

但方观承经过审讯刘元德，得知其告御状的状子曾经给彭家屏的侄子彭型看过，这从侧面证明，彭家屏与这个告御状事件确实有关，证实了乾隆的推测，这说明大案已成。

经过大臣们会商，一致认为其性质严重，必须严肃处理。“河南夏邑县地方士民，习尚嚣凌，素健讼为能，任意寿张，罔知名义乖戾取祸，遂有段昌绪等恶徒，居心狂悖，上干天和，灾祲之来实由自召”，因此段昌绪应该以大逆罪凌迟处死，因其无子嗣，只能将他的妻子司氏、妾陈氏，发给功臣之家为奴。

乾隆还是以宽仁为政的，将段昌绪的妻妾免于为奴；段昌绪以私藏逆书罪，“从宽赐令自尽”；彭传斩监候，秋后处决，没收家产中的房屋、衣服、器物等。据河南布政使汇报，彭家屏的家产有古玩玉器等一百九十余件，绸缎、毡褐衣服等七百余件，字画手卷八十余件，俱解送进京。

至于彭家的几千亩土地，乾隆却是予以当地贫民，这也算了了段昌绪为民请命的要求。这样处理体现了乾隆对退休官员以及地方秀才不安分守己、替百姓强出头的态度。他相信，这样的处理结果足以消除“百姓扳倒巡抚”事件的不良影响。

之后，乾隆令地方官员深入民间，了解百姓对此处理的反应。据河南布政使汇报，在听到把彭家屏的田地赏给贫民后，老百姓“跪听宣扬，踊跃叩头，欢声动地，称此千古未有之鸿仁，天高地厚，无有伦比，唯有顶祝国祚亿万斯年，还祈代为转奏”。

直隶总督方观承等则汇报说，这个案子处理之后，老百姓都对彭家屏等人无比痛恨，十分佩服皇帝的圣明和感激皇帝的大恩，并纷纷表示以后一定遵纪守法，不再“越级上访”。“据士民人等同称，我等自祖父以来，享圣朝太平之福，养长之恩。安居乐业，百有余年。恭逢皇上爱民如子，凡关民间疾苦，无不加恩矜悯。我等就虽属愚昧，亦有知觉，若尚不知尊君亲上，更何以生世为人？实不意竟有段昌绪、司氏、陈氏如此逆徒败类，我等无不同切愤恨，深怀愧耻。今蒙开谕。我等草野小人有何报答皇恩，从此唯有益加洗心涤虑，共相勉善良，祝愿岁岁丰登，人人守法，庶不致再费皇上天心。”

方观承说：“臣等观其情词恳切，老民等皆叩头呜咽，灾系出于衷诚，并无伪饰。”

看到这里，乾隆欢心地舒了口气。然后他下谕旨调图勒炳阿入京并解职，革职查问夏邑、永城两个知县，让其他官员引以为戒；另外，免除夏邑县等豫西四县历年所欠的农业税，本年所有税收也一并免除；并派出能员深入豫西，调查此地连续多年受灾严重的原因，准备通过兴修水利等方式加以根治。

吴英上书，逞才获罪

传统社会中，永远有那么一类读书人，心怀天下，却身无分文；尽管终身可能都不被重用，却也不甘心放弃“献身政治”“致君尧舜”的宏大理想，因为这是圣人告诉他们的使命。

乾隆四十五年（1780）七月五日早晨，广西布政使朱椿出门想去桂林城外一游。就在官轿刚刚出胡同时，路边出现一位老者，颤巍巍跪在路边，手中高举一册文书。朱椿见到就心生烦闷，这告状的还真是多，官身不自由啊！

等到随从把文书递到他手里，看到文书封面上题着“策书”两个字，原来是一份政策建言书。打开一看，端楷正书，笔迹清晰，内容有五条：请朝廷进一步减免钱粮，减轻底层人民负担；建议各地添设社义仓，以救济贫民；革除盐商盗案连坐；禁止种烟，以利人民健康；裁减寺僧，减轻社会负担。

文章层次清楚，条理分明，是一份良好的政策建议书。与一般的书生建言不同，这份报告还有许多定量分析。比如，在论述广西的种烟之害时，书中写道：“今种烟之家十居其半，大家种植一二万株，小家亦不减二三千。每万株费工人十或七八、灰粪二三百担，麸料、粪水在外……总种植烟苗始末之工费以图耕稼，种植杂粮，实可以活天下大半之人。”可见其心系国家的拳拳之意。

认真看完了策书，朱椿只觉脸红头涨，脸色也是一变，当即命身边的几个随从拿下此人，不要让他逃脱了。转而乘轿回府，细细审问这位老知识分子。

老人一看这位长官大人没有如期待的那样盛情款待、把他奉为上宾，反而疾言厉色，如审犯人。一时之间不知所措，跪在地上原原本本从头道来。

老人名叫吴英，是广西平南县人，读书一辈子，只中了个秀才。如今六十岁了，体弱多病，眼看着朝不保夕，不甘心就这样死去，便想把自己对国家和皇帝的忠爱之情化为这一纸策书，若能对社会有所贡献，也不枉在世间走这一遭。

朱椿连夜写信给广西巡抚，如实汇报情况，并认为这是一个严重的政治案件。其罪有二：一是普通读书人胆敢批评国家的政策，视为大不敬了；二是行文中犯了圣讳。原来，这篇策书中“圣上遵太后之遗命，免各省税粮，其德非不弘也……圣上有万斛之弘恩，而贫民不能尽沾其升斗”一段，两次用了皇帝名字中的“弘”字，没有避讳。

第二天，这桩案子就转给了广西巡抚姚成烈，姚成烈着手全力办案。他命人兵分两路：一路赶往吴英在省城的投宿地鼓楼街的涂鼎茂客店，逮捕客店老板和小二，搜查吴英的随身行李，看有没有其他字纸文书。另一路赶赴吴英老家平南县，把吴家搜了个底朝天，把吴英所有直系亲属二十多人都捆绑来省城，连夜进行刑审，结果有两人当场被打残，审讯的重点则是这份策书后面还有没有同谋。

审讯的结果非常简单：这确是吴英“实思献策，冀得功名，并非怨望诋毁”，自己一个人闭门所写，与其他任何人没有关系。

得知实情后，姚成烈立刻上疏奏报，并提出如下处理方案：

一、秀才吴英生逢圣世……不知安分，妄递策书……其中竟然冒犯皇帝的圣讳，并且有批评指责朝政之处，殊属丧心病狂，案情重大，未便稍宽。应以“大逆”罪，凌迟处死。

二、吴英的两个儿子吴简才、吴经才，亲弟弟吴超，亲侄子吴达才、吴栋才，均已经年满十六岁，请按照“缘坐”律，斩立决，先行刺字。

三、吴英的继妻全氏，妾蒙氏，儿媳妇彭氏、马氏以及未成年的幼子懋才、张才，还有幼孙亚宣、亚二、亚儿，幼侄伟才、观奇、亚三，都发配给功臣之家为奴。

六百里加急的奏折，万里迢迢到了北京。九月底，乾隆皇帝在和大学士九卿等人反复多次认真研究了这桩大案后，做出了如下决定：

第一、第三条如广西巡抚所拟，即吴英凌迟，女人及未成年者一律发配为奴。

但皇帝仁慈，改第二条吴英弟弟及子侄之斩立决为斩监候，秋后处决。

兴文字狱，令人难解

在传统社会，底层知识分子上书乃常事。中国早期历史上出现过许多“片言可致卿相”的传奇，比如博得相国之印的苏秦、张仪，再如东方朔以三千简上疏汉武帝，入仕为郎官。

乾隆即位之初，也曾广言纳谏，每年都会有一些千奇百怪的献策报送到皇帝御前。这些出自底层知识分子的作品多数粗陋无文，皇帝不过一笑置之，从未因此而开罪于人。但乾隆十六年（1751）起，皇帝一反常态，突然大开杀戒。因此，也就有了“献策文字狱”，之后还有“疯子文字狱”和“图碑类文字狱”。其中上述“吴英上书”就属于第一类。

乾隆十六年八月，山西省一个精神有点儿不正常的人，名叫王肇基，到官府投献了一副诗联，以祝贺皇太后寿诞。他自圆其说，“恭祝皇太后万寿，不过尽我小民之心，欲讨皇上喜欢……”“实系我一腔忠心，想要皇上用我，就将心中之事承奏于此”。诗联后面还附有一小段议论，虽然词句颠三倒四，但大致可以看出是评论时政的。地方官将此案汇报给皇帝，乾隆命将他“立毙杖下，俾愚众知其所炯戒”。

这是清朝首次将献文献策者处以死刑。此后，因献策而得罪的文字狱就连绵不绝，甚至有一起为了爱情而献书的。

乾隆四十一年，皇帝出京恭谒泰陵。护卫巡视御道的时候，发现鬼头鬼脑的一个年轻人，身上还揣着什么东西，便将此人送官审问。

此人名叫冯起炎，山西临汾人，三十一岁，是个秀才。原来他是想献给皇帝一本自己所写的书。书的内容是以《易》解《诗》，以期望能得到赏识，并借机娶妻。冯起炎家境贫困，难以娶妻，但暗恋两位表妹已久，幻想才子配佳人，结果屡试不中，只能突发奇想见驾献书。

冯起炎的梦想未能实现，乾隆也以此为笑谈说给后宫宠妃，难得宽容了他，留他性命，以“痴心迷妄”“欲渎圣聪”之罪，“刺字发遣”至冰天雪地的黑龙江，“给披甲人为奴”，在北大荒里终老此身。

除了这类“逞才获咎”型文字狱案外，还有一种更为令人难解，那就是“疯子文字狱”。

乾隆十八年，一个面黄肌瘦、衣衫破旧的人来到山东孔府，叩门投书，自称浙江人，叫丁文彬，是孔家的亲戚，说前日上帝临凡托梦，把孔府衍圣公的两个女儿许配给了他，他今天来做上门女婿。

他自命不凡，学富五车，文章“皆天命之文，性命之学”，请衍圣公过目。孔府将此事报官，审讯得知其从小父母双亡，是一精神病患者；年纪老大还没有成亲，因此精神越来越不正常，时常听到一个小人，自称上帝，在他耳边说话，指点他改写《洪范》和《春秋》，并且说已经命他当了天子，管理天下之人，用年号为“天元”，并且偷偷把自己的哥哥封为夏文公，族叔封为太宰。

山东巡抚杨应琚据实陈奏，说他因识得几字就自认身怀奇才异能，无出其右，幻想富贵美色；并且说他没有其他党羽，不是逆反之案，建议杀掉了事。

乾隆皇帝也认为此人是个疯子无疑，而且奏折中提到丁氏身体不好，经过大刑，已经奄奄一息。乾隆想了想，如果按正常程序，经三法司会审，再行文到山东，先后要近一个月的时间，即使再加急，也要旬余。为了不让丁文彬死在狱中，他诏谕杨应琚，根据丁文彬的身体情况，自行决定行刑日期，也可提前。

杨应琚得到谕命，亲自下狱察看丁文彬的情况，发现他说话时气短，精神极度萎靡，怕是撑不了几天了，于是立刻命令济南知府等当天布置法场；之后，丁文彬被凌迟处死，死前他口中尚且喃喃有词，念叨上帝的恩谕。

据不完全统计，乾隆一朝，类似丁文彬这样的疯子文字狱多达二十一起，前面提到的王肇基，同样在此列。乾隆谕旨，杀无赦：其中七起案件，疯子被凌迟处死，疯子的亲属也被连坐，或者处以斩监候，或者被赏给功臣人家为奴隶；另外十四起被从轻处理，也基本都是“斩立决”或者“立毙杖下”。

还有一类文字狱，就是“图碑类”文字狱。

乾隆三十三年八月，福建的一个小贩李浩，来到浙江省贩卖图文碑记，被浙江瑞安差役搜查，缴获了他所贩卖的《结盟图》《惩匪安良图》《孔明碑记》，报给知县。其实贩卖这些东西，就像贩卖财神像一样普遍，这些东西无非是民间劝人遵守圣法、弃恶扬善等。

李浩称，这《孔明碑记》的来头可不小。据说这一年二月二十八日，狂风大作，暴雨倾盆。风雨过后，广东东山寺院里出现了一块石碑，碑文是诸葛亮所题，内容是预测未来吉凶之事。百姓纷纷说是诸葛亮显灵，因而传抄。

本来，这是一件很小的事情，但是涉及文字，而且在“文字狱”这个敏感的时期，官员只好如实上报。经巡抚、总督，直报到皇帝那里，乾隆果然十分重视，批示“从重定拟，不可姑息”，而且嘱咐“决不能叫一个罪犯漏网或者自杀”。

各地官员也因此大做文章，结果可想而知，牵连众多，妻离子散的场景不胜枚举。

这些文字狱的发生，以及乾隆从严处理的手段，让人为之瞠目，匪夷所思。念及此，让人不禁怀疑到底是人们疯了还是乾隆疯了呢。

但凡对乾隆稍有了解的人，都知道他还算是个明君，但为何会出现与想象中不一样的画面呢？其实，乾隆十六年之前，乾隆对待文字狱问题还是很宽容的。

前朝雍正帝，在位期间曾经制造了多起著名的文字大案，比如吕留良案、汪景祺案等。乾隆对此也是腹诽不已，即位后立刻拨乱反正。乾隆命人将汪景祺的人头取下掩埋，赦免了文字狱中诸多被牵连之人，一时间天下读书人如沐春风，感激涕零；另外，为了遏制文字狱，他规定举报文字狱失实者，一律按诬告罪反坐。

这一系列举措，总算压制住了文字狱风潮。从乾隆即位到乾隆十六年，大清王朝文化领域风平浪静，波澜不惊。唯一可以称得上文字狱的就是谢济世私注经书案，而这个案子恰恰凸显了乾隆的宽容。

谢济世才华出众，却性格倔强。雍正年间，就因为肆意注书被罢官发配；乾隆即位，召他回朝，他迂性不改，把自撰的《大学注》《中庸疏》加以整理，又献给乾隆。乾隆因其离经叛道，“掷还原书，传旨申斥”。准备辞官的谢济世，被乾隆改湖南粮储道，以便他就近养母。历经风波的谢济世，性格不改，私自刊印、公开其注书。乾隆也只是生气，命人销书而已。

难得统治者如此宽容言论，乾隆初年一时之间评古论今、百花齐放，据说曹雪芹的《红楼梦》也就是在这个宽松时期开始写作的。可以说，乾隆十六年以前，对待读书人最为理解与包容；然而，自乾隆十六年起，皇帝心态骤变，大肆施行文字狱。

流言四起，暗藏危机

乾隆十六年（1751）七月初二，云贵总督硕色向皇帝密报，他在贵州安顺府普定县民间偶然发现了一件广为传抄的“奏稿”，假借大臣孙嘉淦之名所作，不过语言鄙俗，内容不实，主要攻击当今皇上失德，犯有“五不解，十大过”。

这“五不解，十大过”的具体文字已经遗失，但根据推测主要是说他南巡奢侈荒淫，还有金川之役滥杀官员等，甚至抨击清王朝。可想乾隆读到密报时的心情，睿智的大脑应该也是蒙蒙的吧。

乾隆即位，以雍正勤政为榜样，一心一意想做个理想中的明君：开明克己、仁慈公正、爱民如子。而他也知道雍正帝严苛的弊端，因此他也学习祖父康熙爷的宽大仁厚。

乾隆十六年以前，他的目标基本上达到了：减轻刑法、普免税粮、平反冤狱、恩待群臣，无时不显示他对臣民的关怀之情，可谓“万民欢悦，颂声如雷，吴中有‘乾隆宝，增寿考；乾隆钱，万万年’”。

显然，“伪孙嘉淦奏稿案”不在预料之中。乾隆命硕色着手追查，结果更加令人震惊。

硕色最初汇报此案时，乾隆以为这不过是少数几个人所传，查明后销毁就行了，一如既往地施行宽仁政策。不料，追查时发现这不是贵州一省的事情，全国各地都相继发现了这份伪稿，甚至连边远的少数民族地区都在争相传说。至于传抄阅读过的人，更是查不胜查，从各级官员、秀才书生到平民百姓，甚至乞丐、游方和尚等，也都知道。仅四川一省几天时间就抓获了二百八十多个传抄过的人，更何况全国。这样一份明显是荒诞无稽的伪稿，居然引起全国民众如此巨大的兴趣，甚至争相传说；而他的善政却被人们遗忘在脑后。

从乾隆十六年到乾隆十七年两年间，皇帝的全部注意重心都放到了这个伪稿上。在内心无比委屈、愤怒的情况下，他疯狂地下令查找真凶。全国各级官员因此而动，一年之后，数千人被捕入狱，全国风声鹤唳、草木皆兵，然而真凶却了无头绪。眼看终无结果，乾隆只好匆匆结案，把两名传抄过这个稿子的低级武官定为主谋，杀掉了事。

这一事件沉重打击了乾隆，于是风传此稿的百姓就要倒霉了。这时的乾隆想起了韩非子的话，对老百姓来说，最需要的是如畜生一样不断地加以鞭策，而不能“养恩爱之心”，因为老百姓是没有头脑的。

就在侦查伪稿案时，又发生了马朝柱反清案，这是对皇帝信心的又一次打击。

乾隆十七年（1752）四月十八日，两江总督尹继善向皇帝密奏，地方官在追查伪稿案时，在湖北东北的大别山区发现了一起聚众谋反事件。据侦查，有个叫马朝柱的中年人，自称有法术，在深山中以烧炭为名，纠集众人，意图不法。他还刻了一个大印，内有“统掌山河，普安社稷，即受天命，福禄永昌”字样，可见其不轨之心。

案件上报之后，沉浸在伪稿案中的乾隆，第一反应是怀疑马朝柱就是制造伪稿之人，因此严命地方官迅速进剿。马朝柱只身逃往四川，其妻、母、侄子被逮捕。审讯之下，发现了另一个巨大威胁。

马朝柱，安徽霍山人，自幼胸怀大志。自乾隆十二年（1747）起，就与霍山白云庵的正修和尚商量“起大事”。他效仿历代起义首领，宣称曾梦到仙人降临，传授法术武艺，许以高官令众人造反。为吸引众人，马朝柱于乾隆十四年（1747）十月，带人进山找到事先藏好的铜剑，宣称是仙人所赠；乾隆十五年（1750），他又对大家宣称，仙人赐予撑天扇，用此扇“能行云雾中，三时可抵西洋。并称西洋不日起事，兴复明朝”。众人信以为真，纷纷交钱入伙。

经过苦心经营，马朝柱在各地发展了大量信徒。他又在各地“散札招军，囤粮制械”，操练刀枪。并且已经派人员联络安徽、河南、四川峨眉山等地的信徒，互为呼应；并设立四将军职位，分统各部，约期举义。地方官率兵入山搜捕时，查抄出军械三百余件，硝黄数百斤，捕获起义骨干共二百余人。

马朝柱一案让乾隆十分震惊，从乾隆十七年（1752）四月至十二月的九个月间，他神经紧绷地批阅了马案奏章五十一份，传下谕旨五十八道，终于解决了这场意外发现的反清大案。

有了这两场大案，乾隆发现江山并不是看到的那样四海升平，阴暗的角落里还藏有自己不知道的危机。流言、反清起义等都是存在的，但也让乾隆费解。

他回想自己即位以来，对黎民百姓一直全力施恩，并无失德之处。他说：

“临御以来，爱民之心常如一日，遇有灾浸，不下数百万帑金多方赈恤。至于蠲贷展缓者，更难数计。正供而外，并无私粟加征，又非若前朝纵容贪残之吏剥民脂民膏也。即间或有不肖官员，略有派累百姓之事，无不立以重典，此实从来未有。”

人民当感戴国家休养生息之恩，共安乐利，实不解此等乱民，因何丧胆昧良，甘蹈法网？

现实政治让乾隆头脑中以儒治国的理想主义破灭了。

乾隆本以为，全力关注民生，善治天下，百姓就会记得皇帝的好，民众也不会起义造反，然而伪稿案和马朝柱案彻底推翻了他这个假定。乾隆十二年到乾隆十七年，正是大清帝国蒸蒸日上，接近盛世巅峰的“幸福时光”，全国人民的温饱问题已经解决，百姓安居乐业；这种情况下，仍然发生了马朝柱起义案，这让乾隆认为，心存不轨的“刁民”是任何时候都会存在的，总有人痴迷于皇帝梦而无法自拔。

此时的乾隆，越来越痴迷于阅读《韩非子》，他发现这个政治理论家的话，字字珠玑。韩非子明确指出，人世间一切关系都是虎狼型的利欲关系，“人之急利，甚也”。人们心中充满的是“自利之心”，无论是君臣、父子还是朋友，其实都是“用计算之心以相待”。老百姓心中只有利益，没有感恩；大臣们争权夺势也如此。

韩非子因此说，君主要控制臣民，不能全凭道德教化，更无须“养恩爱之心”，而是应该“刑胜而民静，赏繁而奸生。故治民者，刑胜治之首也，赏繁乱之本也”，手握“法”“术”“势”三种缰绳和鞭子，通过严刑峻法来强化权力的威慑力量，使臣民不敢乱说乱动。

乾隆开始怀疑儒家那套建立在人性善基础上的治国方案了，认为是理想的一厢情愿，只有韩非子的建议才是切实可行的。

就在马朝柱案侦破后不久，乾隆十七年十月，江西又查获了何亚四谋反案，紧接着乾隆十八年正月，福建又爆发了蔡荣祖谋反案。虽然及时被侦破，但也引起了乾隆对农民起义的高度重视。而且乾隆二十年（1755）以后，民间宗教和结社组织活动频繁，秘密宗教和会党五花八门，林林总总。

法家代表人物韩非子

因此，进入中期之后的乾隆对社会的控制越来越高压化，不遗余力打击民间宗教和结社，说：“左道惑人，最为风俗人心之害，必当严绝根株。”乾隆朝以前，清代统治者对于民间宗教首领和帮会首领也采取严厉打击政策，不过仅限于监禁之刑。乾隆却一改前例，查出即处死。

《字贯》字典悖逆案

乾隆四十二年(1777)初,江西新昌县衙门口,出现了一名目露凶光的中年人,其手中还拿有厚厚的一本大书,看样子是来告状的。

告状人叫王泷南,平时横行乡里,恶名远扬,是当地著名的"光棍"。他所挟书名叫"字贯",是乡间举人王锡侯新编的一本字典。他禀告知县说,这本书"狂妄悖逆",应对其严厉惩办。

知县和王泷南没少打交道,知道他与王锡侯有仇在先,所以早已心存警惕。知县接过书,粗粗翻了一遍,皱着眉头问:"这不过是一本普通的字典罢了,有什么悖逆之处?"

王泷南跪行几步,上前指着这本书的序,说悖逆之处在于这几句。

知县顺着看过去,作者王锡侯在自序中写道,《康熙字典》的检索方式有问题,字与字的排序没有连贯性,查起来很不方便;而他的这部《字贯》,则把同义之字,贯穿一处,便于查找,解决了文字之间没有联系的问题。但是知县想了想,没有发现有何悖逆。

《康熙字典》

王泷南急急地说:"《康熙字典》乃圣祖皇帝御制,王锡侯胆敢指斥圣祖皇帝所编字典不如他的好,这不是大逆是什么?"

知县"恍然大悟":"哦,原来如此!这不是鸡蛋里挑骨头吗?"刚说完,知县就感觉这句话不妥。沉思了一下,严肃地对王泷南说:"既然如此,这样的文字大案,我就给你报到巡抚大人处吧。"

乾隆中期,皇帝大兴文字狱,文武百官

也是宁左勿右，全力追查有关文字方面的案件，本着“宁可错杀一千，不可放过一个”的原则上报和处理。

江西巡抚海成是旗人，文化水平不高，但对“文字之案”向来十分积极。乾隆三十九年（1774），皇帝在全国开始推行“查办禁书运动”，大多数省份表现不力，查出的禁书数量寥寥；江西却成绩突出，在巡抚海成的紧抓之下，两年间查出“不法”禁书八千余部，列全国之首。

之所以列为禁书，有一部分当然不可避免是鸡蛋里挑骨头，海成也觉得《字贯》算不上什么大案。王锡侯说的这句话，顶多算得上“狂妄”，还未到“悖逆”的程度。不过事关文字，再小的事件也要上报，由皇帝来裁决。他把案子的原委写成一道详细的汇报，说这句序言毕竟语气狂妄，建议将王锡侯的举人头衔革去，以便审拟定罪。然而却没有想到小小的“狂妄”一词，竟能让他获罪入狱。

这两年乾隆朝不太顺利，首先第二次金川战争进行多年，去年才勉强惨胜，大清王朝的面子置之何在？这年年初，皇太后又去世，素来孝顺的乾隆当然悲痛不已。再者，推进“禁书运动”两年多，各地督抚以小心谨慎为由毫不用心，进展十分缓慢，乾隆对此也是一筹莫展。

这时，六百里加急的奏折加上样书被送到了乾隆的书房。心情不佳的皇帝拿起这本字典，读了读序文，感觉所谓“悖逆之处”确实没什么了不起的。漫不经心地读到第十页，皇帝的身子突然不动了，横眉冷对，怒发冲冠，提笔在海成的奏折上批道：“此实大逆不法为从来未有之事，罪不容诛，应照大逆律问拟！”

乾隆在这本字典中看到了什么呢，竟然如此失态和愤怒？翻开字典上第十页，作者王锡侯为了让读者明白什么叫“避讳”，把康熙、雍正、乾隆三个人的名字也就是“玄烨”“胤禛”和“弘曆”六个字写了出来，用以提醒人们，在写文章时遇到这六个字，一定不能写全，或者少写一个笔画，或者改用其他字，否则便犯了“讳”。

这是为读者、为他人考虑的一片好心，但是皇帝看到这些字的时候就不这样想了，更别说近来心绪不佳的乾隆看到这“大逆”了。美国人可以直接叫他的父亲汤姆或者彼德，在中国的传统社会里，尊长的名字是不允许直接叫的，儿子直呼老子的名字，就是滔天之罪。皇帝因此跳起脚来大骂海成，说《字贯》的“大逆”开卷即见，海成竟然说“无悖逆之词”，可见对待查案以及“禁书运动”的不重视，甚至是对皇帝的不忠爱。皇帝传谕给海成，骂他“双眼无珠”，骂他“天良尽昧”，又命他将逆犯王锡侯迅速押解进京，交刑部严审。就这样，王锡侯《字贯》案一下子升级为钦办的特大悖逆案。

在我们看来，乾隆的反应很是过激。毕竟在传统社会犯“讳”其实是难免的事，因为林林总总的忌讳太多了。乾隆皇帝在这个问题上本来是十分宽容的，雍正年间，许多人因为犯讳受罚，他大不以为然，刚即位就一再降旨说明：“避名之说，乃文字末节，朕向来不以为然。”因此，王泷南虽然千方百计陷害王锡侯，却没有想到做他犯“庙讳”“御讳”的文章；海成让“开卷即见”的悖逆字典《字贯》漏掉，也并不是他“双眼无珠”，而是这本来就不是什么“问题”。

思想文化需整顿

我们知道，乾隆是平稳继承皇位的，可以说祖父康熙、父皇雍正两代为他奠定了良好的基础，再加上乾隆初年的励精图治、大力改革发展，大清王朝也是逐步迈入盛世顶峰，远超前古的。

《周易》说“无平不陂，无往不复”，又言“处泰虑否”。中国古老的辩证法很早就阐明“物极必反”：凡事达到极盛的那一刻，往往就是转向衰败的开始。

因此，虽然政绩如此辉煌，乾隆却没有丝毫飘飘然。乾隆二十四年（1759）之后，他也是时时刻刻提醒自己，松散懈怠是不可取的。越是在事情进展顺利的时候，就越要打起精神、提高警惕，否则等到“马失前蹄”就得不偿失了，因此“保泰持盈”四个字越来越多地出现在皇帝的文件当中。乾隆二十五年（1760）

十二月，他在谕旨中对全国臣民说，当此全盛之日，自己“唯当益加兢兢业业，保泰持盈，用以上承灵休，以与我天下臣民共享太平之福”。在平定准部之后，他写诗自勉道：“日励自心强不息，敬天勤政又从头。”

乾隆并不是一个只说不做的皇帝，相反，他如同雍正帝一样勤政，在盛世的情况亦如此，而且更加兢兢业业，谨小慎微，奋发图进。乾隆是胸怀大略、雄心壮志，对待江山社稷他有着无穷的精力，他认为保持盛世难于创造盛世，只有用“争”的心态来“保”，才能真正“保”住胜果。因此，已然取得成效的盛绩被他搁置在一边，他希望从头开始，寻找自己统治中的漏洞，为大清王朝消除一切隐患，防微杜渐、防患于未然，确保后世子孙顺利执政以及大清王朝能永世长存。

那么，问题就是如今的大清天下还有什么漏洞呢？

乾隆为此“夙夜倍切”，经过细心梳理，他发现就剩思想文化领域了，也就是说到了该整顿的时候了。经过康熙、雍正两代文字狱，清王朝思想专制已经大大加强；但是前文也说过，那主要是针对士大夫的，而对于社会中下层的群众来说，他们的反清意识并没有彻底根除，“不法文字”私下也仍有大量存留。这从乾隆二十二年（1757）的彭家屏案可以看出，民间社会许多人家藏有明代的野史，甚至还有吴三桂的反清檄文。秀才们视如奇宝，争相传抄，还在上面批批点点，大表赞同。这也表明了一些人特别是中下层知识分子心中仍然执着于“华夷之辨”，并不认同大清满洲的统治。与此同时，或泄露或被查的几起零星民间暴动，比如乾隆十七年（1752）的马朝柱反清案，都打着“反清复明”的旗帜。这说明国家承平百年之后，汉人头脑中的“反清意识”仍然是社会动乱的最佳火种，是大清社会存在的最大隐患。

乾隆在儒家治国的梦想破灭后，就十分信赖韩非子的言论。韩非子有言，“太上禁其心，其次禁其言，其次禁其事”。统治者不仅需要有“硬实力”，还需要有“软实力”。清朝的父辈以及祖先成功地驯服了内地人民的身，却没能彻底地“驯心”。而只有达到“驯心”的统治深度，大清江山才能长久。然而“驯心”又最为艰难，只能在统治中慢慢引导和磨炼。如今，所有其他迫切的重大问题都得到妥善解决，乾隆也觉得应该好好整顿一下了，也是时候整改人们的思想文化了。

乾隆曾说，圣明之治，“始之以武，终之以文”。因此，在大清王朝宣布进入“极盛”以后，乾隆借机提出了“大兴文治”的口号。

“文治”的核心是为全国臣民确立一套正确、独立的历史观和价值观，因而在繁忙政务中日理万机的乾隆，同时还亲力亲为，在思想文化领域重点紧抓如下几件大事：

一是为天下臣民“御制”了一部标准的历史。

编写历史教科书是构建意识形态最强有力的武器，通过讲述“合理”的故事来构建和修改一个民族的记忆，是历来最高明的统治技术之一。三十三年，乾隆皇帝指导大臣编成《御批历代通鉴辑览》一书，系统讲述了从黄帝到明末共计四千五百五十九年的历史。

清朝之前的统治者多是汉人，因此在清统治者入关后改朝换代，更多的人认为是“华夷之辨”。按照传统的说法，少数民族入主中原，无论怎么解释，都是一种无法容忍的“本末倒置”。基于这种于清朝不利的言论和思想，乾隆在这部书中最着力的是确立新的“正统观”。乾隆从“天下一家”和“大一统”的角度重建“正统观”，重新论证了历代少数民族政权的合法性。另外，乾隆从《春秋》等传统经典中找到了证实自己言论的依据，“夷狄而中华，则中华之；中华而夷狄，则夷狄之。此亦《春秋》之法，司马光、朱子所为亟亟也”。他强调“天下者，天下之天下，非一家之天下也”，也就是说谁建立了“大一统”的政权，谁的政策措施有利于百姓的生活，谁就是自然的

《御批历代通鉴辑览》

“正统”。通过这部书的广泛传播，外族统治者首次占据了“道统”的制高点，有效地宣传和确立了自己统治的合法性。

二是根据时势需要，大幅度调整对一些当代历史人物的评价。

乾隆为人专制自负，他的一举一动都想着要为后世万代树榜样。所以他一贯瞄准那些事关全局的最艰巨、最棘手的问题，不给后代子孙留麻烦，而修正一些明末清初人物的评价就在此类。

从历史来看，清朝满洲人入主中原，也是有一大批有杰出才华的汉人帮助的，而且清朝建国后也有一些汉人入朝为官、辅佐清帝。因此，雍正帝在《大义觉迷录》中称赞投顺清朝的明臣“皆应天顺时，通达大义，辅佐本朝成一统太平之业，而其人亦标名竹帛，勒勋鼎彝”，这也表示了清初统治者对汉族功臣的一贯褒扬态度。

等到乾隆时期，清朝已经安定百年，攻守之势也已经转变。打天下之初，提倡“识时务者为俊杰”，而守业之时，“愚忠”的臣民是首位提倡的。为了“砥砺臣节”，乾隆决定把这些“事二君”者打成反面教材，以防止后来者在清王朝遇到危机时同样“应天顺时，通达大义”。

对于乾隆敢于翻整前案，这已经不是先例了，确实是手段巧妙、有魄力。乾隆四十一年（1776），他特命国史馆重新拟定编写，特立《贰臣传》，把那些“在明已登仕版，又复身仕本朝”的“大节有亏”的人物统统收入此类。他评价钱谦益等后来的降臣“大节有亏，实不足齿于人类”，而且同样批判那些为清帝国的建立立下汗马功劳的开国元勋，例如开国元勋范文程，虽然未在明朝任职，但因为原是明朝的生员，被乾隆评价为“与纯儒品节不无遗议”；李永芳是明朝在职官员中降清的第一人，功勋卓著，忠心耿耿，乾隆却认为“律有死无贰之义，不能为之讳”；再如洪承畴随多尔衮入关，入职内阁总理军务，功劳不胜枚举，乾隆却因为他曾是明朝重臣，叛明降清实在可耻。以上诸人皆被编入《贰臣传》甲编，以供后世批判、引以为戒。乾隆说，这样做“即所谓虽孝子慈孙，百世不能改者……此实朕大中至正之心，为万世臣子植纲常，即以是示彰瘅”。

三是大规模整理中国历史文献，营造博大恢宏的文治气象，用以证明盛世“文治之极隆”。

盛世中有充足的财力，乾隆因此大修官书，装点升平。乾隆一朝官修各种大型丛书达一百二十种之多，为中国历代王朝之冠，其中《续通典》《大清会典》等都成果斐然，尤为著名的就是众所周知的《四库全书》。

假借修书查禁书

乾隆三十八年（1773）三月，皇帝说，为了大兴文治，他决定在自己任内再创一项前无古人的纪录，修撰一部人类史上最大的丛书。皇帝下诏，鼓励藏书家们奉献自己珍藏的图书给国家用以修书，谁献得多，皇帝就大力奖赏谁。

为了防止人们怕“犯忌讳”而不献书，皇帝特意在谕旨中说：

“文人著书立说，各抒所长，或传闻互异，或记载失实，固所不免，果其略有可观，原不妨兼收并蓄。即或字义触碍，如南北史之互相诋毁，此乃前人偏见，与近人无涉，又何必过于畏首畏尾耶！”

心平气和、通情达理的话语，比照起康熙和雍正对忌讳文字的狭隘态度，简直是天壤之别。皇帝圣谕之下，各地积极配合执行，五花八门的图书源源不断地从民间输送到皇帝的书房，短短一年半时间，各地送来珍本图书一万三千五百多种，“遗文秘册，有数百年博学通儒所未得见而今可借钞于馆阁者”。

这让酷爱读书的皇帝十分兴奋，然而读了几日，皇帝却发现了一个严重的问题：为什么这一万多种书中，居然没有一本稍稍“反动”点儿的书呢？

可见，乾隆征集各种书目的原因，决不是简简单单编纂丛书，还隐藏着皇帝一个隐秘的想法。编撰图书，弘扬“正气”，是文治中“阳”的一手。然而对于任何一个重大举措，只有“阳”的一手是绝对不够的，所以乾隆修书的另一个重要目的就是，趁机调查一下“反动书籍”或者说“违碍书籍”在民间的收藏、流传情况，也想看看民间所藏的“悖逆书籍”到底有何种言论。他需要对民间的情况有一个通盘的了解，以便采取措施为后世彻底扫除那些“异端邪说”。

可是这一万多本书中，居然没有一字违碍，很显然，各地送书时，是经过精心筛选的。乾隆三十九年（1774）八月，皇帝下诏指责各地官员：“乃各省进到遗书不下万余种，并不见奏及稍有忌讳之书。岂有裒集如许遗书，竟无一违碍字迹之理？”

既然借此没有查到悖逆之书，乾隆也就索性干脆直接整治，在全国实行“禁书运动”。于是乾隆诏谕令各地大员，“再令诚妥之员前往（藏书之家）明白传谕，如有不应存留之书，即速交出”。并且要求各地官员严格搜缴，否则连带本地督抚都要问罪。

尽管上谕言辞严厉，但是禁书工作进展得还是十分缓慢，很显然官员们都很聪明，对于这种容易给自己惹麻烦的事，只能延用拖延的老办法，拖过去这阵再说。所以结果就是，在江浙等文化大省，所报上来的禁书数量寥寥无几，这让乾隆很是郁闷。

对于这些在官场上游刃有余的官僚，乾隆也是无可奈何，心中指责他们不了解他的良苦用心。所以乾隆只是用说的不管用，需要一个事实来震慑官员，最好是能够轰动全国的大案、杀一儆百，他也一直在寻找着机会，适时在地方大吏的耳边敲一记猛钟，惊醒这些糊涂而马虎的官员。而王锡侯的《字贯》字典案，正好给了乾隆这个开刀的机会。

《字贯》的作者王锡侯这一年已经是六十五岁的皤然老者，他自三十八岁考中举人后，连续九次会试都落第了。奋斗一生，腾达无望，眼看生计无所出，只好写了这本《字贯》，出版卖钱。没想到没赚到几个钱，却惹来杀身大祸。实际上，乾隆只是把他作为典型来警示臣民，所以冤枉不冤枉就不是乾隆该考虑的问题了。

圣旨既下，不管后语是否能搭得上前言，臣子们只能奉承“皇帝的话永远是正确的”，所以对于以“文字忌讳”问罪“村野之人”，就必须雷厉风行地执行。乾隆四十二年（1777）十一月二十三日，王锡侯被押解到北京，投入刑部大牢，刑部判决照“大逆”律将王锡侯凌迟处死。乾隆皇帝大开宏恩，从宽改为斩立决；他的子孙王霖等七人从宽改为斩监候，秋后处决；妻媳及年龄未及十六岁之儿孙都赏给功臣之家为奴。据抄家的地方官汇报，王锡侯的全部家产，把锅碗瓢盆、小猪母鸡统统计算在内，不过六十几两银子。王锡侯被押上刑场之时，“被诛时情状甚惨”，全家痛哭震天，见者无不掉泪。一个清贫的小知识分子家庭就这样被彻底碾碎了。

江西巡抚海成，完全是属于连坐，即使是冤枉也只能含恨而终。海成在禁书运动中可谓积极效力，成绩一度居全国之首，却因为这一次疏忽，被皇帝指责为“可见海成从前查办应毁书籍原不过空言塞责并未切实检查”，以前的工作成绩这就算是被全面抹杀了。在短短两个月间，海成先是被“传旨严行申斥”，随即“交部严加议处”，继而“革职交刑部治罪”，步步升级，直至刑部拟为斩立决。乾隆此时这才觉得火力够了，下令从宽改为斩监候；两江总督高晋也受到牵连，处以降一级留任。

这种“鸡蛋里挑骨头”的严苛是显而易见的，乾隆却也达到了他的目的，这起大案震惊全国，令全国官员战栗。乾隆几乎是蓄意地通过这种方式唤醒他的臣子们，像海成这样查办禁书的“模范”尚且“空言塞责”，你们该吸取什么教训？乾隆并不讳言他拿海成开刀就是为了给大家一个教训，“使封疆大臣丧良负恩者戒”。皇帝在上谕中说：“各省地方官当共加感惕，务须时刻留心查察，倘所属内或有不法书籍刊布流传，即行禀报督抚，严拿重治。”倘若仍然散漫不知用心办事，“嗣后别经发觉，必当从重办理”。

杀一儆百，是皇帝的惯用手段。在乾隆一朝政治中，经常可以见到小题大做、轻罪重罚的事例。除了情绪和性格因素外，乾隆行政之忽宽忽严，更主要是出于策略的考虑。

几乎所有雄才大略的君主都深懂恐怖的妙用，处于高压鞭挞的官员，他们的执行效率往往会更高，从而使底层民众更有纪律，更容易让人们记住统治者的仁慈，因而也使统治者更安全。马基雅弗利说：“令人畏惧比受人爱戴更安全。”一个不懂得“杀人立威”的君主，早晚会受到被统治者的轻视。而仁慈和宽容，只有在恐怖和严厉的背景下才更为人们所珍惜和颂扬。所以成功的统治者必须具有两面：一面是圣人一样的仁慈，另一面是狮子一样的残暴。

乾隆是一个专权专制的皇帝，因此他行事就要飘忽不定，不让人掌握他的统治定式，是极为重要的事；他的既定统治目标，也就是让人们永远处于战战兢兢不知斧头何时落下的心理状态。乾隆一贯认为，适时制造一两起出奇的、出格的大案，才能最有效地起到恐吓、震慑的作用，这对于破除阻力、推进某项政策可谓事半功倍。他非常喜欢司马迁的这段话，“商君之法，刑弃灰于道者。夫弃灰，薄罪也，而被刑，重罚也。彼唯明主为能深督轻罪。夫罪轻且督深，而况有重罪乎？故民不敢犯也”。

意思是说，商鞅对在道路上扔垃圾者施以重刑，是治国的好办法。把灰倒在道路上，本来就是一个小小的过错，对此小错而施以重罚，可以起到更好的宣传效果。乾隆认为，为了达到这种效果，冤枉几个小民，甚至几个官僚，都是无足计较的成本。因为他胸怀的是整个国家、整个江山的社稷。

乾隆确实是借此达到了目的，“字贯案”有力地推动了禁书运动。在此案之后，各省的禁书工作都雷厉风行地开展起来，各地先后设立“书局”，专门负责查缴“不法违碍”书籍。各地官员将禁书当作目前最重要的核心工作，其余工作就只好暂时搁浅了。他们在地方广贴告示，恫吓藏书之人，如果再不交出违碍之书，将“贻累及身，更累及于子孙”。许多地方官员充分发挥创造性，想出了种种阴毒的办法。比如浙江巡抚三宝说，他将全省的教职人员都分派回老家，让他们深入各自的亲戚家里，“因亲及友，细加访询检查”，并且把缴书的成绩作为将来升官的依据，“将来即以缴书之多寡为补用名次先后”。在三宝巡抚的启发下，各地官员也命令工作人员深入居民家中，甚至到穷乡僻壤的农民家中，逐户搜查。整个大清王朝几乎因此而被掀了个底朝天。

随着禁书运动轰轰烈烈的进行，有越来越多的违禁图书被查出，继而送到北京。成果是十分丰硕的，以前朝廷原来暂时存放不法书籍的方略馆都已经书满为患了，甚至是院子里也堆积如山。

那么，乾隆为什么对于这些书中的什么内容如此在意呢？这些如山如海的书籍中到底隐藏着什么秘密，需要如此兴师动众去搜罗并消灭呢？

康雍两代，禁书大约有以下两类：

一是有反清思想的书籍。汉人历来有狭隘的民族观。黄宗羲说："中国之与夷狄，内外之辨也。以中国治中国，以夷狄治夷狄，犹人不可杂之于兽，兽不可杂之于人也。"那些宣传"华夷之分，大过于君臣之伦"的传统历史观，以及宣传"夷狄异类，近于禽兽"的狭隘民族主义的图书当然是犯忌讳的。

二是记录了满洲人征服中国过程中种种暴行的野史。明末清初的书籍中，清朝入关争夺天下，必定会劳民伤财，造成社会民生的混乱；有些人就记载了很多满人的暴行，导致咒骂诋毁者为数颇多，这都是清代统治者十分在意的禁书。

而到了乾隆朝，文字狱的范围在这个基础上又大大扩展了。乾隆皇帝做事的特点是通盘考虑，斩草除根。康熙、雍正所针对的，主要是亡故作者的作品，而乾隆却把矛头扩大到了所有活人的"违碍文字"。他要修正的，不仅是反满情绪，还包括汉人对所有少数民族政权的"错误看法"。所以，他要禁绝的，不只是明末清初的野史，而且还包括宋元明时代所有指斥少数民族的字句。

因此，在乾隆的标准下，文字禁忌可谓多如牛毛：要忌虏、忌戎、忌胡、忌夷狄、忌犬戎、忌蕃、忌酋、忌伪、忌贼、忌犯阙……尤其是涉及"女真""满洲"字样的书和词句，要求更加严格。女真在中国历史上活动了很长时间，从宋至清，凡书中有涉"女真""女直""满洲"，甚至"辽东"字样的书籍，哪怕只提一个地名，都有违碍的可能。用这个标准来衡量，"忌讳"文字当然比比皆是，不法图书当然也就处处都有了。在宁左勿右心态的支配下，各地官员但凡遇到涉嫌“忌讳”的图书，不管三七二十一，一律收缴，请示“一体送毁”，因此大量文化书籍被销毁。

毁灭证据消记忆

皇帝为什么对民族情绪视如大敌呢？原因是清王朝与历代汉人王朝的建立过程有所不同。清代帝王最常说的一句话是“我大清得天下之正”，表示大清王朝的建立是顺应天意、光明正大的。

对于这个“得天下之正”，清朝统治者甚至是臣子有着这样的解释。他们认为，曹魏、西晋、唐、宋诸朝，都是在混乱的王朝之中，从孤儿寡母手中抢夺了政权，有偷骗、谋取抢夺的嫌疑，并不是名正言顺的；汉朝、元朝就更不用说了，可谓是“光明正大”地强取豪夺，征战之中，凭借着赤裸裸的头颅和鲜血建立的，章学诚的《丙辰割记》记载“然汉自灭秦，元自灭宋，虽未尝不正，而与鼎革相接”，蒙古族灭宋而建元，其实宋朝有什么错呢？再比如明太祖虽然是一介平民，但毕竟是元朝的子民，雍正帝在《大义觉迷录》中写道：“以纲常伦纪言之，岂能逃篡窃之罪？”

只有清代皇帝不存在这个心理负担，因为他们的天下是得之于“流贼”，而非得之于明朝。他们本是与明朝相邻，在见到邻国奴才起来造反杀了主子，义愤填膺之下才出兵镇压了奴才，替明朝君主报仇雪恨，“明朝天下亡于流贼李自成之手，是强盗劫去家财，赶出明之主人者，李自成也。我朝驱逐流寇，应天顺人，而得天下，是乃捕治强盗，明罚敕法之天吏也。”所以说起来，别人得天下都是靠抢和骗，而我大清则是因为“见义勇为”而顺理成章地取得了天下，建立太平江山，“于故明但有存恤之德，毫无鼎革之嫌”。这样的解释正好诠释了得到天下的“正理”。

其实，我们都知道这只是胜利者的托词而已。所以满洲人入关，并非像他们自己所说，是看到天下无主，才来“为内地人民服务”的。历代少数民族入主中原，其背后的心理动机都是对财富的掠夺侵占，满清王朝也不例外，甚至在建立王朝过程中的血腥、野蛮和残暴，在许多方面都创造了少数民族征服过程中的历史纪录。

明代时期的满洲民族，本来还是处于奴隶社会时期，经济也相对落后。明初年间，他们就经常从汉地和朝鲜掠夺人口，充当奴隶。明宣德八年（1433），锦衣卫指挥吴良出使海西，亲见当时的“女真野人家，多中国人，驱使耕作”。到了明末，女真人更是不事生产，全民皆兵。对外抢劫，成了后金国最主要的经济来源。

朝鲜使者在他访问东北后写作的《建州见闻录》中描述他所看到的情景说，满洲人最高兴的事是出兵抢劫。战争是满洲人的节日，一听说有仗可打，每个满洲人脸上都是抑制不住的亢奋。全城的满洲人都兴高采烈地穿上自家准备的原始盔甲，相互传告说：“抢西边儿去！”

“出征之时，满洲人无不欢跃。连军士的妻子亦皆喜笑颜开，唯以多得财物为愿。如军士家中有四五人者，皆争先恐后要求出征，专为财物故也。”

满洲军队的实力是慢慢增加的，他们在没有壮大到可以征服整个中国之前，只不过是掠夺内地的金帛子女而已。明崇祯二年（1629）至十六年的十五年间，满洲皇帝皇太极组织了五次声势浩大的抢劫。他们绕过山海关，从北长城的缺口袭入汉地，以迅雷不及掩耳之势横扫北京、河北、山东、山西数省。每一次都是积尸如山，血流成河。据记载，明崇祯十二年时，满洲士兵曾将济南屠城，留下了十三万具尸体和被洗劫得空无一物的城池扬长而去。

当时的满洲人还不懂得什么叫“重义轻利”，几乎是毫不掩饰自己的物质欲望以及野心，甚至不会为自己的凶残野蛮感到可耻。每次回来，都得意扬扬地大肆炫耀自己抢来的东西。比如，第五次抢劫凯旋后，领兵的阿巴泰等奏报如下：

“臣等蒙天眷佑，皇上德威，率大军直抵明境，至兖州府，莫能拒守。将明国鲁王及乐陵、阳信、东原、安邱、滋阳诸王，及管理府事宗室等官数千人，尽皆诛戮。计攻克三府、十八州、六十七县，共八十八城。击败敌兵三十九处。所获财货金万有二千二百五十两，白金二百二十万五千二百七十两有奇，珍珠四千四百四十两，各色缎共五万二千二百三十四，缎衣裘衣万有三千八百四十领，貂、狐、豹、虎等皮五百有奇，整角及角面千有六十副，俘获人民三十六万九千名口，驼、马、骡、牛、驴、羊共三十二万一千有奇……”

从上述汇报中可以看出，他们眼中的汉地之人，只不过是一群类似牛羊的猎物，因此他们在挥刀砍杀驱逐时，并没有丝毫的怜悯在心中，甚至是在他们抢掠回来的报告中，多数时候是把汉人和牲畜混报的。比如，天聪七年（1633）九月，“往略明山海关贝勒阿巴泰……奏报俘获人口及马牛驴四千二百一十有三”。第三次抢掠回来后的报告是：“共俘获人口牲畜十七万九千八百二十。”崇德元年（1636）九月，“往征明国多罗武英郡王阿济格……奏言……遂直入长城，过保定府至安州，克十二城，凡五十六战皆捷，共俘获人口牲畜十七万九千八百二十”。崇德八年（1643）七月，征明克捷，“共俘获人畜九十二万三百”。以至于后世的史学家为区分开人与牲畜的数字而头痛不已。

根据史料的记载，史学家估算满洲人在入关之前，至少掠夺了二百万汉人做奴隶，这些人相当一部分死在被驱赶入关的路上，其他幸存者则成了给满洲人当牛做马的奴隶。

清人成功入关之后，满洲人举族西迁，争先恐后到内地去直接抢夺侵占汉人的一切财富，史书上多次提到满洲人“罄国入关”“几经三十五六日，男女相继，不绝于边”。

入主中原，进驻北京，他们做的第一件事，就是大肆“圈地”。名义上说是把无主荒田分给东来诸王、勋臣、兵丁等人，实际上却是不分有主无主，强取豪夺汉人的产业。史惇《恸余杂记》中记载，最强横的圈地过程中，“圈田所到，田主登时逐出，室内所有皆其有也。妻孥丑者携去，欲留者不敢携。其佃户无生者，反依之以耕种焉”。

满洲人掠夺北京附近汉人土地的数量十分惊人，比如遵化州由于圈占和投充，剩下的纳税民地不到原额的百分之一；蓟州不到原额的百分之二；东安县更是彻底，“尽行圈丈讫，并无余剩”。清初诗人方文有诗云：“一自投充与圈占，汉人田地剩无多”，真切地描绘了当时圈占土地的惨状。

这些史书上的记载，让满洲人无可争辩，表明当时的他们对内地人民所怀有的，仍然是赤裸裸的抢劫、侵略心态。

随着清王朝的稳定发展，随着汉化程度的加深，清政府也相应调整了民族政策。康熙皇帝亲政之后，断然命令永远停止圈地，并且大力推动满洲人放弃奴隶制。可以说，康、雍、乾三代的高效统治，让这一百年来的中国人安享了一个多世纪的太平。

但是，历史毕竟是抹不去的。汉人内心的仇恨并没有随着时间的流逝彻底泯灭。再辉煌盛世的太平，也掩盖不了曾经血腥残暴的事实。清统治者也知道这一点，在回想历史的时候，也曾有过心虚；而基层的知识分子、平民，汉人的比重还是较大的，面对这些血债的时候，难免点燃心中那团“驱逐鞑虏”的火种。

清政府为了政权的稳定，对于民族反抗也是大力镇压，对于如此的证据，也是急于毁灭。

乾隆三十九年（1774）开始，武英殿前的字纸炉就经常不分昼夜地燃烧。在军机要员的严密监视之下，巨量珍贵图书在这些字纸炉中灰飞烟灭，随同消灭的是一个民族的大量记忆。

武英殿

乾隆对销毁工作的认真执着几乎达到了变态的程度，对于零星的言语词句都不放过。有些不法书籍被查禁得莫名其妙，大部分有“反清内容”的书，今天读来也没有多大“毒性”；可是乾隆却视如大敌，唯恐这样的“星星之火”可以燃起大火，威胁到他的统治。他规定所有查到的违碍书籍，为了防止扩散，都要“封固进呈”，也就是说，发现之后，立刻密封，不得使其他人看到，迅速送往北京。

许多官员头脑中的这根弦没有乾隆绷得紧，暂护贵州巡抚韦谦恒就是其中一个，而且因此而丢官。他认为这些图书数量太大，千里迢迢送至北京实属费人费力，不如在本地直接销毁。他奏请皇帝说：“将原书封固，发还书局，俟奉到圣谕，即率同司道等官传集绅士焚销。”意思是说，等皇帝批复一到，就把全省官员和绅士传来，一起观看焚书，可以起到很好的现场警示教育作用。不料乾隆接到这份请示后大发雷霆，朱笔连批带抹，痛骂他：“何不解事，糊涂至此！”“所办实属乖谬！”

皇帝为此事专门发了一道上谕，再次强调：

“贵州等地文化不发达，百姓心思幼稚粗鲁，这些不法书籍也许不会出现私下传播的情况。至于江浙等省，人们一听到有禁书，一定激起他们的好奇心，千方百计会弄来偷看，甚至私下广为传播。韦谦恒你本身是江南人，居然没有想到这一点？不知轻重，至于如此，看来你是一个糊涂不晓事的人，难堪大任！”

另外，乾隆还诏谕：各省查办违禁之书，屡经传谕，令各督抚检出解京，并经朕亲行检阅，分别查销。

乾隆朝“消灭记忆”运动，进行得十分周密和彻底，打击力度很大、范围也很广，以至于今天已经完全无法估量所承受的文化损失。据史料记载，乾隆销毁的书籍“将近三千余种，六七万卷以上，种数几与四库现收书相埒”。吴晗也说过“清人纂修《四库全书》而古书亡矣”！据近代学者推算，全国禁毁图书一万三千六百卷，焚书总数达十五万册，销毁版片总数一百七十余种、八万余块。除了焚毁这些书籍，明代档案也在乾隆的销毁之列，目前明代档案仅三千余件，其余预估不少于一千万份明代档案被销毁。

乾隆朝实施“文治”，本质上对中国古代文化造成了很大的冲击，在文化历史上可以说是一场浩劫。专制统治者总是希望留有好的一面，但其处理手段只能说是残忍的，消除他人文化和记忆的同时，更加体现其自私的心理。

乾隆心里十分清楚，无论工作多么细致，仅靠官员们的搜查，是不可能禁绝所有不法文字的。最有效的办法是通过制造空前的恐怖，使臣民们自己主动悄悄地销毁家中的不法文字。为了达到这个目的，乾隆帝不惜蓄意制造冤案、酷案，把一些语义含混的文字扩大成大案，借基层无辜者的脑袋来恐吓天下之人，这种打击力度让人难以认同。

江苏人蔡嘉树与王泷南一样，是江苏扬州的乡间无赖，原本租借了徐家的十几亩田地。乾隆十三年（1748），徐述夔之孙徐食田向蔡家提出要赎回这十几亩田地，而蔡嘉树占着不放，两家因此产生纠纷。蔡嘉树因此以徐氏祖父徐述夔刊印散发的书里有“忌讳之词”，向官府控告。

蔡嘉树指出，徐述夔在《一柱楼诗》中有“明朝期振翮，一举去清都”一句，说这是“非常悖逆之词”，江苏布政使陶易一见案卷，认为这“显系挟嫌倾陷”。然而，当乾隆看到此案件时，却批复说蔡氏所言有理。乾隆认为，此句乃“借‘朝’夕之‘朝’作‘朝’代之‘朝’，且不用‘上’‘到’等字而用‘去’清都，显寓欲复兴明朝之意，大逆不道至此已极”。

最终此案的结局是十分严酷的：陶易拟斩立决，皇帝降旨“加恩改为应斩监候，秋后处决”，不久后死在牢狱之中；徐述夔及其子已死，也开棺戮尸，枭首示众；徐食田兄弟等五人参与出版校对者拟斩立决，之后加恩改斩监候；徐述夔的两个曾孙及三个孙媳等，给付功臣之家为奴，全部家产造册入官；为他作序的毛澄仗打一百，流放三千里。

乾隆在文字狱的制造过程中表现出了一种难以理解的偏执理念，在他的蓄意苛求之下，全国各地诬告之风大行。几乎大清帝国每个人都生活在不安全中：如果你识文断字，那么你随手涂抹的几个字就有被人蓄意曲解的可能；即使你一字不识，你家的那个破筐烂柜里也保不齐有一两本祖上传下来的旧书，成为惹祸的源头。

戴昆是康雍时人，早已身故，地方官查办禁书时，发现他的书中有“长明宁易得”“短发支长恨”这样的句子，上报之后，被刨坟戮尸。他的孙子戴世道时年六十多岁，因刊刻了这本书，“奉旨斩决”。湖北黄梅人石卓槐书中有“大道日已没，谁与相维持”“厮养功名何足异，衣冠都作金银气”之句，不过发了点儿牢骚，被凌迟处死，亲属连坐。

“明”“清”二字本是诗词的习惯用语，为了避免祸端，只好不去吟诵清风明月。但是同音字等也在被查禁范围之内，比如乾隆四十七年（1782）有个劣监告发康熙年间的卓长龄著有《忆鸣集》，其中“忆鸣”二字，实寓“追忆前明”之意，结果卓长龄之孙卓天柱因私藏禁书，“从宽”改斩监候，秋后处决。

这些恶例一开，禁忌之处大为增加。墓志铭上常用“皇考”作为亡父的尊称，结果被地方官指为“悖逆”；为亡父刊刻的“行述”中有“赦不加息”之语，被人告发竟敢用“赦”字，实属狂妄之语；为人代作的寿文联语中有“绍芳声于湖北，创大业于河南”，“创大业”被定为造反的悖逆言语。

在乾隆近乎恐怖的高压搜查和打压下，其所取得的成效也是可观的。

在风声鹤唳之下，每个家庭都进行自我检查，刨地三尺，消灭所有不安全的文字。文人学士再也不敢吟风咏月，甚至不敢再写日记。朝廷大臣之间都不敢相互通信。胡中藻《坚磨生诗钞》案，内外臣工惊骇不已，乾隆担心下面或有非议，就在新任浙江按察使富勒浑准备离京赴任时，交代他一项特殊任务：到任后留心体察赋闲在钱塘（今杭州市）老家的协办大学士梁诗正的反应。梁诗正一见富勒浑，就大谈自己为官多年的诀窍：“笔墨招非，人心难测，凡在仕途者，遇有一切字迹，必须时刻留心，免贻后患。”在另一次谈话中，他又说：“一切字迹最关紧要，我在内廷时唯与刘统勋二人从不以字迹与人交往，即偶有无用稿纸亦必焚毁。”梁诗正的话典型地反映了乾隆高压政策下臣民的心态。

历史学家可以大致推算出通过修撰《四库全书》，清朝的官僚机构销毁了多少图书，却无法估计民间百姓自发销毁的文字数量。我们可以想象，如此政策之下，其数量绝对远多于武英殿前字纸炉中焚毁的书籍。

乾隆费心费力地大搞文字狱，整合天下图书致以“正统”，大清的子民也深知其险恶用心。乾隆四十四年（1779），安徽天长县的秀才程树榴对乾隆的做法极为气愤，在为朋友的诗集所写序言中借题发挥，隐约其词地说，“造物者之心愈老而愈辣，斯所操之术乃愈出而愈巧。”可以看出，这两句评语一针见血点出了乾隆制造文字狱的动机及手段。

在这风声鹤唳的时期，大网之下焉有逃鱼。不久之后，序言里如此激愤的话，就被程树榴的内弟王廷赞告到官府，指明这两句是影射当今皇帝，并且解释说，“我皇帝上春秋愈高，仁恩愈普”，怎么能诬陷是愈老而愈辣？“彼王锡侯、徐述夔等皆其自取，予以显戮，普天称快”，如何能说手段愈出而愈巧？

案情被汇报到乾隆那里，乾隆见其居心已经被揭穿，并且评点得如此精当到位，难得内心之中暗赞一下，并潇洒地表现出了惊人的一次坦率。乾隆这一年已经七十岁了，回顾一生制造文字狱的过程，他在谕旨中郑重承认王廷赞对程树榴诗序的解释点中了要害，“愈老愈辣”云云骂的正是自己，程树榴之所以含沙射影就是为王锡侯、徐述夔这些被冤杀者发发怨气、打抱不平。

按照惯例，程树榴必然被千刀万剐、满门被抄。然而，老皇帝这一次却表现出了出人意料的宽容，程氏“从宽改为斩决”，并不牵连家人。乾隆帝已经年迈，对于文字狱也饱含着复杂的心理，这一次“宽容”的降罪，不知道是不是对这些年文字狱所作所为的一种扪心自问、恍然有所失的反应呢？

CHAPTER

第十二章 乾隆皇帝多次出巡 12

乾隆效仿祖父康熙多次出巡，实地访查民情。在其屡次出巡的过程中，百姓的民生了解与自己的私欲同时得到了满足，他曾祭拜孔庙，六下江南，为后世兴建园林和土木，也曾尝尽江南菜品、整饬江南事务。游玩中不忘勤政，“马上皇帝”通过巡幸来直面天下民生。

南巡前的准备

乾隆十四年（1749）十月五日，乾隆降谕，定于十六年（1751）正月巡幸江南。

不同于西登五台山，东谒泰山、孔林，江南路途遥远。乾隆谕旨说这是“出于该省绅耆士庶，望聿心殷，合词奏清”，又经大学士九卿等集议而后确定的。也就是说，下江南是首先要了解江南军事、政治、河务、海防情形及闾阎疾苦；其次，对圣祖康熙南巡受群黎夹道欢呼盛况的仰慕；最后，带领奉皇太后游览江南秀丽山川，以尽孝心。

乾隆登基十五年之后，才决定下江南。他晚年撰《南巡记》说：“吾临御五十年，凡举二大事。一曰西师，一曰南巡。”“若夫南巡之事，则所为宜迟而莫速者。”乾隆登基十余载以来，先平定了贵州苗疆，后与准部息边议和，而金川之役又刚刚平息，财政状况也有所改观。乾隆十五年（1750）正月，他说，“上年军务告竣，岁值丰登，库帑储备，尽已宽裕”。江山呈现一片升平，乾

乾隆南巡江南

隆才考虑巡幸江南，也标志着乾隆朝步入巅峰时期。

南巡谕旨颁布后，江南地方官受宠若惊。十月中旬，闽浙总督喀尔吉善和署浙江巡抚永常就上折奏请皇帝，在临幸浙江时，阅视海塘工程，乾隆应允。

皇帝下江南，路程是首要问题。十一月，山东巡抚准泰奏，从山东到江南，有中、东二条道可供选择。中路从德州经兖郡至韩庄；东路则经泰安至红花埠。康熙时台儿庄以下河道浅，如果走中路至韩庄，还要纡道宿迁方可登御舟南下，十分麻烦；东路的路程虽长，但胜在方便，所以康熙走的是东路。当时，台儿庄以下运河已修通，御驾可由滕县沿着宽平道路到达黄林庄码头，登舟南下，路既短又方便。然而，乾隆以祖父为榜样，南巡时决定沿着康熙走过的东路。

乾隆十五年正月，乾隆说："朕巡幸江浙，问俗观风，清跸所至，除道供顿，有司不必过费周章"；他指示，路旁百姓冢墓，只要"于辇路经由无碍，不得令其移徙"，有些地方只要"间或蔽以布帷营蒯之属"就可以了，乾隆批示："总以务朴省事，及息浮议为要"，意思就是不希望百姓利益受损，从而引起訾议。

十月，闽浙总督喀尔吉善又奏请：行至杭州、嘉兴两郡俱系水乡，为避免多挖废民间田园等，建议由副河前进；此外，浙江运河纤道，没有士兵站立之处，因此酌定于支河汊口岸，各安卡兵二三名；两岸村镇居民，许令男妇老幼跪伏瞻仰。乾隆也欣然采纳这二条建议。

乾隆声称，下江南目的之一，是要巡视河务，"今堤工巩固，引河顺轨，此次似无庸临视"；杭州候潮门外有观海楼，可远眺中小亹引河，以前圣祖曾临幸，今应略加修饰，以备巡览。此绍兴府之南镇、兰亭二处，近接禹陵，从前圣祖未曾临幸，该处俱有房屋，可略加修理，此次是否临幸，恭候钦定。

三月，向导大臣努三、兆惠等奏，朱家闸引河等八处"均关运道民生，工程紧要，仰请亲临阅视"。关于到绍兴禹陵奠祭，努三等认为有困难：一是"河道狭窄，仅容一船，经过石桥四十余座，须折毁过半"；二是"旱地安设营盘，地气甚属潮湿"。但乾隆执意要去禹陵，说石桥不必拆毁，河路窄的地方可以驾小船，另在湾岸稍宽可停泊处，造一大船，专备晚间住宿，不必于旱地立营，就可避免潮湿。

对于南巡所需大量费用，乾隆批准两江总督署江苏巡抚黄廷桂奏请，于乾隆十五年在江苏宝苏局增铸“八卯”，至第二年即辛未年停止。另外，沿途各省截留漕粮十万石，浙江省因温州、台州等处受灾，准许截留漕十五万石，以资市场平粜；全行豁免直隶、山西、河南、浙江四省未完的耗羡银；江苏、安徽、山东三省免未完的十分之六。乾隆十六年（1751）动身时，又谕免除所过州县十分之三的应征额赋。

为保证南巡期间河道畅通，乾隆下诏地方政府：

一、批准两淮盐政吉庆奏请，于乾隆十五年（1750）十月，预运第二年盐四十万引，每引加耗二十斤，作为盐商先期赶运耗费的补偿；

二、准浙江省奏请，令杭、嘉、湖等府漕船，全部于乾隆十五年十二月初开行，以保证明年二、三月该地区运河畅通；

三、浙江盐商因资本微薄，准其按销地远近，于乾隆十五年冬远者预领十分之五，近者预领十分之三，正课先纳，其他例输引杂公费，缓至明年四月交纳；

四、京口等处为南北咽喉，百货丛集，轴轳衔尾，如果先期于各处早为拦截，必然导致商贾裹足，市价昂贵，因此拟在御舟抵达前三五日，稍令商船避入支港，待御舟过后立即放行。

乾隆十五年十一月，总理行营王大臣和硕亲王允禄等奏南巡随从官兵及马匹、船只安排情况。

一、随从官员除已派外，再派侍卫三班。

二、兵丁原定派八旗六百名，健锐营四百名。但江浙一路俱乘船，健锐兵久不操练，应停派。

三、到达江南登舟后，量减各处官员，仅取差使无误者，其余俱留河北，其前锋护军等兵，减派五百名，合之江宁迎驾兵二百名，足敷差使。章京拟派四十员，虎枪侍卫兵拣选四十员，俱先发放二月路费，途中计日补给，应骑马官员，仍于京中全数给发，随驾大臣官员，明春俸银于今冬先放。

四、皇上登舟后，随行王大臣马不必过河，令与官兵一体留住江北。

五、江浙旱路应需马匹，除御马用船载住外，随从人员用马照康熙年间例，取用于地方。大臣一员马五匹，章京侍卫一员马三匹，护军紧要执事人等马二匹，余下的二人马三匹，合计需用马六千六百九十余匹。

六、由徐家渡至直隶厂，由小五台至平山堂、高曼寺，由苏州至灵岩、邓尉、虎邱等处，非紧要差使，俱留于舟次，约需备马四千匹，仍令每十匹外多备一匹，以便添用。

七、船多反致拥挤，拟大臣每员给二只或一只，其侍卫官员等二三人或四五人一只，拜唐阿兵丁八九人或十数人一只，酌量匀派。除装载物件便民船二十五只外，统计沙飞，马溜船四百四十只即可敷用，已预备的多余船只，各觅生理，不必守候。

八、随行官员人等，在十里以内者回船住歇。米粮柴草，派地方官招商于行营左右公平售买，其黑豆令山东巡抚采买，运往沂州一带接济。

临行之前，两江总督黄廷桂奏，马匹太多难以安顿，闽浙总督喀尔吉善也报告说，“马多道窄，恐致喧挤”。乾隆同意减除每十匹之外多备的一匹。

十二月十六日，乾隆申谕南巡期间文武官员、兵丁应凛遵事项：

“如所在行宫，与其远购珍奇，杂陈玩好，不如窗明几净，洒扫洁除，足供住宿之适也”；

“经过道路，与其张灯悬彩，徒侈美观，不若都屋茅籓，桑麻在望，足现盈宁之象也”；

“阛阓（街市）通衢，人烟稠密，正以见懋迁有无之乐，不得因道路湫隘，俾迁移廛舍或致商民失业也”；

“其扈从满汉文武大臣官员侍卫等，皆当奉公守法，不得与地方官往来交际，潜通馈遗”；

“兵丁及随从人等，著该管大臣，各严加约束，绎行所至，不得稍有滋扰，春苗遍野，无得践踏，违者察出从重治罪”。

任命大学士一等公傅恒为南巡行营总理。

南巡的准备工作一应告罄。十二月十九日，乾隆下诏巡幸江浙期间，著庄亲王允禄、履亲王允祹、和亲王弘昼以及大学士来保、史贻直在京总理事务。南巡期间，乾隆为密切注视着其时刚平定叛乱后的西藏局势，于二十一日颁谕军机大臣，南巡期间，凡西藏四川军机文报，应立即递送行在。河南、江苏、浙江各督抚，应酌量地方情形，安设腰站，派拔夫马，限定时期，相接邮传，以免迟误文报。

乾隆六下江南

乾隆帝于乾隆十六年（1751）、二十二年（1757）、二十七年（1762）、三十年（1765）、四十五年（1780）、四十九年（1784）六次巡幸江南，每次一般都要到江宁（南京）、苏州、杭州、扬州，后四次还要到浙江的海宁。

六下江南所经之地和所做之事，虽然不尽相同，但大体上包括以下几个方面，即免赋恩赏，巡视河工，观民察吏，加恩缙绅，培植士类，阅兵祭陵。

乾隆帝在六下江南期间，多次下谕，蠲免江、浙、皖上千万两银子。第一次南巡时，谕免乾隆元年至乾隆十三年江苏积欠赋银二百二十八万两、安徽积欠三十万余两，及浙江本年应征银三十万两。第二次南巡，谕免江、浙、皖三省乾隆二十一年以前积欠钱粮，又免浙江漕银二十余万两。第三次南巡，谕免乾隆二十二年至乾隆二十六年三省积欠钱粮，又免浙江漕银等项二十七余万两。第四次南巡，谕免江苏、安徽钱粮一百四十三余万两及浙江十三余万两。第五次南巡，谕免江苏、安徽乾隆三十九年至乾隆四十四年欠银一百三十余万两。第六次南巡，谕免江苏、安徽欠银一百三十余万两。总计六次南巡免银在一千万两以上。

乾隆以祖父康熙为榜样，极其重视河工海防，把它视为六巡江南的一个主要任务。江苏、安徽、浙江经常发生水灾，乾隆七年（1742），黄河、淮河同时涨水，江苏、安徽的海州、徐州等府五十余州县“水灾甚重”，灾民多达七八百万人。在乾隆写的御制《万寿重宁寺碑记》和《南巡记》里，他着重讲道，“南巡之事，莫大于河工”，“六巡江浙，计民生之最要，莫如河工海防”，“临幸江浙，原因廑念河工海塘，亲临阅视”。

这些话并非空谈，而是乾隆倾尽全力大兴河工的历史实际的真实概括。河工兴修规模之大，投入财力物力人力之巨，兴修时间之长，乾隆可以称为古今唯一的帝王。以经费而言，每年河工固定的“岁修费”，多达三百八十余万两，约占每年朝廷“岁出”额数的十分之一。临时兴修的大工程，又动辄用银几百万两，像蔺阳青龙岗之工，“费帑至二千余万”。

在乾隆四十九年的御制《南巡记》里，他对几十年大兴河工的情形作了总结，主要是四大工程。第一项大工程是定清口水志，加固高堰大堤，基本上保护了淮安、扬州、泰州、盐城、通州等富庶地区免受水淹；第二项大工程是陶庄引河工程，在陶庄开挖一条引河，宽八九十余丈，长一千余丈，深一丈余，以防止黄河河水倒灌清口，引河开成以后，解决了“倒灌之患”；第三项大工程是在浙江老盐仓一带修建鱼鳞石塘，历时三年，花银数百万两，修建好鱼鳞石塘四千一百余丈；第四项大工程是将原有范公塘一带的土塘，添筑石塘，修了三年多。这对保护沿海百姓生命财产安全起了重大作用。

五六十年以后，陈文述对比当年海塘利民与现在失修灾害加剧时，写下有感而作的《议修海塘》诗说：

叹息鱼鳞起石塘，当年纯庙此巡方。
翠华亲莅纾长策，玉简明禋赐御香。
列郡田庐资保障，万家衣食赖农桑。
如何六十年来事，容得三吴骇浪狂。

此外，《南巡记》里还提到将高家堰的三堡、六堡等原来用砖砌的堤一律改为石堤，徐州城外添筑石堤直至山脚。仅据《清高宗实录》的记载，六巡期间，乾隆对黄河、淮河的河工及浙江、江苏的海塘，下达了数以百计的上谕，指示治理，动用了几千万两帑银，完成了多项工程，对减少洪灾、保护百姓田园庐舍和生命安全起了不能抹杀的重大作用。

南巡期间，乾隆对礼遇致仕大臣和“培养士类”做了大量工作。

他起用或擢用办事实心颇有政绩的大臣，像原任大学士的陈世倌、史贻直和大学士管江南河道总督的高斌，都是当时的能臣，仅因小过或一时不顺上意，而被降被革被致仕，使其才干无所施展，于国于己皆有损害，现在借南巡之机，乾隆谕命他们三位都官复原职。原礼部侍郎沈德潜乃江南文坛泰斗、大诗人，原刑部尚书钱陈群诗书皆优，二人在江南甚至在全国文人士子中德高望重，皆为乾隆帝所赏识器重。

乾隆南巡时，对二人十分优遇，既赐沈德潜御诗，又为沈主持的紫阳书院题额“白鹿遗规”，并亲写长诗相赐，还加沈德潜礼部尚书衔，给予俸禄，谕令钱陈群依其原官刑部尚书给俸，这在缙绅中产生了良好的影响。

“培植士类”的主要措施有二：一是增加生员名额。六次南巡，大约增加江苏、浙江、安徽三省生员名额五千六百六十四名。也就是说，每次南巡增录的生员，相当于每三年一次录取名额的四分之一左右。二是考试敬献诗赋的士子。试题均由乾隆亲出。

第一次考试江苏、安徽、浙江进献诗赋的士子时，江南（江苏、安徽）取了一等五名，依名次顺序是蒋雍植、钱大昕、吴烺、褚寅亮、吴志鸿。浙江取中一等三名，即谢墉、陈鸿宝、王右曾，均特赐举人，授为内阁中书。以后五次南巡，每次取中的士子，名额又多了一些。

通过这六次考试，清政府发现和培养了一批饱学之士，他们之中的一部分，有的成为政界能臣，有的成为学界泰斗，有的成为诗文书画大家。先以第一次取中的八位士子来看，江南一等第二名的钱大昕，历任编修、侍讲学士、学政、少詹事，精研经史，诗文特优，著作等身，撰《南巡盛典·金山》，写了《唐石经考》《二十二史考异》（一百卷）、《元史艺文志》《潜揅堂文集》（五十卷）、《诗集》（二十卷）等几十种著作，被公认为有清一代经史权威、学界泰斗、文坛大家、诗词巨匠。谢墉，浙江一等第一名，历任编修、内阁学士、殿试读卷官、吏部侍郎、上书房行走、国史馆副总裁、四库全书馆总阅。另外，褚寅亮、王右曾等人也是著述甚多，成就很大。

以后第二、三、四、五、六次取中的士子，也是人才济济。像孙士毅，历任四库全书总纂官、云南巡抚、两广总督、吏部尚书、大学士。王昶，历任鸿胪寺卿、大理寺卿、左副都御史。特别需要强调指出的是，考取的士子中，不少人参加了《四库全书》的编辑工作，有些人还是重要人物，对编纂《四库全书》做出了突出贡献。仅据初步统计，名列四库全书馆任事官员的便有十六七位，他们是副总裁沈初，总阅官谢墉，总纂官陆锡熊、孙士毅，总校官陆费墀，翰林院提调官冯应榴，武英殿提调官韦谦恒，总目协勘官程晋芳，纂修官、分校官金榜、王念孙、张培、鲍之钟、沈叔埏、杨揆、赵怀玉等。

乾隆江宁阅兵

南巡期间，乾隆还在苏州、杭州、江宁、嘉兴等地多次阅兵，检阅军队操练，整饬营务，对所到之地的地方官员予以考核奖惩升降。另外，他还游遍江南名胜，观赏风景、怡然自得，赋诗唱和、题字留念，广留匾额。

六下江南，有得有失，有利有害。通过六巡，乾隆帝相当清楚了解江南的官风民情，又大兴河工，广蠲赋税，礼遇致仕大臣，培植士子，宣扬了圣恩，对争取缙绅士民，安定江浙，保护百姓的身家性命财产，发展生产，丰富文化，创造和延续“大清全盛之势”，起了积极的促进作用。然而另一方面，开支确实十分巨大，每次南巡，历时四五个月，随驾当差的官兵一般在三千名左右，约需用马六千匹和船四五百只，还有几千名役夫，用掉了上百万银两，还给民间带来了极大的骚扰。

乾隆对此也很了解，他在四十九年的御制《南巡记》里，既讲述了“西师”“南巡”两件大事成功的原因，又明确指出，不具备君主之“无欲”、扈驾人员之“守法”、官员之“奉公”、民人之“瞻觐亲切”这四个条件，不可言南巡。十几年之后，乾隆对南巡的劳民伤财有了更深刻的认识，对军机章京吴熊光说：“朕临御六十年，并无失德，唯六次南巡，劳民伤财，作无益，害有益，将来皇帝南巡，而汝不阻止，必无以对朕。”

南巡闹剧：农夫溜须“满朝皆忠臣”

在许多人看来，皇帝是万善之源，皇帝来了，许多美事必然随之而至。乾隆自己也很重视南巡，晚年他还说自己一生做了两件事，“一是西师（平定准噶尔），一是南巡”。

关于皇帝南巡体恤老臣、优礼先贤、培植士类、右文阅武等故事不胜枚举，比如康熙令御厨教江苏巡抚宋荦的厨子制作豆腐，以饱老臣宋荦的口福；乾隆南巡诏老诗人沈德潜到西湖游玩，遇到宫眷可以不必躲避；湖南一百四十岁老人汤云程接驾，乾隆赐给其匾额，书云“花甲重周”“古稀再庆”等。至于赏赐予简拔江南才人的故事更是屡见记载。

然而，盛世的背后究竟有着哪些不为乾隆所知的事情呢？南巡途中偶见闹剧，仅仅是徒增笑料吗？

乾隆循卫河南巡，舟行倚窗，见道旁农夫耕种，为向所未见，辄顾而乐之。至山左某邑，欲悉民间疾苦，因召一农夫至御舟，问岁获之丰歉，农业之大略，地方长官之贤否。农夫奏对，颇惬圣意。寻又令遍视随扈诸臣，兼询姓氏。群臣以农夫奉旨询问于上前，不敢不以名对。中多有恐农夫采舆论上闻致触圣怒者，皆股栗失常。农夫阅竟，奏曰：“满朝皆忠臣。”上问：“何以知之？”农夫奏曰：“吾见演剧时，净角所扮之奸臣，如曹操、秦桧，皆面涂白粉如雪，今诸大臣无作此状者，故知其皆忠臣也。”上大噱。

这是不是一场滑稽戏？不过前半对答是经过排演的，不会出错，那位“农夫”不知经过多少次演习，自然是“颇惬圣意”；而后半场是群臣没有预先想到的，他们自然要双腿颤抖了；而“农夫”却会装痴卖傻，轻松地应对过去了，就像刘老老逗贾母一样把皇帝逗得大笑开怀。

这样的闹剧，到底是谁戏谑了谁呢？可惜乾隆一向精明，却没有看破这场精心策划的一出戏。再翻开《御制诗集》，还真有不少写于山东境内的诗。

下面的一个故事是个“无声的悲剧”。

乾隆南巡到达扬州时，警卫设卡极密，不许船出入。唯许村镇民妇跪伏瞻仰，于应回避时，令男子退出，而不禁妇女。一日，御舟过平望，两岸市廛鳞次栉比，适一女子将炊，于楼头钻石取火，火光熠烁不定。御前侍卫见之，以为潜蓄逆谋，将危及卤簿也，遽从舟中发一箭，女遂应弦死。

在皇帝和警卫看来，女子没有伤害能力，所以才特许她们“跪伏瞻仰”的；可惜帝王眼中身份差别悬殊，只认为自己的性命才重要，而漠视平民，注定了这样的无妄之灾。

杭世骏（1695—1773），清代文人、画家。字大宗，号堇浦，别号智光居士、秦亭老民、春水老人、阿骏，室名道古堂，仁和（今浙江杭州）人。

与乾隆南巡有关的，还有一个杭世骏的故事。杭世骏是著名学者，著作极富，经学和史学均有造诣，有的著作被收入《四库全书》。雍正二年中举人，乾隆元年参加博学鸿辞考试，名列一等，授翰林编修。

杭世骏是个好放言高论和面责人过的人，同官都有些畏惧他。乾隆八年（1743），皇帝特设"阳城马周"科（马周是唐代监察御史，以直言有名于时），以考选敢于直言的御史。

专制制度下，凡是下诏求直言者，大多是出于反意来打击部分人或事。而秉性耿直的杭世骏相信了，于是在答卷上谈了一个在整个清朝都是最敏感的问题："我朝一统久矣，朝廷用人，宜泯满汉之界……满洲才贤虽多，较之汉人仅十分之三四。天下巡抚，尚满汉参半，总督则一人无一焉，何内满而外汉也？"

这些话确实属实，而且附和"纳谏"的原则，这就使得乾隆无从辩解了。于是，乾隆恼羞成怒，"抵其卷于地者再"，交刑部议罪，部议死罪。乾隆征询廷臣的意见，凡是满汉廷臣都有为杭世骏说话的，最后均免官放回乡里。本来是诏求直言，直言带来的却是这样的结果，这让许多人不寒而栗。

杭世骏出京时，很少有人为他送行，一位老诗人沈德潜来送，并且写了《送杭堇甫太史》一诗，其中有两句意味深长："邻翁既雨谈墙筑，新妇初婚议灶炊。"这两句引用了《韩非子》中的典故：宋国有富人，院墙坏了，儿子说，不修好了，小偷会来，邻翁也这样告诫他，后来果然被偷了，这个富人夸奖儿子有先见之明，但怀疑邻翁是窃贼；新妇指刚过门的媳妇，她不知道婆家的深浅，却放言议论婆家饭菜水平高低。也就是说，话出自不同人之口就有不同的意思和效应。如果皇帝自己说"宜泯满汉之界""满汉一体"，满人表示赞同，这是可行的；但你一个汉人，妄言这种敏感政事，却是犯大忌的；所以老诗人借"新妇"来告诫他。

杭世骏南归后，以教学和经商为生。乾隆三十年（1765）南巡到杭州，杭世骏前去接驾。乾隆认出了他，问道："你以何为生？"回答："臣开旧货摊。"又问："什么叫旧货摊？"回答："买破铜烂铁，陈于地而卖之。"乾隆大笑，很满意杭世骏的失意，并写下"买卖破铜烂铁"六个大字赐给他。又有一则记载说，乾隆问杭世骏："你的脾气改了吗？"杭世骏回答："臣老矣，不能改也。"乾隆又问："何以老而不死？"回答："臣尚要歌咏太平。"乾隆冷笑了，因为他知道杭世骏这话是口不对心的。

于是产生一种传说，龚自珍还把它写到《杭大宗逸事状》，说乾隆南巡，杭世骏又去接驾，皇上看了名单，说了一句："杭世骏还没有死吗？"当天晚上，杭世骏回到家里就死了。而事实上，杭世骏死在乾隆三十八年（1773），而此年乾隆并未南巡。

为什么会有此传说呢？因为它非常符合乾隆这个人外表宽和、实际严苛的性格，而且常有"不测之天威"，来希望群臣顺从。像杭世骏这样到老仍然不知悔改，而且倚老向皇威挑战的人物，乾隆让他"是夕，反舍卒"是很有可能的。因此连精于史的龚自珍都深信此传说，却忘记那年乾隆并未南巡的事实。

清代的许多文士爱谈清代皇帝南巡的盛典，乾隆时代廷臣还编辑了《钦定南巡盛典》，收录乾隆南巡诗文。然而，由于清廷上下对老百姓十分苛刻，这也使得南巡增加了百姓的苦难。

皇帝过处，旧日街面的碎石要换成新砖；居民店铺门面，都要油漆如新。沿河两岸，没有房屋的地方，要筑起一面墙掩盖，墙还要涂抹粉刷，仿佛真的房屋一样，还要张灯结彩。甚至是卖苦力的纤夫，也不曾饶过，平常纤夫工价为二两银子，官派只给二钱，不干也得干。自乾隆初次南巡起，江苏一带就开始了"捉船之令"，乡下船只进城则被捉，然后行贿得免，吓得乡民不敢进城。

乾隆南巡，并非只是表面上的花团锦簇、富贵风流的盛世场景，背后还有花银无数、仿若海水的贫瘠伤饬。

乾隆祭祀孔子的原因

乾隆为什么屡次到曲阜祭祀孔子，是为了尊崇孔子吗？其实乾隆是为了看望自己的女儿，乾隆的女儿嫁给了孔子七十二代后辈孔宪培。

历朝皇帝为了维护统治，崇尚儒家思想、高举儒学的旗帜，因而十分尊崇孔子。从西汉至清朝，先后有十二个皇帝十九次来曲阜祭祀孔子，而唯独乾隆皇帝到曲阜次数最多。

据史料记载，从乾隆十三年至乾降五十五年（1790），乾隆帝九次巡幸曲阜，祭拜孔子。至于乾隆进孔府的次数，则有不同的说法，有说七次、八次的，也有说九次的。

那么，是什么原因使乾隆如此“钟情”于孔府呢？除了尊崇孔子，发扬儒学外，最重要的原因是：乾隆的女儿下嫁孔府。

据说乾隆有一女儿，是孝贤皇后所生，乾隆十分钟爱。公主脸上长了一块黑痣，相术上说这块黑痣主灾，破灾的唯一方法是将公主嫁给比王公大臣更显贵的人家。那就只有山东曲阜的孔家了。因为只有衍圣公可以在皇宫的御道上与皇帝并行，而皇帝到曲阜后，也要向衍圣公的祖先孔子行三跪九叩头大礼，这是别的王公贵族都无法企及的。

曲阜孔庙

因而乾隆第一次到孔府时，就说定将

公主下嫁。但清制度满汉不能通婚，乾隆就将女儿寄养在汉族大臣于敏中家里，然后以于家闺秀的名义嫁给第七十二代衍圣人孔宪培，孔府后人称之为于夫人。于敏中一家随之搬入孔府居住，并世世代代居住于此。按照孔府家规，衍圣公的兄弟都不能住在孔府，成年后要到外面的十二府中去居住。而独有这外姓人家有此特权，那便是公主下嫁的缘故。

孔宪培与公主结婚时，文武百官都有厚礼相送。有一府台，只送了一把小金斧。乾隆问起来，他说，以后留着给御外孙砸核桃吃。乾隆听了很高兴，说这把小金斧是所有礼物中最好的礼品。就因为这句话，这把小金斧成为孔府珍贵的传家宝。

公主结婚后，每逢生日庆典，乾隆还派官员前来贺寿，均有厚赐。公主没有生养，过继侄儿孔庆榕为后。孔庆榕刚一出生就被抱到公主这边，并立即呈报皇上有了御外孙。乾隆十分喜悦。

在曲阜名胜“三孔”（孔府、孔庙、孔林）之一的孔林内，有一著名的“于氏坊”，位于孔林北侧，颇为引人注目。这就是孔宪培与其妻子之墓。因为于氏是乾隆皇帝的女儿，所以当她死后，孔府为其立了这座牌坊，规模宏大。凡乾隆南巡或东巡时，都必定要到曲阜来。

孔府每年要进行多次祭祀，有时皇帝还亲临曲阜致祭，因此，孔府里有着技艺高超的戏班，每年至少要演出百余场京剧。然而，有两出戏却是一直被禁演的。一出是《打金枝》，就是因为乾隆皇帝的爱女下嫁孔宪培，孔府既然有金枝玉叶，当然不能演《打金枝》。另一出是《打严嵩》，也是因为严嵩的孙女嫁给了六十四代衍圣公孔尚贤，所以《打严嵩》也成了孔府的禁戏。

兴建园林，是功还是过

评论乾隆皇帝的是非功过时，最惹人赞叹和非议的当属巡幸和土木两事。

乾隆帝一生到各地巡游，曾六次南巡，至苏杭、南京，八次去山东，至泰山、曲阜，四次去盛京、谒祖陵，五次西巡，至五台山，一次至河南开封、洛阳、嵩山。至于到热河避暑，木兰秋狝，到天津、白洋淀或巡视永定河，到遵化或易州谒东西陵，更是多得不可胜计。根据有人统计，他一生的巡幸活动达一百五十次之多，“马上皇帝”的称号名副其实。

乾隆广建园林，为后人留下了宝贵的“遗产”。

据中国第一历史档案馆所藏《扬州行宫名胜全图》上标明，集资修建当地行宫的商人一共修建了楼廊五千一百五十四间，亭台一百九十六座。扬州有四处行宫，其中天宁寺行宫是专为乾隆南巡而修建的。

盐商们还广建园林，“如汪氏之净香园，黄氏之趣园，洪氏之倚虹园，汪氏之九峰园等”，“当时各大商所造园林，甲于天下”。乾隆帝六次南巡，扬州盐商一次又一次建造园林，园林加上行宫，从扬州城里到平山堂，处处亭园楼台，号称“一路楼台直到山”。

为迎接乾隆南巡，盐商们还不惜花费巨资，蓄养花、雅两部戏曲班子，在数十里长的河堤两岸，搭起戏台，奏乐演戏。由此也带动了扬州戏剧的发展。乾隆四十二年（1777），巡盐御史伊龄阿奉旨在扬州设局修改曲剧，历时四年完成，留下了宝贵的戏曲文化遗产。

乾隆朝国力强盛，财政充盈，皇帝爱好园林建筑，故大兴土木。六十年间，扩建和修建圆明园、清漪园（今颐和园）、静宜园（今香山）、静明园（今玉泉山），加上康熙修建的畅春园，形成北京西郊“三山五园”的园林格局。又大规模改建、扩建皇宫、中南海、北海以及坛拓寺庙、市廛房舍、道路桥梁、城垣、兵营、官署，浚治湖泊河流。其规模之大、用工之精、耗帑之多以及艺术水平之高，为历代所不及。

扬州园林一角

巡幸和土木都要花费许多钱财，历代均视为劳民伤财的弊政。连乾隆帝自己也说“工作过多、巡幸时举二事，朕侧身内省，时耿耿于怀”。

不管人们和乾隆帝自己怎么看，平心而论凡事都具有两面性，巡幸、土木也应一分为二地进行分析，劳民扰民的弊端只是其中一面而已。

当转换角度时，作为一个幅员广大的国家的君主，如果重拱端坐、深居宫禁，虽然省力省钱，但是对于民生以及官场的具体情况，是所不能见到的，因而对运筹决策、用人施政也是不利的。历史上有许多从不出巡的皇帝，多数属于昏庸之辈，而像秦始皇、汉武帝、唐太宗、元世祖、明成祖、清康熙帝等雄才大略的君主却到处巡游。

巡幸是封建君主与社会保持联系的一条渠道，虽然很狭窄而又间接，但对一个生长深宫与世隔绝的皇帝来说，保持这一点点联系仍是非常重要的。乾隆出巡当然包含着游山玩水的动机，但还有政治和经济的目的，如视察黄河、运河、浙江海塘、打围习武、训练士卒，考察官吏治绩、农业收成、风俗民情，等等。

至于大兴土木，在乾隆帝自属欣赏享乐的浪费行为，客观上却又是进行城市建设、美化自然环境之举。

当时清朝社会处于盛世发展，国家财力充足，除在养兵给饷、军事征战、减免赋税、赈济灾荒、兴修水利等方面花费了大量帑银之外，国库藏银仍多达每年财政收入的两倍。

乾隆对于富足的财产，分配通常是编纂图书的文化工程或者建造园林、宫殿的环境建设。乾隆帝说："方今帑藏充盈，户部核计已至七千三百余万。每念天地生财只有此数，自当宏敷渥泽，俾之流通，而国用原有常经，无庸更言樽节。"

兴建各种土木工程兼寓"以工代赈""教财于民"之意。清廷用工、用料不像前朝那种无偿的劳役和征索，用工全是雇募工人，发给工值，用料则由官府制造或在市场购买。所谓，"物给价'工给值，丝毫不以累民'而贫者围受其利"。当然，乾隆帝在大兴土木的时候，虽然物质享受多一点儿，丝毫没有想到在二百年以后这些建筑会变成人民所有的财富，何况如今这一切已是我们珍贵的文物遗产和旅游资源。如果没有乾隆一朝的土木工程，宏伟和优美的景点、建筑将不复存在，作为中国和第一个历史文化名城的北京城也将失去璀璨的光辉而暗淡无光。

CHAPTER 第十三章 长寿皇帝最终的归宿 13

乾隆皇帝在位六十年，又当了三年太上皇，当其驾鹤西游时，已是八十九岁的高龄。执掌朝政六十余载，长寿帝王虽然不肯放权，但也渐渐觉得力不从心，终是因体力不支而撒手人寰，把社会的大动荡留给了嘉庆帝去解决，同时，没了靠山的和珅，也注定了要倒的命运。

熟虑身后事，秘密立太子

乾隆心地善良，爱江山，爱美人，更爱自己的子孙后代。由于拥有众多嫔妃，乾隆皇帝遂多子多女。他一共生了十七个儿子、十个女儿，其中十二个未及成年便夭折，十个死于乾隆皇帝之前，他临终时所能见到的只有四个儿子和一个女儿。乾隆皇帝晚年非常祈盼能够五世同堂，但未能圆其梦。然而，足下的子、孙、曾孙和外孙、曾外孙已近百人。

乾隆皇帝对子女教育极为严格。要求他们自幼学习经文，每日五更时分，皇子们即按规定进书房读书、作诗文，“每日皆有程课”，诗文毕，“又有满洲师傅教国书、习国语及骑射事，薄暮始休”，对于诗文不佳、学业不好、骑射不优或不经奏闻擅自行动的皇子，或罚俸，或革职。

对皇子的言行礼仪也要求严格。乾隆十二年（1747），皇七子永琮病逝，皇长子永璜和皇三子永璋，置身事外，毫无悲伤之情，乾隆皇帝对他们严加训斥，“于孝道礼仪，未克尽处甚多”，并决定“此二人断不可承继大统”。乾隆三十八年（1773）冬至节南郊大祀时，乾隆皇帝特命诸皇子陪祀，教育皇子要懂礼仪，知天命。对皇子的地位和权势也严加限制，仅出继的皇子才封有爵位，且对其器用、服饰皆有明确规定，同时还严厉禁止诸皇子与外廷官员来往接触，一旦发觉，立予严惩。

乾隆爱护子女的另一重要方式，是善施隆恩。乾隆皇帝深受多子多福传统思想的影响，日常生活中无不体现爱子育子之心。乾隆皇帝生子较多，为避免皇子之间互相攀比，除四皇子和六皇子出继而得赐爵位外，其他全部皇子一概没有爵位。

在建储问题上，随着时间的推移，乾隆皇帝不断修正自己的思想，慎重慎重再慎重。他认为，这既是稳固江山社稷、永保千秋的大事，也是避免兄弟阋墙、幻起百端的内庭问题。他两次秘密建储，对外毫无透风，并严厉批驳上奏建储的官员，金从善一案就是明证。

实际生活中，乾隆皇帝善于采用恩威兼施的方式，处理好与皇子的关系。乾隆后期，诸皇子多已成年，对地位和权力的要求日益强烈，便适当满足他们的要求，遂将皇六子永瑢、皇八子永璇和皇十一子永瑆任命为“四库全书馆”正总裁，安排他们干点大事。在授予皇子爵位方面，此前能有爵位的皇子要么出继康熙诸子，要么临终加封，其他人均不可得。乾隆四十四年（1779），首封予皇八子永璇为仪郡王；乾隆五十四年（1789），为庆贺自己八十寿辰，对诸皇子普予封爵；乾隆五十八年（1793），还将已逝皇长子之子绵恩也封为亲王。平时他注意加强父子之间的感情联络，凡外出巡幸，大多令皇子随驾护从，在京时，也常于百忙之中抽空临幸皇子邸府，保持家人父子时常团聚，增进感情，消除疑忌，因此，父子之间、皇子之间感情十分融洽，没有发生以往骨肉相残的情况。

乾隆帝即位初年效法汉族立“嫡长子”的做法，在乾隆元年（1736），密立嫡出的永琏为皇太子。然而乾隆三年（1738）永琏就死了，还不到十岁。乾隆又立皇后生的二儿子永琮为皇太子，不久两岁的永琮也过世了。一年后皇后富察氏死在东巡途中，乾隆帝十分伤心，遂迁怒于庶出的皇长子，皇长子不久忧惧而死，立储的事让乾隆伤透了心，严令大臣不准再提立储之事。

转眼到了乾隆三十八年（1773），六十三岁的乾隆帝已经没有任何理由回避立太子的问题了，此时还活着的皇子只有六人，其中又有两个过继给了兄弟，所以可供选择的就只有四人：皇八子永璇、皇十一子永瑆、皇十五子永琰、皇十七子永璘。

乾隆帝觉得谁都不是理想人选，相对而言永琰的缺点最少，于是乾隆三十八年冬，乾隆帝下定决心，立皇十五子永琰为太子，按照雍正定下的规矩“秘密立储”，他书写了立储谕旨，将谕旨藏在一个硬木匣子里，再命人将匣子放于乾清宫“正大光明”匾后，完成了立储工作。

太上皇乾隆终去世

乾隆六十年（1795）九月初三，隆重的传位大典在勤政殿举行，乾隆将皇位禅让给永琰，翌年改元为嘉庆元年。永琰听到自己被宣布为皇太子时，惊喜交加，诚惶诚恐。年号改为“嘉庆”，皇印授予新皇帝，嘉庆钱出炉铸成，老皇帝的告别豪宴也举行了，这一切似乎已经表明嘉庆时代的到来。

然而，年纪越大、握权越久的乾隆，仍然保持着对权力的渴望，因此实在是舍不得放手。这也就是说，嘉庆掌权的日子就要往后拖延了。老皇帝乾隆将归政时的所有承诺都抛置脑后，且以“住了六十年，习惯了”为由仍然住在养心殿，同时，以“新帝不熟悉政务”为由辅政，另外，他还紧紧抓着官吏任免权，牢牢抓着军权。实际上，早在秘密确定永琰为皇太子的前一年，即乾隆三十七年（1772），乾隆帝就下令修葺宁寿宫，准备将来自己退下来后居住。但皇位授受大典举行后，他却闭口不谈迁居宁寿宫之事。于是，已经即位的儿皇帝只好住在毓庆宫。

此外，确定纪元是件很严肃的事情，新皇帝即位改用新纪元，理应包括内廷在内的全国上下同时实行。可当有的大臣奏请说，一下子用新年号，臣等实在不忍心，建议宫中内廷仍然用乾隆年号，乾隆见此欣然同意。一直到他去世，宫中都沿用乾隆纪年。因而，出现了外廷用嘉庆纪年，内廷却用乾隆纪年的怪现象。比如，为供奉内廷而烧制的官窑瓷器底部，落款依然是“乾隆六十一年”。

嘉庆即位，全国应该一律改铸造嘉庆年号的铜钱，然而乾隆帝归政之后，还令“宝泉、宝源二局钱文，乾隆、嘉庆年号各半分铸”。

在乾隆传位后，凡是官员任免、军务布置、政治举措、河工建设、赈灾抚恤等事务，都是由太上皇一言定音的，所以嘉庆只好规规矩矩地做他的挂名皇帝。也就是说乾隆时代又延续了三年。

乾隆墓地清裕陵

嘉庆三年（1798），乾隆身体并未有什么异常，只是记忆力减退，昨天的事情今天就忘，早上的事情晚上就不记得了。五月十一日，太上皇乾隆带领嘉庆皇帝自圆明园启銮巡幸热河；八月十三，在避暑山庄度过了八十八岁“万万寿圣节”，这也是他生平最后一个诞辰。

嘉庆四年（1799）正月初三，八十九岁的乾隆寿终正寝。乾隆一直认为自己“寿开九帙，精神康健，视听未衰”。嘉庆三年嗣皇帝（嘉庆）率诸王、贝勒、贝子及内外文武大臣，奏请庚申年（嘉庆五年，1800），举行太上皇九旬万万寿庆典。乾隆心花怒放，说朕“躬跻上寿，一堂五世，庆衍云礽”，答应依“康熙六十年及乾隆五十五年朕八旬万寿典例办理”，并要求“专派大臣董办”。但是就在这一年冬，乾隆偶感风寒之后，健康状况急转直下，饮食渐减，视听不能如常，老态顿增。嘉庆四年元旦，于乾清宫受贺礼，翌日病危，第三天去世，享年八十九岁。

乾隆的陵墓位于今天河北省遵化县胜水峪，于乾隆七年（1742）开始建造，乾隆十七年初步完成。根据乾隆的遗命，他的庙号为“宗”不能为“祖”，因此定为“高宗”，谥号“法天隆运至诚先觉体元立极敷文奋武钦明孝慈神圣纯皇帝”，后世合称为“高宗纯皇帝”，或简称“清高宗”。

嘉庆四年二月，正式开馆纂修《高宗纯皇帝实录》；三月，定乾隆的陵墓名为“裕陵”；同年九月，寿终正寝的乾隆帝，被安葬在裕陵。

乾隆去世，和珅垮台

嘉庆三年（1798），八十九岁的太上皇乾隆停止了呼吸。乾隆去世的第二天，嗣皇帝就发布了一条让全国人都大吃一惊的谕旨：免去乾隆皇帝驾前的第一宠臣和珅的军机大臣和九门提督之职。同时，一场规模巨大的抄家行动展开。举国上下，对这个影子一样悄无声息的皇帝刮目相看。以诛和珅为开端，一缕缕政治新风，绵绵不断地从紫禁城吹散出来。

乾隆的寿终正寝，让和珅的靠山顷刻间倒下了，嘉庆准备靠肃贪来树立新朝气象。嘉庆一方面任命和珅与睿亲王等一起总理国丧大事，一方面传谕他的老师署安徽巡抚朱珪来京供职。初四日，嘉庆发出上谕：谴责在四川前线镇压白莲教起义的将帅玩兵冒功，并借此解除和珅死党福长安的军机处大臣职务。嘉庆命和珅与福长安昼夜守灵，不得擅离，切断他们与外界的联系。这实际上削夺了和珅的首辅大学士、领班军机大臣、步军统领、九门提督的军政大权。

正月初五，给事中王念孙等官员上疏，弹劾和珅弄权舞弊，犯下大罪。初八，嘉庆宣布将和珅革职，逮捕入狱，在朝野掀起政治大波。嘉庆进行了一系列的人事调整。如初八日，嘉庆命令从即日起，所有上奏的文件，都要直接向皇上奏报，军机处不得再抄录副本，各部院大臣也不得将上奏的内容事先告诉军机大臣。并命宗室睿亲王淳颖、定亲王绵恩、仪亲王永璇、庆郡王永璘等分别掌握军政大权。初九日，在公布乾隆遗诏的同时，将和珅、福长安的职务革除，下刑部大狱；命仪亲王永璇、成亲王永瑆等，负责查抄和珅家产，据传两家一共抄出了相当于清廷二十年的国民收入的家产，“和珅跌倒，嘉庆吃饱”名副其实。初十，嘉庆御批“实力查办以副委任”，全面清查和珅大案。十一日，在初步查抄、审讯后，嘉庆宣布和珅二十大罪状，主要有欺骗皇帝、扣压军报、任用亲信、违反祖制、贪污敛财等。十八日，在京文武大臣会议，奏请将和珅凌迟处死，将同案的福长安斩首。

嘉庆命各直省和在京大员，就和珅事向朝廷表态。直隶总督胡季堂首先表态，他在奏折中指责和珅丧心病狂、目无君上、蠹国病民、贪黩放荡，真是一个无耻小人，请求将其“凌迟处死”。“凌迟”就是千刀万剐。嘉庆立即批示，在京三品以上官员讨论这个意见，若有不同意见，也可以自行向皇帝上奏。实际上，就是以胡季堂的意见定下基调，并通报各省督、抚，要他们都表明态度。而这些地方督抚大员无论平日与和珅关系亲疏，都知道和珅已难逃一死，因此除两广总督吉庆、云南巡抚江兰稍涉含混外，其余都称和珅罪大恶极，应立正典刑。

嘉庆在乾隆大丧期间诛杀和珅，并非仓促决定，而是等待了三年的“韬晦”。正如嘉庆所言：“和珅罪之大者，盖由事权过重。”和珅长期专擅，“弄权舞弊，僭妄多端”，嘉庆早在皇子时代便耳闻目睹。当时和珅出入宫时，伺高宗（即乾隆）喜怒，所言必听，虽诸皇子亦惮畏之。“内外官员畏其声势，不敢违拗。”三年训政期间，嘉庆对和珅的人品领教颇深，对乾隆朝中后期，国家财力耗竭，吏治衰败的政局深有所悟。要整饬内政，挽救大清江山，必须尽早诛和珅。

嘉庆在上谕中写道：

“……朕于乾隆六十年九月初三日蒙皇考（即乾隆）册封皇太子，尚未宣布谕旨，而和珅于初二日即在朕前先递如意，漏泄机密，居然以拥戴为功。上年正月，皇考在圆明园召见和珅，伊竟骑马直进左门，过正大光明殿，至寿山口，无父无君，莫此为甚。又因腿疾，乘坐椅轿抬入大内，肩舆出入神武门，众目共睹，毫无忌惮，并将出宫女子取（娶）为次妻，罔顾廉耻。年来剿办川楚教匪，皇考盼望军书，刻萦宵旰，乃和珅于各路军营递到奏报任意延搁，有心欺蔽，以致军务日久未竣。前奉皇考敕旨，令伊管理吏部、刑部事务，嗣因军需销算，伊系熟手，是以又谕令兼理户部题奏事件，伊竟将部务一人把持。昨冬，皇考圣躬不豫，批折字画间有未真之处，和珅胆敢口称不如撕去，竟另行拟旨。腊月间，奎舒奏报循化、贵德二厅，贼番聚众千余，抢夺达赖喇嘛商人牛只，杀伤二命，在青海肆行抢掠一案。和珅竟将原奏驳回，隐匿不办。及皇考升遐后，朕谕令蒙古王公未出痘者不必来京，和珅不遵谕旨，令已未出痘者俱不必来京。不顾国家抚绥外藩之意，其居心实不可问。大学士苏凌阿两耳重听，衰惫难堪，因系伊弟和琳姻亲，竟欺隐不奏。侍郎吴省兰、李潢，太仆寺卿李光云，皆曾在伊家教读，并保列卿贰，兼任学政。又军机处记名人员任意撤去。种种专擅不可枚举。昨将和珅家产查抄，所盖楠木房屋僭侈制，其多宝阁及隔段式样皆仿照宁寿宫制度，其园寓点缀竟与圆明园蓬岛瑶台无异，不知是何居心。又所藏珠宝内，珍珠手串二百余串，较之大内多至数倍，并有大珠较御用冠顶尤大。又宝石顶并非伊应戴之物，伊所藏真宝石顶数十余个，而整块大宝石不计其数，且有内府所无者。至金银数目尚未抄毕已有数百余万之多，似此贪黩营私，实从来罕见罕闻。以上各款皆经王公大臣等共同鞫讯，和珅俱供认不讳。……”

嘉庆急于诛杀和珅还有一个重要原因，就是乾隆末期发生于川楚陕一带的白莲教起义，“经历数年之久，糜饷至数千万而未蒇功”，嘉庆认为皆由和珅“在内蒙蔽掣肘，使军营不得成功也”。带兵大员掩饰虚捏，借此冒功升赏。而太上皇（指乾隆）则被和珅用“吉祥之语”入告，况且由于“圣寿日高，诸事多从宽厚”，已经没有精力顾及此事。嘉庆即位立诛和珅，为乾隆开脱，把镇压白莲教不力的责任都加在和珅头上，以此警告后任者，全力镇压白莲教，早日去掉嘉庆当政的一大心腹之患。

嘉庆在大丧之日立诛和珅，尽管他一再表白是“不得已之苦衷”，但其政治目的十分明显，就是通过诛杀和珅，杀一儆百，为“肃清庶政，整饬官方”，扼制“诸务废弛”的政治颓势寻找契机，恢复皇权的尊严。

嘉庆自知选择这样的时机杀一个重臣，必然会震撼朝野，所以嘉庆此时反复强调，“朕所为止一和珅耳，（和珅）今已伏法，诸事不究”。嘉庆的政治策略，就是为缓和当时日愈尖锐的阶级矛盾，并将统治集团的矛盾、失误完全归咎于和珅个人的“专擅”。

正月十八，嘉庆皇帝的最后圣旨下来了，两个太监，一个太监手捧着圣旨，一个太监拿着三丈白练，很明显这是让和珅自尽。见到死期将至，和珅感叹一生惨淡经营，家业富比皇室，到头来落了个如此凄惨的下场。于是，提笔写下绝命诗：

五十年来梦幻真，
今朝撒手谢红尘；
他日水泛含龙日，
认取香烟是后身。

和珅生前，还给自己修好一座墓，占地好几十亩地，所以有人称之为和陵。在中国古传统上，只有皇帝的坟墓叫作陵，“和陵”的说法也体现了其墓地的宏大规模。然而，和珅终究还肩负着“大贪官”的名头，所以和珅死后，嘉庆就下令，把坟头平了，把地上所有建筑拆除，却还是将和珅埋葬在此处地下。

如今和珅的陵墓已不可观摩，因为中华人民共和国成立以后，天津蓟县（今蓟州区）人民修建于桥水库把和珅的陵给淹了，和珅的那个坟就在于桥水库正中间。而蓟县的独乐寺门前的两个石狮子是和陵墓前的两个石狮子，是在后来修建于桥水库的时候把这两个石狮子搬到此处的。

和珅之死，也标志着乾隆的政治遗产在嘉庆朝被涤荡殆尽，轰轰烈烈的乾隆王朝，至此落下帷幕。